AF287602

Interreligiöse und Interkulturelle Bildung in der Kita

Eine Repräsentativbefragung von Erzieherinnen in Deutschland –
interdisziplinäre, interreligiöse und internationale Perspektiven

Waxmann Verlag GmbH
Steinfurter Straße 555, 48159 Münster
info@waxmann.com

Interreligiöse und Interkulturelle Bildung im Kindesalter

herausgegeben von

Albert Biesinger
Anke Edelbrock
Helga Kohler-Spiegel
Friedrich Schweitzer

Band 3

Waxmann 2011
Münster / New York / München / Berlin

Friedrich Schweitzer
Anke Edelbrock
Albert Biesinger
(Hg.)

Interreligiöse und Interkulturelle Bildung in der Kita

Eine Repräsentativbefragung von
Erzieherinnen in Deutschland –
interdisziplinäre, interreligiöse und
internationale Perspektiven

Waxmann 2011
Münster / New York / München / Berlin

Bibliografische Information der Deutschen Nationalbibliothek
Die Deutsche Nationalbibliothek verzeichnet diese Publikation
in der Deutschen Nationalbibliografie; detaillierte bibliografische
Daten sind im Internet über http://dnb.d-nb.de abrufbar.

Gefördert durch die

Stiftung
Ravensburger
Verlag

Interreligiöse und Interkulturelle Bildung im Kindesalter, Bd. 3

ISSN 2191-2114
ISBN 978-3-8309-2580-4

© 2011 Waxmann Verlag GmbH
Postfach 8603, 48046 Münster
Waxmann Publishing Co.
P.O. Box 1318, New York, NY 10028, USA

www.waxmann.com
info@waxmann.com

Umschlaggestaltung: Christian Averbeck, Münster
Titelgrafik: © VRD – Fotolia.com
Satz: Stoddart Satz- und Layoutservice, Münster

Gedruckt auf alterungsbeständigem Papier,
säurefrei gemäß ISO 9706

Printed in Germany

Inhalt

Teil 2:
Weitere Befunde der Tübinger Studie

Hans-Peter Blaicher, Annette Haußmann, Golde Wissner, Wolfgang Ilg,
Murat Kaplan, Albert Biesinger, Anke Edelbrock, Friedrich Schweitzer

Interreligiöse Bildung in Kindertagesstätten in empirischer Perspektive
Vertiefte Auswertungen zur Tübinger Studie

Friedrich Schweitzer, Anke Edelbrock, Albert Biesinger

Vorwort

Religion ist in den letzten Jahren zu einem bedeutenden öffentlichen Thema geworden. Dass das Zusammenleben in einer Gesellschaft, die nicht nur multikulturell, sondern auch multireligiös zusammengesetzt ist, zu den zentralen Herausforderungen in Gegenwart und Zukunft gehört, ist in Deutschland nicht mehr umstritten. Lange Zeit wurde diese Herausforderung aber viel zu wenig ernstgenommen – davon zeugen nicht zuletzt die kontroversen Nachholdebatten, die derzeit immer wieder Schlagzeilen machen. Wer die Augen davor verschließt, dass Menschen aus anderen Kulturen sich vielfach auch anderen Religionen zugehörig fühlen, kann interkulturelle Bildungsprozesse kaum analysieren und planen.

Ebenso deutlich ist der Konsens, dass Bildung nicht erst in der Schule beginnt. Die Bildungsbedeutung gerade der frühen Lebensjahre wird allgemein anerkannt, und es werden zunehmend auch entsprechende Forderungen im Blick auf eine wirksame Förderung von Kindern „von Anfang an" vertreten. So ist nicht zuletzt die Kindertagesstätte auch als eine Institution der Bildung entdeckt worden – aus gutem Grund.

Vor diesem Hintergrund muss es erstaunen, wenn nicht überhaupt unverständlich erscheinen, dass interreligiöse Bildung in Kitas – also das Thema des vorliegenden Bandes – bislang in der Wissenschaft noch nicht zu einem zentralen Forschungsthema geworden ist. Zwar bemühen sich insbesondere die konfessionellen Trägerverbände sowie die akademische Religionspädagogik schon seit Jahren um die Entwicklung entsprechender Konzepte, aber die Wirklichkeit oder Praxis interreligiöser Bildung von Kitas in Deutschland ist so gut wie gar nicht erforscht.

Dieses Defizit stellte den Ausgangspunkt für eine bundesweite Repräsentativuntersuchung dar, die an den beiden Lehrstühlen für evangelische und katholische Religionspädagogik der Universität Tübingen in den letzten Jahren durchgeführt wurde. Befragt wurden bei dieser Untersuchung sowohl die Kinder selbst als auch die Erzieherinnen – als Expertinnen in diesem Bereich – sowie die Eltern. Der vorliegende Band ist den Befunden aus der Erzieherinnenbefragung gewidmet. Zur Befragung der Kinder liegt eine eigene Veröffentlichung vor (Anke Edelbrock/ Friedrich Schweitzer/Albert Biesinger, Hg., Wie viele Götter sind im Himmel?, Münster 2010). Ein Band zur Elternbefragung erscheint zeitgleich mit dem vorliegenden Band (Albert Biesinger/Anke Edelbrock/Friedrich Schweitzer, Hg., Auf die Eltern kommt es an!, Münster 2011).

Die Ergebnisse der Erzieherinnenbefragung, in deren Zentrum die Praxis interreligiöser und interkultureller Bildung in Kindertagesstätten steht, konnten bei einem interdisziplinären Tübinger Symposion mit interreligiösen und internationalen Beiträgen zur Diskussion gestellt werden. Die für den Druck weiterentwickelten

Beiträge sind im ersten Teil des vorliegenden Bandes enthalten. Interreligiöse Perspektiven sowie internationale Entwicklungen und Erfahrungen weiten den Blick und lassen neue Impulse auch für den deutschsprachigen Raum erkennen. Im zweiten Teil des Bandes werden dann vertiefende Auswertungen zu der Untersuchung geboten.

Wie es Erzieherinnen angesichts großer neuer Herausforderungen durch Kinder, Eltern und nicht zuletzt auch durch neue Orientierungs- und Bildungspläne für die Kindertagesstätten ergeht, welches Selbstverständnis und welche Einstellungen zu interkultureller und interreligiöser Bildung sie haben, liest sich spannend und macht zugleich nachdenklich. Weitere Diskussionen zur Aus- und Weiterbildung von Erzieherinnen, aber auch zur zukunftsfähigen Profilierung der Trägerinstitutionen erhalten durch diese repräsentativen Ergebnisse spezifische Konturen und konkrete Horizonte.

Empirische Ergebnisse provozieren die Frage: Was weiß ich, wenn ich das weiß? Antworten darauf gemeinsam auf allen Ebenen zu entdecken und im Pro und Contra zu erhärten, dazu will diese Untersuchung einladen.

Ohne die innovative Unterstützung durch die Stiftung Ravensburger Verlag wäre das Projekt nicht möglich gewesen. Der Vorsitzenden der Stiftung Ravensburger Verlag, Frau Dorothee Hess-Maier, danken wir nicht nur für die erhebliche finanzielle Ausstattung dieses Projektes, sondern auch für viele anregende Gespräche und wegweisende Fragestellungen in erfreulichem und vertrauensvollem Austausch. Die mediale Kommunikation der Ergebnisse des Projektes ist ihrer Mitarbeiterin Frau Andrea Reidt in der Stiftung Ravensburger Verlag sehr gut gelungen. Dafür haben wir ebenfalls zu danken.

Eine empirische Untersuchung solcher Größe ist in der Regel keine Einzelarbeit. Vielmehr ist es ein gutes Team, von dem ihre Durchführung und vor allem ihr Erfolg abhängig sind. Wir danken unserem Mitarbeiterteam für viele intensive Gespräche und Diskussionen und die tatkräftige Unterstützung in allen Bereichen! Die Tübinger Autorinnen und Autoren in diesem Band waren alle am Projekt beteiligt. Ihre Tätigkeiten werden bei den Beiträgen beschrieben. Darüber hinaus haben sich studentische Mitarbeiterinnen und Mitarbeiter sehr um das Projekt verdient gemacht: Berenike Drüssel, Nicole Friedrich, Angelika Germann, Sam Il Lee, Susanne Kreuser, Katharina Merklein, Dietmar Winter und Sarah-Lisa Witter. Zu Beginn des Vorhabens war auch noch Jan Krämer als weiterer Psychologe beteiligt. Ihnen allen gebührt ebenfalls großer Dank.

Das Gesamtvorhaben wurde im Blick auf seine empirischen Anteile, besonders bei der quantitativen Untersuchung, immer wieder vom Leibniz-Institut für Sozialwissenschaften GESIS unterstützt. Wir danken besonders Sabine Häder und Natalja Menold.

Unser besonderer Dank gilt den Erzieherinnen und Eltern sowie den Trägerorganisationen für Kindertagesstätten, die diese Untersuchung mit ihrem hohen Engagement ermöglicht haben.

Den Autorinnen und Autoren der Einzelbeiträge aus christlicher, muslimischer und jüdischer Sicht danken wir für die kreative und ergebnisorientierte Zusammenarbeit. Interreligiöse Bildung bedarf dringend solcher vertrauensvoller, wenngleich nicht disputfreier Kooperation.

Friedrich Schweitzer
Anke Edelbrock
Albert Biesinger

Dorothee Hess-Maier

Mein Gott – Dein Gott, kein Gott?
Kulturelle Identität und religiöse Rituale in der Kita

Wann und in welchem Rahmen soll die Integration von Migrantenkindern und die religiös-kulturelle Sensibilisierung von Kindern aus deutschen Familien eigentlich beginnen? Im Elternhaus, im Kindergarten, in der Schule – oder gar nicht? Letztere Möglichkeit lässt sich schnell ausschließen:

Die Bevölkerungsstrukturen in Deutschland haben sich durch die hohe Zahl von Migrantenfamilien mit vielfältigen religiösen Überzeugungen stark gewandelt. Neben Katholiken, Protestanten, Orthodoxen und anderen christlichen Gruppierungen etablierte sich der Islam mit rund 4 Millionen Gläubigen noch vor Judentum und Buddhismus als drittgrößte und auch in sich vielfältige Religionsgemeinschaft mit vielen Strömungen. Darin verbirgt sich ein Herd für verborgen oder offen ausgetragene gesellschaftliche Konflikte. Oft gibt es erhebliche kulturelle Unterschiede zwischen Zuwanderern und „einheimischen" Deutschen, aber auch zwischen national und religiös definierten Migrantengruppen.

Kinder nehmen solche Unterschiede in sehr frühem Alter wahr, sie stellen Eltern und Erzieherinnen einfache und doch komplizierte Fragen – nach Gott und Allah, Jesus und Mohammed, Ostern und Pessach, Karfreitag und Ramadan, Weihnachten und Zuckerfest, Schweinefleisch und Döner. Darin liegt eine große pädagogische Chance: Auf der Grundlage einer wertorientierten Erziehung, die vorurteilsfrei individuelle religiöse Vorstellungen und Rituale respektiert, können Drei- bis Sechsjährige in ihrer Kita ganz praktisch religiöse Differenzen nicht nur beobachten, sondern gemeinsam „ausprobieren". Es sind genau diese ersten prägenden Erfahrungen und Erlebnisse, die ihnen frühe Wege zu Integration und Toleranz eröffnen.

Das von der gemeinnützigen Stiftung Ravensburger Verlag geförderte Tübinger Forschungsprojekt „Interkulturelles und interreligiöses Lernen in Kindertagesstätten", eine mehrjährige empirische und repräsentative Bestandsaufnahme und qualitative Auswertung der Situation in kirchlichen und kommunalen Kitas in Deutschland, will einen Impuls in die Bildungslandschaft geben. Die Ergebnisse sollen dazu beitragen, die Kompetenz von Erzieherinnen, an die hohe Ansprüche gestellt werden, zu steigern, die Integration muslimischer Kinder zu fördern, eine spätere Ausgrenzung zu verhindern und die Toleranzfähigkeit aller Kitakinder zu fördern.

Integration ist derzeit eine der wichtigsten innenpolitischen Herausforderungen. Die Politik ist aufgefordert, Fragen zu diskutieren, z.B. wie das Zusammenleben der Religions-Nachbarn verbessert werden kann, wie aus Muslimen in Deutschland deutsche Muslime werden können. Beginnen müssen wir bei den Kindern. Religiöse, interreligiöse und somit immer auch interkulturelle Erziehung manifestieren sich in Festen und Feiern im Jahresverlauf, die dem Kindergartenalltag in konfessionellen, aber auch in kommunalen Einrichtungen eine Struktur geben, wobei solche aus anderen als christlichen religiösen Traditionen immer noch wenig beachtet werden.

Hier brauchen die Erzieherinnen Hilfe, Fortbildung und vor allem Unterstützung durch die Kita-Träger. In den Orientierungs- und Bildungsplänen der Bundesländer für den vorschulischen Bereich ist das Bemühen zwar erkennbar, religiöse Bildung und ethische Erziehung vor dem Hintergrund der verfassungsmäßig garantierten Glaubens- und Gewissensfreiheit zu artikulieren – dennoch fühlen sich die Erzieherinnen oft mit dieser Aufgabe (und hohen Verantwortung) gerade auch in interreligiöser Hinsicht alleingelassen, zuweilen überfordert.

Die Ergebnisse, die in diesem Band vorgestellt werden, basieren auf einer empirischen Untersuchung unter Erzieherinnen. Die wissenschaftliche Studie „Interreligiöse und interkulturelle Bildung im Kindesalter" umfasst drei Bände, hier liegt nach „Wie viele Götter sind im Himmel" (Band 1) und neben „Auf die Eltern kommt es an!" (Band 2) Band 3 vor.

Die Stiftung Ravensburger Verlag bedankt sich beim Team der Evangelischen und Katholischen Religionspädagogik an der Universität Tübingen für diese Initiative, speziell bei den Projektleitern Professor Dr. Albert Biesinger, Professor Dr. Friedrich Schweitzer und bei der Akademischen Rätin Dr. Anke Edelbrock. Wir hoffen, dass dieser Band – wie auch die anderen von der Stiftung geförderten Publikationen zum Thema Religion und Interreligiosität – dazu beiträgt, interkulturelle und interreligiöse Bildung im Kindergarten fest zu verankern.

Bernd Engler

„Interreligiöse Erziehung in Kindertagesstätten" – ein Tübinger Forschungsprojekt mit Modellcharakter aus gesamtuniversitärer Perspektive

Interreligiöser Dialog und Interreligiosität sind ebenso wie die Etablierung einer islamischen Theologie an deutschen Universitäten wichtige Themen unserer Zeit, die grundlegende Fragen universitären Arbeitens und das Selbstverständnis der Universitäten in den Blick rücken: Wo stehen die Universitäten im bildungspolitischen Kontext und in der Gesellschaft?

Das Projekt und das Symposium zur interreligiösen Erziehung in Kindertagesstätten bieten ein anschauliches Beispiel dafür, wie sich einzelne Kollegen oder ganze Fachbereiche in die Pflicht nehmen lassen und zeigen, dass die Herausforderungen, mit denen die Gesellschaft sich konfrontiert sieht, auch als Herausforderungen für die Universität, für Lehre und Forschung, zu begreifen sind – und dies nicht im Sinne einer Verpflichtung von außen, sondern vor allem im Sinne einer Selbstverpflichtung. Will Universität mehr sein als ein Ort sich selbst genügender Forschung im Elfenbeinturm, muss sie darlegen, dass sie zu einem breiten Dialog mit der Gesellschaft fähig ist und Antworten auf die zentralen Probleme der Gegenwart zu geben vermag. Die von den Kollegen Biesinger und Schweitzer geleiteten Institute für berufsorientierte Religionspädagogik, EIBOR und KIBOR, setzen in diesem Sinne positive Akzente, indem sie die gesamtgesellschaftliche Verpflichtung annehmen und Fragen mit hoher gesellschaftlicher Relevanz aufgreifen und zu beantworten suchen.

Die Universität hat diese Selbstverpflichtung programmatisch im Tübinger Exzellenzinitiativeantrag mit dem Titel *„Research – Relevance – Responsibility"* zum Ausdruck gebracht. Die drei Schlagworte machen deutlich, dass universitäre Forschung gerade nicht in einem Vakuum existiert, sondern dass Universität gesellschaftliche *Relevanz* beansprucht – auch und gerade in der Grundlagenforschung, die keineswegs von Bezügen zur Lebenspraxis zu trennen ist, selbst wenn sie sich von jeder Indienstnahme frei zu halten hat. Jede Grundlagenforschung hat früher oder später Einfluss auf die Lebenspraxis – in den Lebens- und Naturwissenschaften ebenso wie in den Sozial- und Geisteswissenschaften.

Verantwortung ist im Grunde genommen das selbstverständliche Pendant zur Relevanz: Ohne gesellschaftliche Relevanz müssten wir über die Verantwortung nicht nachdenken, die sich aus dem Anspruch auf Relevanz ergibt. Und umgekehrt hat etwas keine gesellschaftliche Relevanz, wenn es sich nicht auch auf Verantwortungszusammenhänge bezieht.

Aufgabe einer Universität ist in diesem Kontext, über Verantwortung und gesellschaftliche Relevanz in ganz grundsätzlicher Weise zu reflektieren. Es geht dabei ebenfalls darum, die jeweiligen Stärken und Alleinstellungsmerkmale universitären Forschens und Lehrens zu identifizieren. In jüngster Zeit ist es der Universität Tübingen gelungen, gerade im Bereich der Bildungsforschung wichtige Akzente mit Alleinstellungsmerkmal zu setzen. Zu nennen ist hier unter anderem der erste WissenschaftsCampus in Deutschland mit dem Titel „Bildung in Informationsumwelten", der gemeinsam mit der Leibniz-Gemeinschaft etabliert wurde. Wir werden in Zukunft zudem intensiver darüber nachdenken müssen, wie die in unterschiedlichen Bereichen der Universität vorhandenen Kompetenzen besser miteinander verknüpft werden können, etwa die theologische Kompetenz mit der der Bildungsforschung oder die Kompetenzen im Berufsschulbereich mit denen in der frühkindlichen Erziehung.

An der Universität Tübingen wird das Motto des Zukunftskonzepts in der Exzellenzinitiative *„Research – Relevance – Responsibility"* schon immer gelebt. Wir sind zuversichtlich, dass sich die Universität mit den beiden etablierten christlichen Theologien und nicht zuletzt auch mit der Einrichtung eines Zentrums für islamische Theologie als ein künftiges Kompetenzzentrum für all das, was mit Religion und damit mit interreligiösem Dialog zu tun hat, positionieren wird. Die Etablierung des Zentrums für islamische Theologie ist hierfür ein wichtiger Schritt und das Ergebnis langer Vorarbeiten. Wichtige Beiträge lieferten gerade die beiden theologischen Fakultäten. Das Rektorat ist ihnen, ebenso wie den Religionswissenschaften und der Orientalistik, sehr dankbar für die Unterstützung, die sie geleistet haben. Was die beiden christlichen theologischen Fakultäten anbelangt, ist ohnedies anzumerken, dass sie lange vor der Initiative des Wissenschaftsrats, die in die Empfehlungen zur Einrichtung von Zentren für islamische Studien / Theologie mündete, begehbare und belastbare Brücken hin zum Islam geschlagen hatten und dies nicht nur rein theoretischer Art. In vielen gemeinsamen Projekten war in beiden Theologien bereits eine sehr konkrete, lebensweltliche Befassung mit dem Islam erfolgt.

Mein Dank gilt an dieser Stelle allen, die durch ihr persönliches Engagement zum Gelingen des Forschungsprojekts „Interreligiöse Erziehung in Kindertagesstätten", für das die Universität Tübingen gewiss über das richtige wissenschaftliche Umfeld verfügt, beigetragen haben. Wir dürfen gespannt sein auf weitere Forschungsprojekte zur Interreligiosität und zum interkulturellen Dialog.

Teil 1:
Interreligiöse und interkulturelle Bildung in der Kita
Befunde, Diskussionen, Perspektiven

Anke Edelbrock, Albert Biesinger, Friedrich Schweitzer

Das Tübinger Forschungsprojekt „Interkulturelle und interreligiöse Bildung in Kindertagesstätten"
Einführender Überblick[1]

Der vorliegende Band ist den Ergebnissen der Studie „Interkulturelle und interreligiöse Bildung in Kindertagesstätten" gewidmet, die auf einer Befragung von Erzieherinnen beruht. Im Zentrum stehen die Befunde aus der repräsentativen Befragung von Erzieherinnen in ganz Deutschland. Diese Studie steht jedoch in einem weiteren Forschungszusammenhang und ist insofern als eine Teilstudie anzusprechen, als sie durch parallele Untersuchungen zu den Kindern sowie zu den Eltern ergänzt und erweitert wird. Dazu kommt noch ein größeres Pilotprojekt, das der jetzt vorgestellten Hauptstudie unmittelbar voranging. Schließlich wurden, in einem aufwändigen Verfahren, auch Best-Practice-Beispiele in Einrichtungen identifiziert, deren Aktivitäten und Erfahrungen als Anregung für andere Einrichtungen dienen können. Auf diesen weiteren Zusammenhang soll an dieser Stelle, im Sinne einer Einführung, eingegangen werden.

1. „Mein Gott – Dein Gott" – Das Pilotprojekt

Die Frage nach der religiösen Begleitung für Kinder wird sowohl in der evangelischen als auch in der katholischen Religionspädagogik in Tübingen seit vielen Jahren intensiv diskutiert.[2] Bestimmend ist dabei die Forderung, Kinder auch in ihrer religiösen Entwicklung und mit ihren großen Fragen nicht allein zu lassen. Auch der Bezug auf die Kindertagesstätten spielte dabei eine wichtige Rolle.[3]

Mit dem Pilotprojekt zur interkulturellen und interreligiösen Bildung in Kindertagesstätten, das in den Jahren 2006 und 2007 durchgeführt werden konnte, gewann die Diskussion insofern eine neue Qualität, als erstmals eine größere empi-

---

[1] Das Gesamtprojekt wurde von Anke Edelbrock, Albert Biesinger und Friedrich Schweitzer geleitet. Die derzeitigen Mitarbeiterinnen und Mitarbeiter sind größtenteils als Autorinnen und Autoren des vorliegenden Bandes sowie im Vorwort genannt bzw. in den früheren Veröffentlichungen aufgeführt.

[2] Vgl. bes. *A. Biesinger*, Kinder nicht um Gott betrügen. Anstiftungen für Mütter und Väter, Neuausgabe Freiburg ²2007; *F. Schweitzer*, Das Recht des Kindes auf Religion. Ermutigungen für Eltern und Erzieher, Gütersloh ²2005; *A. Biesinger/H.-J. Kerner/G. Klosinski/F. Schweitzer* (Hg.), Brauchen Kinder Religion? Neue Erkenntnisse – Praktische Perspektiven, Weinheim/Basel 2005.

[3] Vgl. die Reihe „Kinder brauchen Hoffnung – Religion im Alltag des Kindergartens", Münster ²2005, hg. von *C.T. Scheilke/F. Schweitzer*.

rische Untersuchung zum Kindergarten durchgeführt werden konnte.[4] Aufgrund des bis dahin fast durchweg zu beklagenden Fehlens empirischer Daten besonders zur interreligiösen Erziehung oder Bildung in Kindertagesstätten hatte das Pilotprojekt die Aufgabe, in explorativer Weise Einsichten zu diesem Bereich zu gewinnen.

Auf unser Verständnis interreligiöser Erziehung und Bildung sowie auf das Verhältnis zwischen interkultureller und interreligiöser Bildung soll an dieser Stelle noch nicht weiter eingegangen werden. Es wird an anderer Stelle in diesem Buch erläutert.[5]

Das Pilotprojekt umfasst sowohl qualitative als auch quantitative Teile:

Im *qualitativen* Teil, der am Anfang des Projektes stand, musste ein offenes und exploratives Vorgehen Vorrang erhalten. Insgesamt wurden hier 37 Interviews durchgeführt und ausgewertet. Neben Expertinnen und Experten, deren Auskünfte dann bei der Erstellung des Interviewleitfadens genutzt werden konnten, wurden vor allem Interviews in Kindertagesstätten geführt. Die Pilotstudie richtete sich dabei besonders auf solche Orte, an denen mit einem hohen Anteil von Kindern mit Migrationshintergrund zu rechnen war. Sechs Städte wurden so ausgewählt – nämlich: Berlin, Hamburg, Frankfurt am Main, Mannheim/Ludwigshafen, Stuttgart und Aachen, da hier jeweils ein großer Anteil der Bevölkerung über einen Migrationshintergrund verfügt. Auch wenn in Ostdeutschland weitaus weniger Menschen mit Migrationshintergrund leben, war es uns doch wichtig, auch Einrichtungen im Osten Deutschlands mit im Blick zu haben. Hier fiel unsere Wahl auf die am östlichsten liegende Großstadt Dresden.

Einbezogen wurden sowohl konfessionelle als auch nicht-konfessionelle Einrichtungen. In den verschiedenen Kindertagestätten wurde dann in der Regel mit der Leiterin der Einrichtung ein rund 1½-stündiges Interview geführt. Hier konnten zahlreiche Einblicke gewonnen werden. Insbesondere wurde darüber berichtet, was in den Einrichtungen im interkulturellen und interreligiösen Bereich gut funktionieren kann und wo Herausforderungen liegen. Die Interviews waren thematisch sehr breit und offen angelegt: Die Kinder, das tägliche Miteinander, die Eltern, die Träger, das pädagogische Konzept der Einrichtung und auch die individuellen Sichtweisen der Erzieherinnen – all das sollte und konnte zur Sprache gebracht werden.

Im *quantitativen* Teil des Projekts wurde auf der Grundlage der Ergebnisse aus den Interviews ein Fragebogen erarbeitet. Der inhaltliche Schwerpunkt der Fragen lag auf der interreligiösen Bildung. Der Fragebogen wurde 1698 mal an Kindertagestätten in den genannten sieben Städten geschickt. 364 ausgefüllte Fragebogen wurden zurückgesandt und ausgewertet. Der Rücklauf lag somit bei 21%.

---

4   Vgl. *F. Schweitzer/A. Biesinger/A. Edelbrock* (Hg.), Mein Gott – Dein Gott. Interkulturelle und interreligiöse Bildung in Kindertagesstätten, Weinheim/Basel ²2009.
5   Vgl. unten, S. 29ff.

Diese Befragung führte zwar nicht zu repräsentativen, aufgrund der ausgewählten Standorte aber doch aussagekräftigen Ergebnissen.[6] Die befragten Einrichtungen betreuten rund 25.700 Kinder. Von diesen Kindern gehörten 51% der christlichen Religion an, 19% der Kinder gehörten der islamischen Religion an, und 3% der Kinder einer anderen Religion. 27% der Kinder waren ohne Bekenntnis.

Die Auswertung des Fragebogens ergab, dass nur ein Teil dieser Kinder eine religiöse Begleitung in den Einrichtungen erhält. Die Vielfalt der Religionen wird in den Einrichtungen oft ausgeklammert, so dass eine lebensgeschichtlich frühe Anbahnung dialogischer Fähigkeiten, von Respekt, Toleranz und Anerkennung anderer Religionen sowie im Blick auf nichtreligiöse Weltanschauungen nicht gefördert wird. Die muslimischen Kinder, die neben den christlichen Kindern die größte Gruppe in den Kindertagesstätten sind, haben nur in den wenigsten Fällen Zugang zu einer kompetenten religiösen Begleitung.

Nicht weniger wichtig als die inhaltlichen Ergebnisse des Pilotprojekts war die Gewinnung einer Methode und eines Designs für die Untersuchung solcher Fragestellungen. In dieser Hinsicht konnte deutlich gemacht werden, dass die im Pilotprojekt entwickelte bzw. gewählte Vorgehensweise zu wichtigen Einsichten führt und dass es möglich sein würde, auf dieser Grundlage auch zu weiterreichenden, zumindest zum Teil auch bundesweit repräsentativen Ergebnissen zu gelangen. Gleichzeitig legten es die Befunde und die Rezeption in Praxis und Öffentlichkeit nahe, das für die Pilotstudie gewählte Design um einige wichtige Elemente zu erweitern.

2. Kinder – Erzieherinnen – Eltern: Das Hauptprojekt

Im Jahr 2008 konnten die verschiedenen Teilprojekte in Gang gesetzt werden, die zusammen das Hauptprojekt ausmachen, von dem hier berichtet wird. Ein wichtiger Themenbereich des Hauptprojektes ist die repräsentative *Erzieherinnen*befragung, deren Befunde im vorliegenden Band dargestellt werden und die deshalb an dieser Stelle nicht weiter auszuführen sind.[7] Da es nach heutigem Verständnis aber nicht ausreichen kann, die Kinder nur über die Wahrnehmung durch Erwachsene in den Blick zu nehmen, wurde auch eine eigene Studie zu den *Kindern* durchgeführt. Darüber hinaus sollten die *Eltern* ebenfalls selbst zu Wort kommen. Denn nach vielfacher Beobachtung ist davon auszugehen, dass gerade den Eltern eine Schlüsselstellung im Blick auf die religiöse Erziehung und Bildung von Kindern zukommt, vor allem in der Kindheit, aber auch mit Langzeitfolgen weit über die erste Lebensdekade hinaus.[8] Schließlich zielt das Gesamtprojekt mit seinen empirischen Ergebnissen darauf, die Praxis interreligiöser und interkultureller Bildung

---

6   Eine in Thesen verdichtete Zusammenfassung der Befunde findet sich unten, S. 32. Die Ergebnisse des Pilotprojekts wurden bei einem eigenen Symposion im Mai 2007 in Köln öffentlich vorgestellt.

7   Als Zusammenfassung s. den Beitrag von *F. Schweitzer u.a.* in diesem Band, S. 29ff.

8   Das zeigen die Befunde bei *Biesinger/Kerner/Klosinski/Schweitzer*, Brauchen Kinder.

in den Kindertagesstätten zu unterstützen und Impulse für ihre Weiterentwicklung bereit zu stellen. Da solche Impulse am besten aufgenommen werden können, wenn sie nicht einfach aus der Theorie, sondern ebenfalls aus der Praxis kommen, zielt ein letzter Projektstrang auf die Sammlung und Veröffentlichung von Best-Practice-Beispielen.[9]

Über die verschiedenen Teilprojekte, denen jeweils eigene Veröffentlichungen gewidmet sind, soll hier in knapper Form berichtet werden.[10]

„Wie viele Götter sind im Himmel?" – Die Kinderstudie[11]

Im Zentrum dieser Studie stand die Frage nach der religiösen Differenzwahrnehmung von Kindern. Auch dazu lagen bis dahin noch kaum nennenswerte empirische Befunde vor.[12] Im Sinne der neuen Kindheitsforschung sind solche Erkenntnisse, welche die subjektive Sicht der Kinder – ihre „eigene Stimme", wie es heute gerne genannt wird – sowie ihre Konstruktionen religiöser Differenz aufnehmen, jedoch ein unerlässlicher Ausgangspunkt für jeden Ansatz einer interreligiösen Bildung im Kindesalter.

Ein weiterer Grund für die Kinderstudie ergab sich aus der Praxis der Kindertagesstätten. Schon beim Pilotprojekt war in den Einrichtungen immer wieder zu hören, dass es hier tatsächlich Kinder aus vielen Ländern gebe. Entscheidend sei doch ein harmonisches Zusammenleben. Deshalb würde man manche Fragen einfach noch von den Kindern fernhalten, so beispielsweise auch religiöse Fragen. Und die Kinder interessiere es doch auch nicht, wie sich das mit den verschiedenen Religionen verhält. Das seien keine Fragen von Kindern und auch keine Fragen für Kinder. In den Einrichtungen seien die Kinder alle zusammen – und das ganz ohne Berücksichtigung ihrer Nationalität oder Religion.

Wenn es zutreffen würde, dass Kinder noch ganz ohne religiöse Differenzwahrnehmung leben und dass Kinder religiöse Unterschiede auch gar nicht verstehen können, wäre die Forderung nach interreligiöser Bildung in Kindertagesstätten von vornherein ein ziemlich sinnloses Unternehmen. Nicht zuletzt sollte die Kinderstudie deshalb klären, ob solche Einschätzungen der Kinder tatsächlich zutreffen und ob sie sich empirisch erhärten lassen.

Bereits im Pilotprojekt war festzustellen, dass Kinder sich zu interreligiösen Fragen und Zusammenhängen ganz selbständig – ohne Aufforderung durch Erwachsene – Gedanken machen. Eine kurze Szene, die eine Erzieherin aus der

---

9   Diese Beispiele werden zusammen mit einer Empfehlung zur interreligiösen und unterkulturellen Bildung in Kindertagesstätten im Dezember 2011 in Berlin öffentlich vorgestellt. Als Veröffentlichung s. *A. Edelbrock/A. Biesinger/F. Schweitzer* (Hg.), Religiöse Vielfalt in der Kita. Empfehlungen und Best-Practice-Beispiele zur interreligiösen und interkulturellen Bildung, Berlin 2011.

10   Die jeweiligen Veröffentlichungen werden im Folgenden im entsprechenden Zusammenhang genannt (vgl. auch Anm. 9).

11   Die Ergebnisse dieser Teilstudie sind in einem eigenen Band veröffentlicht: *A. Edelbrock/F. Schweitzer/A. Biesinger* (Hg.), Wie viele Götter sind im Himmel? Religiöse Differenzwahrnehmung im Kindesalter, Münster u.a. 2010.

12   Vgl. ebd.

Praxis ihrer Einrichtung berichtete, kann dies anschaulich verdeutlichen: Die integrative Einrichtung hatte in ihrer Kinderschar ein muslimisches Kind mit Down-Syndrom, welches aufgrund seiner Religion kein Schweinefleisch aß. Den Kindern war dieser Sachverhalt nie erläutert worden. Die Erzieherin erzählte uns, wie ein Kind zu ihr gesagt habe: „Ja, Sultan ist ganz doll behindert, weil Sultan darf nämlich keine Würstchen essen!"

Die plurale Welt unserer Gesellschaft ist in den Kindergärten und Kindertagesstätten längst angekommen. Die Einrichtungen sind mit ihrer kulturellen und religiösen Vielfalt Spiegelbilder der gesellschaftlichen Vielfalt, auch in religiöser Hinsicht. Diese Vielfalt birgt Herausforderungen, aber auch neue Bildungs- und Begegnungschancen in sich.

Um zu erfahren, wie Kinder religiöse Unterschiede wahrnehmen, wurde im Projekt eine Befragung von Kindergartenkindern durchgeführt. Die Vorgehensweise war, dem Alter der Kinder entsprechend, qualitativ (Gruppeninterviews).

140 Kinder, 71 Mädchen und 69 Jungen im Durchschnittsalter von 4 Jahren und 9 Monaten, wurden befragt. Es waren 65 christliche, 49 muslimische und 20 konfessionslose Kinder. 44 Kinder hatten zwei deutsche Elternteile, 19 Kinder zwei türkische, 12 Kinder hatten Elternteile aus dem ehemaligen Jugoslawien. 14 Kinder hatten einen deutschen Elternteil. Insgesamt waren im Sample 34 Nationalitäten vertreten.

Alle Gruppengespräche wurden digital aufgezeichnet und anschließend transkribiert. Die Befragung erfolgte über drei Erhebungszeitpunkte, mit jeweils unterschiedlicher Schwerpunktsetzung.

Die Auswertung fand auf mehreren Ebenen statt. Übergreifend beleuchten die Befunde vier Aspekte der interreligiösen Bildung: Welches *Wissen* haben die Kinder in diesem Bereich? Über welche Erfahrungen und *Erlebnisse* verfügen sie? Welche *Einstellungen* sind bei ihnen vorzufinden? Und nicht zuletzt: Wie steht es mit ihrer auf interreligiöse Zusammenhänge bezogenen *Sprachfähigkeit*?

Exemplarisch soll hier der Aspekt des Wissens etwas genauer erläutert werden. Viele der 140 befragten Kinder hatten ein geringes religiöses Wissen. Zugleich aber zeigten einzelne Gesprächsausschnitte, dass bereits knapp fünfjährige Kinder die religiöse Pluralität unserer Gesellschaft durchaus wahrnehmen und auch Interesse an ihr haben.

Serap etwa, ein muslimischer Junge, geht davon aus, dass es mehrere Götter geben müsse, „weil" – so sagt er – „in jedem, jedem Land muss ein Gott sein. Sonst können doch die Menschen nicht leben".

Clemens (ohne Konfession) und Lily (mit christlichem Familienhintergrund) erweitern den Fragehorizont noch um weitere Götter, wie der folgende Dialog zwischen den beiden Kindern zeigt:

Clemens:	Ich glaub' ja nicht an Gott.
Lily:	Aber ich glaub' an Gott.
Clemens:	Weißt du was, in Thailand heißt der Gott Buddha. Und hier in Berlin heißt er Jesus Christus. Und die Frau von Gott heißt Maria.
Lily:	Und Josef ist eigentlich nur der Gehilfe von Gott. Der hat Maria und Gott geholfen, Jesus auf die Welt zu bringen.[13]

Schon dieser kurze Ausschnitt zeigt, wie ernsthaft fünfjährige Kinder auf ihre Art und Weise die Gottesfrage diskutieren können. Und manchmal entstehen dann auch richtige Streitgespräche unter den Kindern. Häufig kommt es dabei zu Vermischungen zwischen Religionszugehörigkeit und Nationalität. Die Bereiche von Nation und Religion sauber auseinanderzuhalten ist für die Kinder nicht leicht und vielleicht noch nicht wirklich möglich. Dass es viele Länder oder Nationen gibt, haben diese Kinder aber, aufgrund ihrer Begegnungen gerade in der Kindertagesstätte, deutlich vor Augen. Und was liegt dann näher, als dieser nationalen Vielfalt auch eine Mehrzahl von Göttern zuzuordnen?

Auch wenn an dieser Stelle nicht weiter auf die Ergebnisse der Kinderstudie eingegangen werden kann, ist doch deutlich, dass sich die oben beschriebene Einschätzung oder Erwartung, dass Kinder an religiösen Unterschieden nicht interessiert und dass sie auch gar nicht fähig seien, sich damit auseinanderzusetzen, an den Kindern vorbei geht. Die Forderung nach interreligiöser Bildung im Kindesalter besitzt ihren ersten Anhalt bei den Kindern selbst – bei ihren Begegnungen und ihrem Erleben, bei ihren Wahrnehmungen und Erfahrungen. Auch dabei brauchen die Kinder kompetente Begleitung.

„Auf die Eltern kommt es an" – Die Elternstudie[14]
Die Eltern konnten im Pilotprojekt noch nicht berücksichtigt werden. Gerade in der frühen Bildung haben Eltern aber ein besonders großes Gewicht. Sie allein entscheiden z.B. über die Wahl des Kindergartens.

Um Vorstellungen, Wünsche und Einstellungen von Eltern bezüglich interkultureller und interreligiöser Bildung zu erheben, wurden im Hauptprojekt wiederum sowohl qualitative als auch quantitative Zugänge gewählt.

Im *qualitativen* Teil der Studie wurden Interviews durchgeführt. Die Gespräche wurden mit insgesamt 44 Eltern bzw. Elternteilen geführt, d.h. zumeist Müttern, mit unterschiedlichem religiösem Hintergrund (ohne Bekenntnis, christlich, muslimisch). Thematisch wurden unterschiedliche Bereiche angesprochen: Kriterien der Kindertagesstättenwahl; die Erwartungen der Eltern an die Einrichtung; ihre

---

13 Aus *K. Dubiski/I. Essich/F. Schweitzer/A. Edelbrock/A. Biesinger*, Religiöse Differenzwahrnehmung im Kindesalter. Eine qualitativ-empirische Untersuchung mit Kindern im Alter zwischen 4 und 6 Jahren. In: *Edelbrock/Schweitzer/Biesinger*, Wie viele Götter, 166.
14 Die Befunde aus der Elternstudie werden parallel zur vorliegenden Studie in einem eigenen Band veröffentlicht, zusammen mit Erfahrungsberichten zur Elternarbeit im Umkreis von Kindertagesstätten; vgl. *A. Biesinger/A. Edelbrock/F. Schweitzer* (Hg.), Auf die Eltern kommt es an! Interreligiöse und interkulturelle Bildung in der Kita, Münster 2011.

Wahrnehmung des pädagogischen und religionspädagogischen Konzepts der Einrichtung; ihre Einstellungen zur religiösen und interreligiösen Bildung; auch nach der Elternarbeit der Einrichtung wurde gefragt.

Bei der Frage der Wahl der Einrichtungen zeigen die Interviews beispielsweise, dass Kriterien wie die räumliche Nähe der Einrichtung zum Wohnort und natürlich auch die Verfügbarkeit eines Platzes eine wichtige Rolle spielen. Der Eindruck bei der Besichtigung der Einrichtung und Empfehlungen von Nachbarn und Freunden sind ebenfalls sehr bedeutsam. Aber auch die Zusammensetzung der Kindergruppen ist den Eltern wichtig. So berichtete eine christliche Mutter, sie sei ein paar Monate vor dem damals anstehenden Umzug zum neuen Wohnort gefahren und habe sich die dort vorhandenen Einrichtungen angeschaut. Sie erinnert sich, dass sie besonders von der Vielfalt der Religionen und Kulturen in der Einrichtung positiv beeindruckt gewesen sei.

Eine solche Offenheit findet sich mitunter auch bei muslimischen Eltern. Eine muslimische Mutter beschreibt, dass ihr Kind im Kindergarten etwas über die großen christlichen Feste erfährt, was sie ausdrücklich begrüßt.

> „Ja, also ich find's sehr schön, Weihnachten. Ich find's wirklich sehr schön. Wir haben ja eigentlich nichts mit Weihnachten zu tun, aber ich find's schön, dass er das im Kindergarten mitbekommt. Und halt so draußen, wenn er die Lichter an den Fenstern/ Findet er auch immer ganz toll. Nur es ist halt schwer zu erklären immer den Kleinen, dass es bei uns halt nicht so ist. Bei uns wird – also in der Hinsicht – gar nichts gemacht."

Ebenfalls eine große Rolle spielen für die Eltern auch die Trägerschaften. Manchmal werden religiöse Trägerschaften von den Eltern bewusst gesucht, manchmal ebenso gezielt aber auch vermieden. Insgesamt machen viele der Interviewgespräche deutlich, dass religiöse Erziehung in der Kita eine sensible Angelegenheit ist, bei der die Kommunikation mit den Eltern besonders wichtig ist.

Der *quantitative* Teil der Studie besteht aus einer bundesweiten, allerdings nicht repräsentativen Befragung von Eltern, deren Kind eine Kindertagesstätte besucht. Die Fragebögen wurden über die an der Erzieherinnenbefragung beteiligten Einrichtungen verteilt, in deutscher und in türkischer Sprache. Insgesamt kamen 581 Fragebögen ausgefüllt zurück.

Die Ergebnisse zeigen beispielsweise, dass Religion in den Elterngesprächen nur selten angesprochen wird. Darüber hinaus nehmen die befragten Eltern auch nur wenig religiöse Erziehung in der Kita wahr, was zumindest nicht den Wünschen aller Eltern gerecht wird. Allerdings sind die Meinungen der Eltern deutlich geteilt: Ungefähr ein Drittel der Befragten stimmen der Auffassung zu, dass in der Kita religiöse Erziehung stattfinden soll, aber ebenfalls ein Drittel der Befragten ist dagegen. Offenbar können sich hier leicht Polarisierungen einstellen, wodurch die Bedeutung einer auf religionspädagogische Fragen bezogenen Kommunikation der Erzieherinnen mit den Eltern noch einmal unterstrichen wird.

Der Band zu den Eltern wird deshalb durch eine Reihe von Berichten zur Elternarbeit ergänzt. Auch dabei stehen interreligiöse Bildungsfragen im Vordergrund.

„Religiöse Vielfalt in der Kita" – Best-Practice-Beispiele[15]

Der vierte Bereich des Gesamtprojekts besteht in der Identifizierung von Einrichtungen, die – besonders engagiert und erfolgreich – bereits interkulturelle und interreligiöse Bildung in ihrem Praxisalltag umsetzen. Diese Einrichtungen wurden mehrfach besucht, um ihre Erfahrungen so dokumentieren zu können, dass sie als Impuls für die Praxis wirksam werden können. Leitend ist hier die Idee eines Lernens in der Praxis von der Praxis.

Die Identifikation der Einrichtungen fand auf unterschiedlichen Ebenen statt. Befragt wurden auch in diesem Falle Multiplikatoren, insbesondere auch die Verbände, namentlich der „Verband Katholische Kindertageseinrichtungen für Kinder" und die „Bundesvereinigung Evangelischer Tageseinrichtungen für Kinder e.V."[16] Darüber hinaus wurde Kontakt mit regionalen Fachberatungen für Kindergärten aufgenommen, um weitere Hinweise auf besonders engagierte Einrichtungen zu bekommen. Auch bei Veranstaltungen, die im Rahmen des Projekts durchgeführt oder besucht wurden, konnten entsprechende Informationen und Hinweise gesammelt werden. Ergänzend wurden Recherchen durchgeführt, zum einen in Zeitschriften für den Elementarbereich, in denen immer wieder auch Projekte und Einrichtungen mit besonderem Profil oder speziellen Projekten vorgestellt werden; zum anderen wurde das Internet genutzt. Im Bereich der großen Städte wurden Multiplikatoren-Einrichtungen angeschrieben. Das konnten unterschiedliche Einrichtungen sein, wie etwa Integrationsagenturen oder Kulturwerkstätten, Abteilungen des Diakonischen Werks oder der Caritas. Zudem wurden auch Fachbereichsstellen für Migration kontaktiert. Größere Städte haben oft innerhalb der Fachberatung für Kindertagesstätten eine eigene Abteilung für Integration oder für Sprachförderung. Es gibt aber auch Kindertagesstätten, die selbständig ihr Profil ins Internet stellen. Hier konnte dann schon vor dem ersten Telefonkontakt Einblick in die Arbeit der Einrichtungen genommen werden. Im entsprechenden Fall wurde den Hinweisen dann in persönlicher Kontaktaufnahme nachgegangen und wurden die so gewonnenen Informationen sorgfältig ausgewertet.

Mit Hilfe dieser unterschiedlichen Herangehensweise wurden rund 180 Adressen von Einrichtungen zusammengetragen. Diese wurden angerufen, um in einem ersten Gespräch Einblick in den Alltag der Einrichtungen zu gewinnen und zu erfahren, wie dort interkulturelle und interreligiöse Bildung umgesetzt wird. Der nächste Schritt war ein Besuch ausgewählter Einrichtungen. Insgesamt wurden 26 Einrichtungen in ganz Deutschland persönlich besucht – von Lübeck bis München, von Aachen bis Berlin. Es waren Einrichtungen in unterschiedlicher Trägerschaft:

---

15 Die Beispiele werden in dem Band *Edelbrock/Schweitzer/Biesinger*, Religiöse Vielfalt in der Kita, dargestellt.
16 Vgl. dazu auch die Stellungnahmen von Trägerseite in diesem Band, S. 82ff., 86ff.

kommunal, evangelisch oder katholisch, und auch andere freie Trägerschaften wie AWO oder Elternvereine waren dabei.

Von diesen 26 Einrichtungen wurden schließlich 17 Einrichtungen ausgewählt, weil ihrer Arbeit und ihren Erfahrungen ein modellhafter Charakter zugesprochen werden kann. Mit dabei sind auch eine muslimische und eine jüdische Einrichtung.

Bei der Auswahl der Einrichtungen war natürlich zum einen die Qualität der Arbeit wichtig. Zum anderen sollte aber auch eine möglichst große Bandbreite unterschiedlicher modellhafter Profile sichtbar gemacht werden, so dass dann z.B. Einrichtungen, die ähnliche Ideen umsetzten, nicht alle berücksichtigt werden konnten.

Auch zu den Best-Practice-Beispielen hier noch einige exemplarische Hinweise:

Zum pädagogischen Ansatz vieler Einrichtungen gehört es, dass Kindergartenkinder in Gruppen gemeinsam ihre Nachbarschaft erforschen. Klassische Orte sind z.B. die Feuerwehr, der örtliche Bäcker, die Kirche im Ort. In den modellhaften Einrichtungen haben wir immer wieder von Moscheebesuchen gehört, die als selbstverständlicher Teil in das Besuchsprogramm aufgenommen worden sind. (Dass dies keineswegs die Regel ist, zeigen im Übrigen die Befunde aus der Erzieherinnenbefragung.[17])

Welche Erlebnisse und Erfahrungen werden Kindern ermöglicht, wenn sie in einem solchen Rahmen Kirche und Moschee besuchen? Kinder, die keiner Religion angehören, erfahren von der religiösen Pluralität der Gesellschaft. Muslimische Kinder erfahren durch den Moscheebesuch, dass ihre Religion in der Kita berücksichtigt wird, gleichzeitig sehen sie eine christliche Kirche von innen, häufig zum ersten Mal. Christliche Kinder lernen eine Moschee kennen und erfahren z.B., dass es auch Gebetsräume ohne Bänke und Stühle gibt. Katholische Kinder sehen in der Gebetskette vielleicht Parallelen zum Rosenkranz. Auch hier handelt es sich vielfach um Erstbegegnungen.

Manche Einrichtungen haben auch das Judentum im Blick. Dort, wo eine Synagoge in der Nähe ist, wird auch diese dann mit den Kindergartenkindern besucht.

Solche Besuche, wie interreligiöse Bildung überhaupt, bedürfen klarer Kommunikation mit den Eltern. Häufig wird von den Einrichtungen in dieser Hinsicht die Bedeutung der ersten Kontakte und Gespräche mit den Eltern hervorgehoben. Eine Einrichtung hat z.B. für den Austausch über die Familienreligion und Familienkultur in den Erstgesprächen einen speziellen Gesprächsleitfaden entwickelt. Damit die Kinder und Eltern sich mit ihrer Religion und ihrer Kultur in der Einrichtung willkommen fühlen, ist es für die Erzieherinnen und Erzieher wichtig, diese auch zu kennen. Es geht der Einrichtung nicht darum, den Kindern stereotype Sichtweisen des Judentums, des Christentums und des Islam zu vermitteln. Ihr liegt vielmehr daran, den Kindern über den Weg der jeweiligen Familienreligionen eine Perspektive auf die religiöse Vielfalt unserer Gesellschaft zu eröffnen.

---

17 Vgl. in diesem Band, S. 42ff.

Eine andere Einrichtung in evangelischer Trägerschaft hat in ihrem Team diskutiert, wie sie ihre Offenheit gegenüber anderen Religionen von vornherein den Eltern signalisieren kann. So wurde ein Plakat gemalt, das nun im Eingangsbereich des Kindergartens hängt. Auf diesem Plakat steht in großen Lettern geschrieben: „Wir sind eine evangelische Einrichtung, die anderen Religionen auf gleicher Augenhöhe begegnet." Es sind viele Mosaiksteine, die zu einer gelingenden interreligiösen Bildung in Kindertagesstätten beitragen.

3. Ausblick

Aus den verschiedenen Teilprojekten ergibt sich so ein Gesamtbild, das weit über die bislang verfügbaren Befunde zur interreligiösen Bildung im Kindesalter und besonders in Kindertagesstätten hinausführt. Wie aus dem vorliegenden Überblick hervorgeht, werden die Projektergebnisse breit verfügbar gemacht und öffentlich zur Diskussion gestellt. Zielgruppe ist dabei nicht nur die Wissenschaft oder die Bildungs- und Sozialpolitik, sondern immer auch die Praxis selbst, die während des Projekts auch mit eigenen Veranstaltungen angesprochen wurde.[18]

---

18 Ebenfalls mit Unterstützung der Stiftung Ravensburger Verlag wurden, teils in Zusammenarbeit mit den Trägerverbänden oder in deren Verantwortung, entsprechende Veranstaltungen in Köln sowie in Frankfurt/M. durchgeführt.

Friedrich Schweitzer, Albert Biesinger, Hans-Peter Blaicher, Anke Edelbrock,
Annette Haußmann, Wolfgang Ilg, Murat Kaplan, Golde Wissner[1]

Interreligiöse und interkulturelle Bildung in Kindertagesstätten – Befunde aus der Erzieherinnenbefragung[2]

1. Einleitung – Zur Begründung der Untersuchung

Heute ist man sich weithin einig, dass Bildung und Lernen nicht erst mit sechs oder sieben Jahren in der Grundschule beginnen. Die enorme Bildungsbedeutung schon der ersten Lebensjahre ist inzwischen vielfach belegt – in der Pädagogik ebenso wie in der Psychologie oder in der Gehirnforschung. Darauf reagieren beispielsweise auch die neuen Bildungs- und Orientierungspläne für den Elementarbereich, die vor etwa fünf Jahren in ganz Deutschland eingeführt wurden. Bestandteil dieser Pläne sind in den meisten Bundesländern auch Bildungsaufgaben im Bereich „Werte, Sinn und Religion". Auch die religiöse Begleitung stellt eine wichtige Aufgabe der Bildung im Elementarbereich dar.

Dabei müssen zunehmend auch interreligiöse Aspekte Berücksichtigung finden. Die kulturelle und religiöse Vielfalt stellt inzwischen auch in Deutschland und somit auch in deutschen Kindertagesstätten immer mehr eine Selbstverständlichkeit dar. Interkulturelles und interreligiöses Lernen sind von hoher Bedeutung für das gesellschaftliche Zusammenleben.

Im Blick auf interkulturelle Zusammenhänge wird dies auch in der Erziehungswissenschaft hervorgehoben. So belegt schon der erste Deutsche Bildungsbericht aus dem Jahr 2006, dass ein Drittel der Kinder im Alter von bis zu sechs Jahren einen Migrationshintergrund aufweist.[3] Was dies für die Religionszugehörigkeit bedeutet, wird in diesem Bericht aber nicht einmal als Frage aufgeworfen. Ähnlich zeigt die von Svendy Wittmann/Thomas Rauschenbach/Hans Rudolf Leu 2011

1   Der Text wurde von Friedrich Schweitzer unter Benutzung von Vorlagen erstellt, wird aber vom Projektteam gemeinsam verantwortet. Die Erhebungen und Auswertungen wurden in psychologischer Hinsicht von Hans-Peter Blaicher, Annette Haußmann und Golde Wissner entwickelt und durchgeführt, unter Beratung und Beteiligung von Wolfgang Ilg. Murat Kaplan war als muslimischer Berater an allen Arbeitsschritten beteiligt. Die Leitung sowie die Begleitung der Arbeitsschritte des Projekts lag bei Albert Biesinger, Anke Edelbrock und Friedrich Schweitzer. Dem Team im weiteren Sinne gehörte darüber hinaus auch Andreas Stehle an. Die Untersuchung sowie das Gesamtprojekt wurden von der *Stiftung Ravensburger Verlag* großzügig unterstützt. Auch an dieser Stelle möchten wir unseren Dank an die Stiftung für ihre Bereitschaft zur Förderung innovativer Vorhaben zum Ausdruck bringen.
2   Der vorliegende Text wurde in einer ersten Form bei einem interdisziplinären und internationalen Symposion im Mai 2011 an der Universität Tübingen vorgetragen. Die Stellungnahmen im vorliegenden Band beziehen sich auf diesen Text. Weiterreichende Auswertungen zu speziellen Fragen finden sich in dem detaillierteren Bericht unten, S. 147ff.
3   Vgl. *Konsortium Bildungsberichterstattung*, Bildung in Deutschland. Ein indikatorengestützter Bericht mit einer Analyse zu Bildung und Migration, Bielefeld 2006, 143.

vorgelegte „Bilanz empirischer Studien" zu Kindern und Kindsein in Deutschland[4] das entsprechende Forschungsdefizit: Zum Bereich Religion oder interreligiöses Lernen konnte mangels Daten nicht einmal ein eigener Abschnitt aufgenommen werden! Die erziehungs- und sozialwissenschaftliche Kindheitsforschung spart das Thema Religion und Religionen noch immer ebenso sorgfältig aus wie die entsprechenden Bildungsberichte zum Elementarbereich, die im Auftrag der Bundes- oder Landesregierungen erstellt werden.[5] Hier ist interreligiöse Bildung noch immer kein Thema.

In der Praxis stellt sich die Situation jedoch anders dar, weshalb wir den Schwerpunkt im Folgenden auf interreligiöse Bildung legen. Religion kann dabei nicht von Kultur oder Kulturen isoliert werden.[6] Beide sind, auf unterschiedliche Art und Weise, miteinander verschmolzen. Unsere Konzentration auf interreligiöse Bildung kann deshalb nur bedeuten, dass wir ein Verschwinden (inter-)religiöser Bezüge oder Dimensionen hinter den (inter-)kulturellen vermeiden wollen. Angesichts der bisherigen Diskussionslage liegt hier der größte Nachholbedarf. Schon früh begegnen sich in der Kindertagesstätte Kinder nicht nur mit verschiedenem kulturellem Hintergrund, sondern auch mit unterschiedlicher religiöser Prägung. So erleben sie in ihrem Alltag bereits Gemeinsamkeiten und Unterschiede, wenn beispielsweise ein Kind kein Schweinefleisch essen darf oder wenn ein Kind, das zuhause nicht religiös erzogen wird, in der Einrichtung Weihnachten mitfeiern oder ein Gebet mitsprechen soll.[7] Wenn auf die daraufhin ganz natürlich entstehenden Fragen der Kinder keine Antworten gegeben werden, können bereits früh Missverständnisse und Vorurteile entstehen.[8] Zugleich bieten sich Chancen für ein gelungenes Miteinander, wenn auf die Unterschiede eingegangen wird. Darauf weisen auch die beiden bundesweiten evangelischen und katholischen Verbände für Kindertageseinrichtungen (BETA, KTK) schon seit Jahren zu Recht immer wieder hin.[9]

Nach heutigem Verständnis wäre es nun aber kaum sinnvoll, einfach normativ Modelle und Forderungen für interreligiöse Bildung im Elementarbereich zu entwickeln und zu vertreten. An erster Stelle muss auch hier der Einblick in die Realität der pädagogischen und religionspädagogischen Arbeit in Kindertagesstätten stehen. Dass den Wahrnehmungen von Erzieherinnen dabei eine Schlüsselbedeutung

---

4   Vgl. *S. Wittmann/T. Rauschenbach/H.R. Leu* (Hg.), Kinder in Deutschland. Eine Bilanz empirischer Studien, Weinheim/München 2011.
5   Auch der bislang am weitesten reichende Bericht, *S. Haug/S. Müssig/A. Stichs*, Muslimisches Leben in Deutschland, hg. vom Bundesamt für Migration und Flüchtlinge, Nürnberg 2009, bietet dazu kaum Erkenntnisse.
6   Vgl. dazu die ebenfalls zum vorliegenden Projektzusammenhang gehörige Studie *A. Edelbrock/F. Schweitzer/A. Biesinger* (Hg.), Wie viele Götter sind im Himmel? Religiöse Differenzwahrnehmung im Kindesalter, Münster u.a. 2010, 23.
7   Vgl. dazu unsere in dem Band *F. Schweitzer/A. Biesinger/A. Edelbrock* (Hg.), Mein Gott – Dein Gott. Interkulturelle und interreligiöse Bildung in Kindertagesstätten, Weinheim/Basel ²2009 dargestellten Befunde aus der qualitativ und quantitativ verfahrenden Pilotuntersuchung, die dem hier dargestellten Hauptprojekt voranging.
8   Vgl. dazu: *Edelbrock u.a.*, Wie viele Götter sind im Himmel?, etwa 157.
9   Vgl. die Darstellung und (Literatur-)Hinweise ebd., 135ff.

zukommt, versteht sich fast von selbst. Denn Erzieherinnen[10] erleben den Alltag mit den Kindern hautnah und verfügen dadurch auch in dieser Hinsicht über ein erhebliches Maß an praktischer Erfahrung. Darüber hinaus sind es in vieler Hinsicht die Erzieherinnen, von denen es abhängt, ob in der Kindertagesstätte auch interreligiöse Bildungsangebote realisiert werden. Zugleich muss aber vermieden werden, den Erzieherinnen allein alle Verantwortung zuzuschieben. Deshalb war es uns wichtig, auch mögliche Unterstützungssysteme für Erzieherinnen in den Blick zu nehmen. Welche Unterstützung erfahren sie durch Ausbildung und Fortbildung? Und welche Rolle spielen bei alldem die Träger der Einrichtungen?

Alle diese Fragen konnten in einer repräsentativ angelegten Befragung von Erzieherinnen in ganz Deutschland aufgenommen werden. Die Untersuchung wurde von der *Stiftung Ravensburger Verlag* unterstützt, die uns bereits früher auch eine Pilotuntersuchung ermöglicht hatte.[11] Im Sinne von Fragestellungen und Hypothesen bilden die Befunde aus der nicht-repräsentativen Pilotstudie den Hintergrund auch für die vorliegende Darstellung.

An dieser Stelle ist auch ein Hinweis auf die von uns gewählte Terminologie angebracht, zumal diese Frage bei früheren Präsentationen des Projekts gelegentlich zu Nachfragen und Diskussionen führte. Wir sprechen bewusst von interreligiöser *Bildung*, um hervorzuheben, dass es auch in diesem Bereich um genuine Bildungsaufgaben geht und Bildung sich nicht etwa auf die sog. PISA-Bereiche (Sprache und Mathematik/Naturwissenschaften) beschränken kann. In den Einrichtungen selbst wird bislang jedoch weniger von (inter-)religiöser Bildung als vielmehr von *Erziehung* gesprochen, wobei unsere Nachfragen im Zusammenhang des Pretests für die vorliegende Untersuchung ergaben, dass es sich dabei eher um sprachliche Gewohnheiten und also nicht um einen inhaltlichen Gegensatz („Erziehung statt Bildung" o.ä.) handelt. In unserem Fragebogen sprechen wir deshalb, in Anpassung an die Zielgruppe der Befragung, von interreligiöser Erziehung, in unserer eigenen Darstellung hingegen von Bildung.

Im Übrigen zeigen die Beiträge im vorliegenden Band erneut, wie wenig die Terminologie in diesem Bereich derzeit geklärt ist oder allgemein festlegt. Die Autorinnen und Autoren sprechen in unterschiedlichem Sinne von Erziehung oder Bildung, und auch die Begriffe des interkulturellen und interreligiösen Lernens bzw. der interkulturellen und interreligiösen Bildung werden sehr unterschiedlich gebraucht. Wer hier Missverständnisse vermeiden will, muss sehr genau auf den jeweiligen Kontext achten.[12]

---

10 Da es sich bei den Befragten größtenteils um Frauen handelte, verwenden wir im Folgenden nur die weibliche Form, möchten aber Erzieher damit ebenso einschließen.

11 Vgl. *Schweitzer u.a.*, Mein Gott – Dein Gott.

12 Zu unserem Verständnis interkultureller und interreligiöser Bildung vgl. auch mit Hinweisen zu Literatur, unten, S. 149ff.

2. Erwartungen aus der Pilotstudie

Die qualitativ- und quantitativ-empirischen Befunde der 2006/07 durchgeführten Pilotuntersuchung „Interkulturelle und interreligiöse Bildung in Kindertagesstätten"[13] haben gezeigt, dass es durchaus Einrichtungen gibt, die interkulturelle und interreligiöse Bildungsaufgaben wahrnehmen und auf verschiedene Weise durchführen. Es wurde aber auch deutlich, dass in sehr vielen Einrichtungen die Fragen der Kinder zu verschiedenen Kulturen und Religionen ohne Antwort oder Begleitung bleiben.

Die Pilotstudie wurde an solchen städtischen Standorten durchgeführt, an denen mit einem hohen Anteil von Eltern mit Migrationshintergrund zu rechnen war. Im Einzelnen wurde in dieser Studie deutlich, dass der multikulturellen auch eine stark ausgeprägte multireligiöse Zusammensetzung der Kindergruppen in den Einrichtungen entspricht. So lag der durchschnittliche Anteil muslimischer Kindern in den damals befragten Einrichtungen bei 27% (nicht-konfessionelle Einrichtungen) bzw. 18% (konfessionelle Einrichtungen). Vor allem die Erzieherinnen besonders in konfessionell getragenen Einrichtungen zeigten sich grundsätzlich zu einer religiösen Begleitung der Kinder bereit, während ihre Kolleginnen in nicht-konfessionellen Einrichtungen hier deutlich mehr Zurückhaltung äußerten. Tatsächlich realisiert wird eine solche Begleitung aber zum einen nur für christliche Kinder und zum anderen fast nur in konfessionellen Einrichtungen. Die Begleitung muslimischer Kinder ist insgesamt sehr wenig ausgeprägt, und interreligiöse Bildung ist ebenfalls nur selten ein Thema.

Die Ergebnisse der Pilotstudie lassen sich in *acht Thesen* verdichten:

1. In sehr vielen Einrichtungen finden sich Kinder mit unterschiedlicher *Religionszugehörigkeit bzw. weltanschaulicher Prägung*, wobei besonders drei Gruppen quantitativ dominieren: christliche, muslimische und konfessionslose Kinder. Die meisten Einrichtungen werden auch von muslimischen Kindern besucht.

2. Die Mehrheit der Erzieherinnen zeigt sich offen für eine religiöse Begleitung der Kinder – im Sinne einer *allgemeinen Unterstützung religiöser Bildung* –, allerdings ohne dass sie selbst in dieser Hinsicht aktiv würden. Es handelt sich offenbar eher um eine allgemeine Offenheit im Sinne einer persönlichen Einstellung als um eine (religions-)pädagogische Handlungsmaxime zur Gestaltung der Arbeit in der Einrichtung.

3. Eine *christliche Bildung* oder Begleitung der Kinder wird in der Mehrzahl der Einrichtungen befürwortet bzw. praktiziert. Bei einer nach Trägerschaften unterscheidenden Betrachtung zeigt sich, dass es besonders nicht-konfessionelle Einrichtungen sind, die diese Aufgabe nicht wahrnehmen.

---

13 Vgl. *Schweitzer u.a.*, Mein Gott – Dein Gott. Die modellhaften Erfahrungen von Best-Practice-Beispielen werden in einem eigenen Band dargestellt, vgl. *A. Edelbrock/A. Biesinger /F. Schweitzer* (Hg.), Religiöse Vielfalt in der Kita. Empfehlungen und Best-Practice-Beispiele zur interreligiösen und interkulturellen Bildung, Berlin 2011.

4. Eine am Islam ausgerichtete Begleitung der Kinder oder *islamische Bildung* wird von den Erzieherinnen nur in Ausnahmefällen befürwortet bzw. praktiziert. Das gilt ebenso für die nicht-konfessionellen wie für die konfessionellen Einrichtungen.

5. Eine *interreligiöse Bildung* wird von den Erzieherinnen zwar etwas häufiger befürwortet bzw. praktiziert als eine am Islam ausgerichtete Begleitung der Kinder, aber auch in diesem Falle ist die entsprechende (religions-)pädagogische Praxis auf eine kleine Minderheit beschränkt. Auch dies gilt für alle befragten Kindertagesstätten, wobei es bei konfessionellen Einrichtungen eine leichte Tendenz zu mehr Befürwortung und Praxis gibt.

6. Die neuen *Bildungs- und Orientierungspläne* für den Elementarbereich scheinen die Praxis der Einrichtungen jedenfalls nicht in dem Sinne beeinflusst oder verändert zu haben, dass Aufgaben der religiösen Begleitung der Kinder oder der interreligiösen Bildung konsequent aufgenommen werden.

7. Eine gezielte und wirksame *Unterstützung der Träger* im Blick auf religiöse Begleitung oder interreligiöse Bildung wird von den befragten Erzieherinnen nicht wahrgenommen.

8. Die Erzieherinnen fühlen sich durch *Ausbildung und Fortbildung* nur unzureichend vorbereitet auf Aufgaben im Bereich der religiösen und interreligiösen Bildung.

Die im Jahr 2011 abgeschlossene Hauptuntersuchung, von der hier berichtet wird, schloss – bei veränderter Gesamtanlage – die Frage ein, ob sich diese Befunde aus der Pilot-Studie verallgemeinern lassen.[14] Deshalb sollen diese Thesen der Darstellung im Folgenden als Ausgangspunkt zugrunde gelegt werden. Zunächst aber muss die Hauptuntersuchung selbst beschrieben werden.

3. Durchführung der Untersuchung

Die Hauptuntersuchung wurde als quantitative Fragebogen-Studie durchgeführt. Im Pilotprojekt gingen dem quantitativen Teil der Untersuchung qualitative Studien voraus (Interviews mit Erzieherinnen und anderen Expertinnen und Experten). In der Hauptuntersuchung war die Erzieherinnenbefragung zudem mit parallel durchgeführten Kinderinterviews[15] (qualitativ) sowie mit einer Elternbefragung (qualitativ und quantitativ) vernetzt[16].

Der Fragebogen, der in der Pilotuntersuchung für die Erzieherinnenbefragung verwendet worden war, wurde an einigen Punkten erweitert und insgesamt modifiziert. Dabei unterstützte uns das Leibniz-Institut für Sozialwissenschaften *GESIS*.

---

14 Zur Hauptstudie gehören auch die bereits genannte Kinderstudie, *Edelbrock u.a.*, Wie viele Götter, sowie eine Elternstudie, vgl. oben, S. 19ff.

15 Vgl. *Edelbrock u.a.*, Wie viele Götter.

16 Vgl. *A. Biesinger/A. Edelbrock/F. Schweitzer* (Hg.), Auf die Eltern kommt es an! Interreligiöse und interkulturelle Bildung in der Kita, Münster 2011.

Der überarbeitete Fragebogen wurde mehreren Erzieherinnen vorgelegt. Ihre Rückmeldungen führten zu einer weiteren Überarbeitung. Im Anschluss daran wurde die Anwendbarkeit des Fragebogens in einem eigenen Pretest geprüft. Alle Erzieherinnen, die in den einbezogenen Einrichtungen beschäftigt waren, wurden gebeten, den Bogen auszufüllen, und hatten außerdem die Möglichkeit, eine schriftliche Rückmeldung dazu zu geben. (Die endgültige Fassung des Fragebogens liegt als Anhang bei.[17])

Zur leichteren Orientierung werden im Folgenden die Angaben bei fünfstufigen Skalen im Fragebogen „trifft ziemlich zu" und „trifft voll und ganz zu", d.h. die beiden rechten Felder, zusammengefasst als *Bejahung*, während „trifft gar nicht zu" und „trifft wenig zu" als *Verneinung* wiedergegeben werden. Selbstverständlich wurde so nur für die Darstellung verfahren, während alle Berechnungen auf den realen Werten der fünfstufigen Skala beruhen.

Um zu einer repräsentativen Stichprobe für ganz Deutschland zu gelangen, mussten zunächst alle existierenden Kindergärten und Kindertagesstätten ermittelt werden. Da die Pilotstudie gezeigt hatte, dass der Rücklauf von nicht-konfessionellen Einrichtungen sehr viel niedriger ausfiel als der von konfessionellen Einrichtungen, wählten wir für die Ziehung der Stichprobe ein Verhältnis von 70 : 30 von nicht-konfessionellen zu konfessionellen Trägern. Je nach Größe bzw. Anzahl der Einrichtungen pro Bundesland teilten wir die Bundesländer in drei Kategorien, um diese Größenverhältnisse angemessen zu gewichten.[18]

Das Leibniz-Institut für Sozialwissenschaften *GESIS* zog per computergestütztem Zufallsprinzip aus der Gesamtliste mit 44113 Einrichtungen zunächst 2400 Einrichtungen für die Stichprobe. Um den Rücklauf zu steigern, entschieden wir uns, vor der Versendung der Fragebögen alle ausgewählten Einrichtungen anzurufen und nach der Teilnahmebereitschaft zu fragen.

Nach der Telefonaktion zeigte sich ein recht hoher stichprobenbedingter Ausfall: Von den 2400 angerufenen Kitas fielen 552 Einrichtungen stichprobenbedingt weg (d.h. die Einrichtungen existierten nicht mehr, die Telefonnummer war falsch und die richtige nicht recherchierbar).[19] Von den verbleibenden 1848 Einrichtungen sagten 1191 am Telefon zu, an unsrer Studie teilzunehmen, das entspricht 64,5% Zusagen. Nach nochmaliger Korrektur (Ausscheiden von Krippen und Schülerhorten) verschickten wir an die restlichen 1183 Kitas Pakete mit Fragebögen, jeweils entsprechend der Anzahl der dort beschäftigten Erzieherinnen, die ebenfalls im Vorfeld telefonisch erhoben wurde. Es kamen aus 487 Kitas auswertbare Fragebögen zurück. Das entspricht einem zufriedenstellenden Rücklauf von 41,2% in Bezug auf die Anzahl der angeschriebenen Kitas[20].

---

17 S. unten, S. 223.
18 Weitere Informationen dazu sowie zum Folgenden s. unten, S. 161ff.
19 Dieser stichprobenbedingte Ausfall hatte mit der unterschiedlichen Qualität der uns von den statistischen Landesämtern zur Verfügung gestellten Kita-Listen zu tun, aus denen die Stichprobe gezogen wurde.
20 In Bezug auf die gesamte Stichprobe von 1848 Kitas, die telefonisch erreicht werden konnten, ergibt sich ein Rücklauf von 26,4%.

Insgesamt wurden 10148 Fragebögen verschickt. Davon wurden 2838 ausgefüllt zurückgesendet. Im Blick auf die insgesamt angeschriebenen Erzieherinnen ergibt sich somit ein Rücklauf von 28%. Dieser geringere Rücklaufwert im Vergleich zum Rücklauf in Bezug auf die angeschriebenen Kitas erklärt sich dadurch, dass in vielen Fällen nicht alle Erzieherinnen, die in der jeweiligen Kita arbeiteten, geantwortet haben.[21] Dies war möglich, da die Teilnahme für jede Erzieherin freiwillig und anonym war.

Die Erhebung erlaubt ein für das gesamte Gebiet der Bundesrepublik Deutschland repräsentatives Bild. Die nicht-proportionalen Beteiligungszahlen der einzelnen Bundesländer wurden durch Gewichtungsfaktoren ausgeglichen, so dass ihre Ergebnisse vergleichbar in die Datenauswertung einfließen konnten. Konfessionelle und nicht-konfessionelle Einrichtungen sind in der Stichprobe relativ gleichmäßig verteilt, so dass sich diese beiden Gruppen in der Auswertung gut vergleichen lassen.

Von den 2838 Befragten waren 98% Frauen. Das durchschnittliche Alter betrug 40,6 Jahre. Die meisten der Befragten (61%) arbeiteten bereits länger als 5 Jahre in der betreffenden Kita, wobei ungefähr die Hälfte der Erzieherinnen einen Stundenumfang von 100% hatte.

10% gaben an, selbst einen Migrationshintergrund zu haben. Der Großteil der Befragten (80%) gab eine christliche Konfessionszugehörigkeit an.

45% der untersuchten Einrichtungen befanden sich nach Angaben der Erzieherinnen in einer kleineren Ortschaft, aber auch Kitas in kleineren Dörfern, Städten und Großstädten sind vertreten (s. Abb. 1).

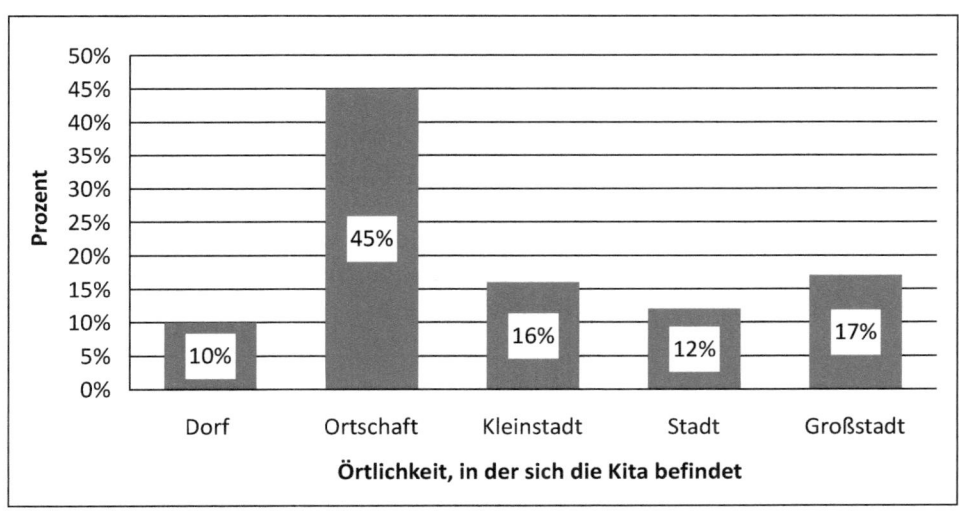

Abbildung 1: Verteilung der befragten Einrichtungen nach Größe der Örtlichkeit.

---

21 Durchschnittlich liegen aus jeder Einrichtung 6 Fragebögen vor. Aus 9,7% der Einrichtungen kam nur ein Fragebogen; aus 9,9% der Einrichtungen liegen mehr als 10 Fragebögen vor.

Die dargestellte Kategorisierung ergab sich durch die Antworten auf die Frage „Wie viele Einwohner hat der Ort, an dem sich Ihre Kita befindet?" Dazu gab es im Fragebogen folgende mögliche Angaben: weniger als 1000 Einwohner (Dorf), 1.000 bis unter 20.000 Einwohner (Ortschaft), 20.000 bis unter 50.000 Einwohner (Kleinstadt), 50.000 bis unter 100.000 Einwohner (Stadt), 100.000 Einwohner und mehr (Großstadt).

4. Ausgewählte Ergebnisse

Im Folgenden sollen ausgewählte Ergebnisse aus der Erzieherinnenbefragung berichtet werden. Dabei orientieren wir uns an den Thesen, in denen die Befunde aus der Pilotstudie oben verdichtet wurden. Die übergreifende Fragestellung der Hauptuntersuchung zielt auf eine Überprüfung dieser Thesen anhand eines repräsentativen Samples. Dabei muss durchweg bewusst bleiben, dass sich die Pilotstudie insbesondere auf solche Standorte bezog, an denen mit einem hohen Anteil von Migranten an der Wohnbevölkerung zu rechnen ist, beispielweise also auf Großstädte und Ballungsräume. Das jetzige Sample ist hingegen breiter gestreut und schließt u.a. auch weit mehr ländliche sowie kleinstädtische Standorte ein (vgl. Abb. 1). Insofern verdienen auch die Unterschiede zwischen den Befunden aus der Pilotstudie und der Hauptstudie Aufmerksamkeit, auch wenn ein direkter Vergleich aufgrund der unterschiedlichen Samples und des veränderten Fragebogens ausgeschlossen bleibt.

Zusätzlich zur Pilotstudie erlauben die Befunde der Hauptstudie Einblick in eine Reihe von Aspekten, die im Folgenden in Auswahl aufgenommen werden.[22] Die Pilotstudie enthielt zum Beispiel keine weiteren Befunde zur jüdischen Bildung, d.h. zur religiösen Begleitung jüdischer Kinder in den Einrichtungen sowie allgemein zur Berücksichtigung jüdischer Glaubensweisen und Traditionen. In der Hauptstudie konnten dazu zumindest einige weiterreichende Erkenntnisse gewonnen werden, die in einem eigenen Abschnitt zur „jüdischen Bildung" dargestellt werden sollen.

Da es sich um unterschiedliche Themenkomplexe handelt, werden diese jeweils unmittelbar im Anschluss an die berichteten Ergebnisse diskutiert. Eine zusammenfassende Diskussion erfolgt jedoch erst am Ende.

Zusammensetzung der Kindergruppen in religiöser Hinsicht

These 1/Pilotstudie: In sehr vielen Einrichtungen finden sich Kinder mit unterschiedlicher *Religionszugehörigkeit bzw. weltanschaulicher Prägung*, wobei besonders drei Gruppen quantitativ dominieren: christliche, muslimische und konfessionslose Kinder. Die meisten Einrichtungen werden auch von muslimischen Kindern besucht.

---

22 Zu weiteren Aspekten s. unten, S. 161ff.

Bei der Zusammensetzung der Kindergruppen in religiöser Hinsicht in den Einrichtungen stützen wir uns auf die Angaben der Erzieherinnen, die um entsprechende Schätzungen gebeten wurden. Somit beruhen die nachfolgenden Angaben auf Schätzungen, nicht auf einer verlässlichen statistischen Erhebung.[23] Da es sich um Schätzungen der Expertinnen vor Ort handelt, kommt den Angaben aber doch die Bedeutung zumindest einer Orientierungsgrundlage zu, zumal bislang eine genaue Statistik dazu in Deutschland nicht zur Verfügung steht.

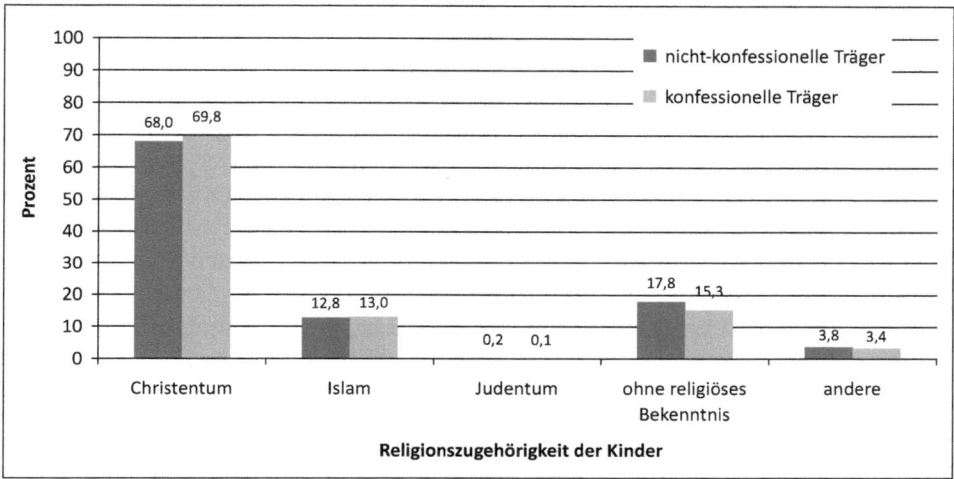

Abbildung 2: Religionszugehörigkeit der Kinder in den befragten Einrichtungen. Geschätzt von den Erzieherinnen.

Hier zeigt sich zunächst, dass die meisten Kinder in den Einrichtungen eine auch formelle Religionszugehörigkeit aufweisen. Kinder ohne religiöses Bekenntnis sind demgegenüber in der Minderheit (mit 17,81% und 15,29%). Besondere Aufmerksamkeit verdient der Anteil muslimischer Kinder: Mehr als jedes zehnte Kind in einer Kindertagesstätte gehört demnach dem Islam an (12,77% und 13%). Jüdische Kinder sind demgegenüber erwartungsgemäß in weit kleinerer Zahl vertreten, was aber – auch angesichts der deutschen Geschichte – keineswegs dazu berechtigt, diese Kinder grundsätzlich zu vernachlässigen.

84% der Befragten geben an, dass es in ihrer Gruppe Kinder mit Migrationshintergrund gibt. Im Blick auf verschiedene Religionszugehörigkeiten sind es 77%. Demnach reicht die Multikulturalität etwas weiter als die Multireligiosität, aber es sind doch mehr als drei Viertel der Befragten, in deren Alltag in den Einrichtungen unterschiedliche Religionen von den Kindern her präsent sind.

---

23 Weiterhin divergieren die Angaben bei dieser Frage besonders stark und fehlen in manchen Fällen ganz, so dass auch unter diesem Aspekt auf die Unschärfe der darauf aufbauenden Berechnungen hingewiesen werden muss.

Die Präsenz unterschiedlicher Religionen ist aber nicht nur eine Frage von Mitgliedschaften und Zugehörigkeit zu religiösen Gruppen. Sie berührt auch den Alltag in den Einrichtungen. Dass Kinder aus religiösen Gründen bestimmte Lebensmittel nicht zu sich nehmen dürfen, wird von 58% der Erzieherinnen berichtet. 59% geben darüber hinaus an, dass diese Gründe dann auch allen Kindern erklärt werden. Religiöse Fragen und Einstellungen sind, wie an diesem Beispiel exemplarisch deutlich wird, im Alltag der Einrichtungen durchaus präsent.

Im Vergleich zur Pilotstudie, die einen durchschnittlichen Anteil muslimischer Kinder von 27% (nicht-konfessionelle Einrichtungen) bzw. 18% (konfessionelle Einrichtungen) erbrachte, ist die entsprechende Angabe hier deutlich geringer (insgesamt 11%). Dies erklärt sich wohl vor allem aus der in der Pilotstudie vorgenommenen Konzentration auf Städte und Ballungsgebiete mit einem hohen Migrantenanteil. Solche Unterschiede machen zugleich bewusst, dass die Situation in verschiedenen Einrichtungen sehr unterschiedlich ausfallen kann. Es gibt sowohl Einrichtungen ohne Kinder mit Migrationshintergrund als auch ohne verschiedene Religionszugehörigkeiten der Kinder, während die entsprechenden Werte bei anderen Einrichtungen weit über den genannten Durchschnittszahlen liegen. So sind aus entsprechenden Erfahrungsberichten auch Einrichtungen bekannt, bei denen der Anteil muslimischer Kinder sogar über 50% liegt.

Eine weitere Frage, auf die hier nur in allgemeiner Form verwiesen werden kann, ergibt sich aus dem Vergleich zu den oben erwähnten Angaben zu Kindern mit Migrationshintergrund, die einen höheren Anteil muslimischer Kinder in den Kindertagesstätten erwarten lassen. Entsprechende Differenzen könnten teilweise auf unterschiedliche Beteiligungsraten an den Einrichtungen im Elementarbereich zurückzuführen sein (auch wenn diese Unterschiede rückläufig sind). Auch in dieser Hinsicht sind genauere Prüfungen der Verhältnisse mehr als wünschenswert.

Allgemeine Unterstützung religiöser Bildung

These 2/Pilotstudie: Die Mehrheit der Erzieherinnen zeigt sich offen für eine religiöse Begleitung der Kinder – im Sinne einer *allgemeinen Unterstützung religiöser Bildung* –, allerdings ohne dass sie selbst in dieser Hinsicht aktiv würden. Es handelt sich offenbar eher um eine allgemeine Offenheit im Sinne einer persönlichen Einstellung als um eine (religions-)pädagogische Handlungsmaxime zur Gestaltung der Arbeit in der Einrichtung.

Auch die Hauptuntersuchung spricht für eine deutliche Offenheit für religionspädagogische Aufgaben bei einem großen Teil der befragten Erzieherinnen. Dass Kinder ohne Religion aufwachsen sollen, wird nur von 4% der Befragten bejaht (dagegen: 83%). Allerdings zeigen sich bei einer etwas veränderten Fragestellung andere Auffassungen: Eine wertebezogene Erziehung ohne Religion wird von 38% der Befragten bejaht (dagegen: 43%). Dass religiöse Erziehung nach Hause und nicht in die Kindertagesstätte gehöre, bejahen nur 19% (dagegen: 57%). 48%

sagen, dass es ihnen wichtig ist, über Fragen nach dem Tod oder nach Gott mit den Kindern zu sprechen (dagegen: 27%). Diese Offenheit erstreckt sich prinzipiell auch auf den interreligiösen Bereich: 79% der Befragten sind überzeugt, dass das Wissen über andere Religionen zum Abbau von Vorurteilen beiträgt (dagegen: 6%).

Diese Offenheit im Sinne einer allgemeinen Unterstützung religiöser Bildung zeigt sich also in der jetzigen Befragung ähnlich ausgeprägt wie beim Pilotprojekt. Zugleich wiederholt sich, wie im Folgenden deutlich wird, aber auch die Beobachtung, dass die allgemeine Offenheit nicht zu einem entsprechenden religionspädagogischen Handeln in den Einrichtungen führt. Dies gilt umso mehr, je stärker dabei die konkreten Religionszugehörigkeiten sowie die einzelnen religiösen Traditionen und Gemeinschaften mit ihren jeweils bestimmten Glaubensüberzeugungen in den Blick kommen.

Christliche Bildung

These 3/Pilotstudie: Eine *christliche Bildung* oder Begleitung der Kinder wird in der Mehrzahl der Einrichtungen befürwortet bzw. praktiziert. Bei einer nach Trägerschaften unterscheidenden Betrachtung zeigt sich, dass es besonders nicht-konfessionelle Einrichtungen sind, die diese Aufgabe nicht wahrnehmen.

Dass Kinder den christlichen Glauben kennen lernen sollen, bejahen 64% der Befragten (dagegen: 14%). 60% berichten, in ihrer Einrichtung würden christliche Inhalte vermittelt (nicht der Fall: 27%). Dementsprechend können Kinder vielfach christliche Lieder (65%), biblische Geschichten (66%) und auch besuchs- bzw. exkursionsweise eine Kirche (67%) kennen lernen. Auch christliche Gebete gehören in vielen Einrichtungen dazu (53%). Christliche Feste werden gefeiert, zum Teil allerdings ohne religiösen Bezug (Weihnachten mit religiösem Bezug: 77%, sonst: 96%; Ostern mit: 61%, sonst: 93%).

Dabei spielen unterschiedliche Trägerschaften allerdings eine kontrastierende Rolle, beispielsweise sehr ausgeprägt bei Gebeten vor dem Essen (s. Abb. 3):

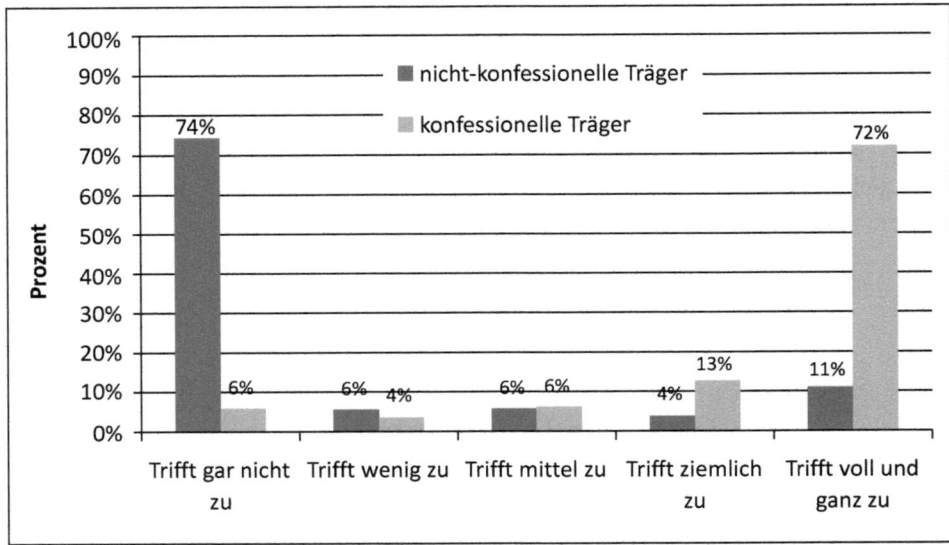

Abbildung 3: Häufigkeitsverteilung des regelmäßigen Betens vor dem Essen mit den Kindern in Prozent unterteilt nach der Trägerschaft der Einrichtung. (vgl. e013: „wir beten mit den Kidnern vor dem Essen (z.B. „... lieber Gott, wir danken dir").

Ein nicht ganz so konträres, aber ebenfalls deutlich unterschiedliches Bild ergibt sich bei der Erklärung religiöser Hintergründe des Osterfestes. Auch in diesem Falle spielen die Trägerschaftsverhältnisse eine wichtige Rolle (s. Abb. 4):

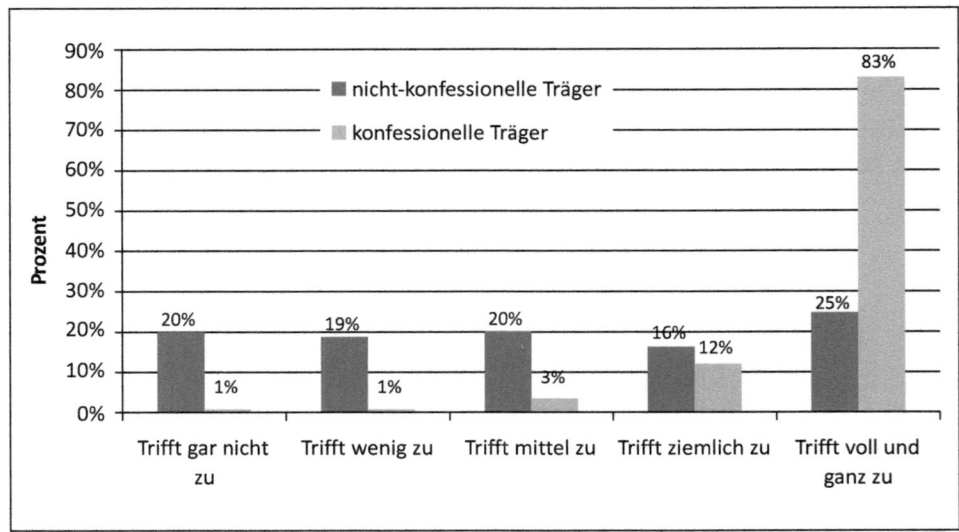

Abbildung 4: Häufigkeitsverteilung der Erklärung des christlichen Hintergrunds des Osterfestes in Prozent unterteilt nach der Trägerschaft der Einrichtung (vgl. e022: „Wir erklären den Kindern den christlichen Hintergrund des Osterfestes").

Auch wenn die Unterschiede in Abhängigkeit von der Trägerschaft nicht durchweg so ausgeprägt sind, ist insgesamt festzuhalten, dass eine christliche Begleitung der Kinder nur in etwa zwei Dritteln der Einrichtungen gegeben ist und dass es sich dabei vor allem um Einrichtungen in konfessioneller Trägerschaft handelt.[24]

Islamische Bildung

These 4/Pilotstudie: Eine am Islam ausgerichtete Begleitung der Kinder oder *islamische Bildung* wird von den Erzieherinnen nur in Ausnahmefällen befürwortet bzw. praktiziert. Das gilt ebenso für die nicht-konfessionellen wie für die konfessionellen Einrichtungen.

Dass Kinder den islamischen Glauben kennen lernen sollen, bejahen lediglich 17% der Befragten (dagegen: 52%). Nur 3% berichten, in ihrer Einrichtung würden islamische Inhalte vermittelt (nicht der Fall: 92%). Diese Angaben sprechen bereits eine deutliche Sprache. Dem entsprechen dann auch die weiteren Einzelangaben: Geschichten aus dem Koran können Kinder in den Einrichtungen fast nie hören (1%), muslimische Gebete sind höchst selten (2%), und auch das besuchsweise Kennenlernen einer Moschee ist ein Ausnahmefall (7%). Auch muslimische Feste finden in aller Regel keine weitere Beachtung (Ramadanfest: 4%).[25]

Die Trägerschaft führt hier, was angesichts des Gesamtbildes nicht überraschen kann, zu keiner Polarisierung gemäß unterschiedlicher Träger. Unabhängig von der Art der Einrichtung wird weder eine religiöse Begleitung der muslimischen Kinder gewährleistet noch werden den anderen Kindern Möglichkeiten zum Kennenlernen und Verstehen des Islam eröffnet.

Jüdische Bildung

Die Pilotstudie enthält keine Angaben zur religiösen Begleitung jüdischer Kinder in den Einrichtungen oder zum Umgang mit Glaubensweisen und Traditionen des Judentums. Deshalb kann an dieser Stelle keine Ausgangsthese berichtet werden, sondern nachfolgende Befunde stehen für sich selbst. Durchweg muss bewusst bleiben, dass die Anzahl jüdischer Kinder sowie allgemein von Kindern mit einer Religionszugehörigkeit jenseits von Christentum und Islam in den Einrichtungen, die in die Untersuchung einbezogen waren, sehr klein ist. Deshalb wurden die Fragen im Fragebogen nicht an allen Stellen gleichermaßen auf alle Religionen, d.h.

---

24 Auch auf die Bedeutung der unterschiedlichen Trägerschaften wird bei der vertiefenden Auswertung genauer eingegangen, s. unten, S. 176ff.

25 Der jeweilige Anteil muslimischer Kinder in einer Einrichtung geht auch mit einer etwas erhöhten Bereitschaft einher, sich im Bereich der islamischen Bildung zu engagieren, aber der Zusammenhang ist, statistisch gesehen, nicht sehr ausgeprägt. Fehlende islamische Bildung lässt sich also nicht mit einer religiös homogenen Zusammensetzung der entsprechenden Kindergruppen erklären. Vgl. dazu unten, S. 175f.

auch auf das Judentum oder andere Religionsgruppen wie z.B. den Buddhismus, bezogen, sondern folgen einer Akzentuierung von Christentum und Islam als den in der Untersuchung aufgrund der quantitativen Verhältnisse hervorgehobenen Religionen. Ein anderes Bild ergäbe sich beispielsweise, wenn gesondert auf jüdische Kindertagesstätten eingegangen würde.[26]

Auch wenn die Tiefenschärfe der Befunde im Blick auf jüdische Bildung also weniger ausgeprägt ist, ergeben die Antworten der Erzieherinnen doch ein deutliches Bild im Blick auf die entsprechenden Tendenzen. Jüdische Lieder kommen nur in einer kleinen Zahl von Einrichtungen vor (3%), und auch eine Synagoge wird nur selten mit den Kindern besucht (2%). Noch seltener sind jüdische Gebete in den Einrichtungen (1%). Wie Juden den Sabbat begehen, wird den Kindern in 4% der Einrichtungen erklärt. Die Häufigkeiten an dieser Stelle sind in etwa vergleichbar mit den Zahlen, die für den Islam vorliegen.

Zumindest möglicherweise sind Bezüge auf das Judentum mitenthalten bei biblischen Geschichten, welche die Kinder in der Einrichtung kennen lernen können (66%), sowie bei Erzählungen von anderen, also nicht-christlichen Religionen (32%). Auch mit den biblischen Psalmen kommen natürlich jüdische Lieder in den Blick, allerdings keineswegs automatisch auch so, dass dies den Kindern bewusst werden kann. 53% der Befragten bejahen darüber hinaus, dass Kinder mit Unterschieden und Gemeinsamkeiten der Weltreligionen vertraut werden sollen. In diesen Fällen enthält die Studie aber keine genaueren Angaben, so dass offen bleiben muss, wie weit entsprechende Bezüge auf das Judentum tatsächlich explizit gemacht werden.

Personenbezogene Anlässe, sich mit dem Judentum zu befassen, sind in den Einrichtungen ebenfalls vergleichsweise selten. 77% der Befragten berichten ausdrücklich, dass kein Kind in ihrer Gruppe zum Judentum gehört. Auch wenn – angesichts der Unschärfe entsprechender Schätzungen – daraus nicht folgt, dass in fast einem Viertel der Einrichtungen Kinder aus jüdischen Elternhäusern zu finden sind, lässt sich doch fragen, ob ein bewussterer Umgang mit religiösen und besonders mit jüdischen Minderheiten in den Einrichtungen anzustreben wäre. Auch ausdrücklichere Bezüge auf die Traditionen des Judentums etwa bei Liedern und Gebeten könnten selbst dann, wenn sie punktuell bleiben, vielleicht als Beginn einer frühen Toleranzerziehung sinnvoll sein.

Interreligiöse Bildung

These 5/Pilotstudie: Eine *interreligiöse Bildung* wird von den Erzieherinnen zwar etwas häufiger befürwortet bzw. praktiziert als eine am Islam ausgerichtete Begleitung der Kinder, aber auch in diesem Falle ist die entsprechende (religions-)

---

26 Vgl. dazu den Beitrag von *R. Herweg* zur Arbeit in jüdischen Einrichtungen: Religiöse und kulturelle Unterschiedlichkeit als pädagogische Herausforderung im Elementarbereich. Eine jüdische Perspektive. In: *Edelbrock u.a.*, Wie viele Götter, 39-50.

pädagogische Praxis auf eine kleine Minderheit beschränkt. Auch dies gilt für alle befragten Kindertagesstätten, wobei es bei konfessionellen Einrichtungen eine leichte Tendenz zu mehr Befürwortung und Praxis gibt.

32% der Befragten geben in der Hauptstudie an, dass sie mit den Kindern über die verschiedenen Religionen auf der Welt sprechen (nicht der Fall: 41%), ebenfalls 32% nehmen bei ihrer Arbeit Erzählungen aus anderen Religionen auf. 31% berichten, dass das Kennenlernen anderer Religionen auch Teil der Konzeption ihrer Einrichtung sei (nicht der Fall: 50%). Am weitesten reicht der Wunsch, dass Kinder mit Unterschieden und Gemeinsamkeiten der Weltreligionen vertraut werden sollen (53%, dagegen: 16%).

Trotz einer deutlichen Offenheit für interreligiöse Fragen oder Themen, die bei solchen Angaben sichtbar wird, bleibt eine gezielte interreligiöse Bildung in den Einrichtungen also insgesamt doch ein Minderheitenphänomen. Das wird noch deutlicher, wenn auch die zum Teil bereits angesprochenen Fragen im Blick auf die Feste und Riten verschiedener Religionen im Kontext der interreligiösen Bildung einbezogen werden. Das Ramadanfest wird, wie berichtet, nur sehr selten aufgenommen, und nur wenige (13%) berichten, dass den Kindern dann erklärt wird, was Muslime in dieser Zeit tun. Geschichten aus dem Koran spielen in den Einrichtungen fast nie eine Rolle (nur 1% berichtet davon). Moscheebesuche sind selten (7%). Zugleich gehen aber 79% der Befragten davon aus, dass das Wissen über andere Religionen zum Abbau von Vorurteilen beitragen kann. Dem Kennenlernen bestimmter religiöser Traditionen und Glaubensweisen wird aber wenig Bedeutung zugemessen, besonders dann, wenn es um nicht-christliche Religionen geht (Christentum: dafür 64%, dagegen 14%; Islam: 17%, dagegen: 52%, vgl. auch die Angaben zum Judentum im vorangehenden Abschnitt).

Die Präsenz unterschiedlicher Religionen in den Einrichtungen führt nur in einem geringen Maße dazu, dass darüber im Team auch gesprochen wird (27%). Das mag damit zusammenhängen, dass die Befragten Ausgrenzungen wegen Kultur- oder Religionszugehörigkeit in ihren Gruppen für ausgeschlossen halten (1% bzw. 0%) – eine Wahrnehmung oder Annahme, die sicher der vertieften Diskussion bedürfte[27]. Allerdings scheinen die Kinder auch eher selten von zu Hause gefeierten Festen oder dort gepflegten religiösen Riten zu erzählen (23% bzw. 18%), so dass es nicht zu entsprechenden Differenz- und Fremdheitserfahrungen, aber eben auch nicht zu entsprechenden Lern- oder Reflexionsanlässen kommen kann. Zu den Gründen für diese Zurückhaltung liegen keine Angaben vor.

In der Pilotstudie wurde vielfach berichtet, dass Einrichtungen Probleme im Umgang mit unterschiedlichen Ernährungsvorschriften und -geboten mit einer *„vegetarischen Lösung"* bewältigen.[28] In diesem Fall bekommen einfach alle Kinder vegetarisches Essen, so dass etwa „Konflikte um das Leberwurstbrot" von

---

27 Unsere Befunde aus der Kinderstudie können durchaus anders interpretiert werden, auch wenn sie ebenfalls nicht als Beleg für eine allgemeine Vorurteilsbehaftetheit der Kinder gelten können; vgl. *Edelbrock u.a.*, Wie viele Götter.

28 Vgl. *Schweitzer u.a.*, Mein Gott, 156ff.

vornherein ausgeschlossen sind. Auch bei dieser Strategie verschwinden mit den Anlässen für mögliche Konflikte für die Kinder auch die Chancen für Fragen und für entsprechende Lernprozesse.

Bei der Wahrnehmung interreligiöser Bildungsaufgaben spielen wiederum die Trägerverhältnisse eine Rolle. Die entsprechenden Zusammenhänge lassen sich am besten zusammen mit dem Verhältnis zwischen interkultureller und interreligiöser Bildung aufnehmen.

Interreligiöse und interkulturelle Bildung

Das Verhältnis zwischen interkultureller und interreligiöser Bildung wurde im Pilotprojekt nicht eigens untersucht. Mitunter werden, auch etwa in der Erziehungswissenschaft, interreligiöse Aspekte als Teil der interkulturellen Bezüge angesehen. Es wird dann – explizit oder jedenfalls implizit – davon ausgegangen, dass interreligiöse Bildung bei der interkulturellen Bildung gleichsam automatisch mit berücksichtigt wird.[29]

Zur weiteren Klärung des Verhältnisses zwischen interkultureller und interreligiöser Bildung bietet sich hier im Blick auf unsere Untersuchung eine Skalenbildung an. Zwei Skalen, die genau parallel aufgebaut sind und die deshalb vergleichbar sind, wurden dazu gebildet: *Relevanz und Praxis interkultureller Themen* sowie *Relevanz und Praxis interreligiöser Themen*. Für beide Skalen ergibt sich eine befriedigende bzw. ausreichende Konsistenz (Cronbachs Alpha von .601 für interkulturelle Themen bzw. .710 für interreligiöse Themen).

Der Fragenkomplex „Relevanz und Praxis interkultureller Themen" erfasst, ob und inwieweit interkulturelle Themen im Kindergartenalltag eine Rolle spielen und welche interkulturellen Angebote es für die Kinder der Einrichtung gibt. In Tabelle 1 sind die für diesen Bereich relevanten Fragen zu ersehen.

Tabelle 1:   Skala „interreligiöse Bildung"

Nummerierung im Fragebogen	Fragentext
e005	Im Team sprechen wir über das Miteinander der verschiedenen Religionen in den Gruppen.
e009	Die Kinder erzählen, wie bei ihnen zu Hause ihre Religion gelebt wird (z.B. bestimmte religiöse Feste, Riten ...).
e019	Wir sprechen mit den Kindern über die verschiedenen Religionen auf der Welt.
e036	Erzählungen von anderen Religionen

---

29 Vgl. dazu *K.S. Amos*, Die Erfahrung religiöser Differenz in der Kindertagesstätte – ein Kommentar aus erziehungswissenschaftlicher Perspektive. In: *Edelbrock u.a.*, Wie viele Götter, 61-76.

Der Fragenkomplex „Relevanz und Praxis interreligiöser Themen" erfasst, ob und inwieweit interreligiöse Themen im Kindergartenalltag eine Rolle spielen und welche interreligiösen Angebote es für die Kinder der Einrichtung gibt. Tabelle 2 enthält die für diesen Bereich relevanten Fragen.

Tabelle 2: Skala „interkulturelle Bildung"

Nummerierung im Fragebogen	Fragentext
e004	Im Team sprechen wir über das Miteinander der verschiedenen Kulturen in den Gruppen.
e008	Die Kinder erzählen, wie bei ihnen zu Hause ihre Kultur gelebt wird (z.B. bestimmte Feste, Bräuche ...).
e018	Wir sprechen mit den Kindern über die verschiedenen Kulturen auf der Welt.
e026	Geschichten über andere Länder / Kulturen

Abbildung 5 zeigt die Mittelwerte und die Standardabweichungen der beiden Skalen in der Gesamtstichprobe. Es zeigt sich zunächst, dass in der Arbeit der Erzieherinnen interkulturelle Themen stärker vertreten sind als interreligiöse Themen. Beide Skalenmittelwerte unterscheiden sich signifikant voneinander.

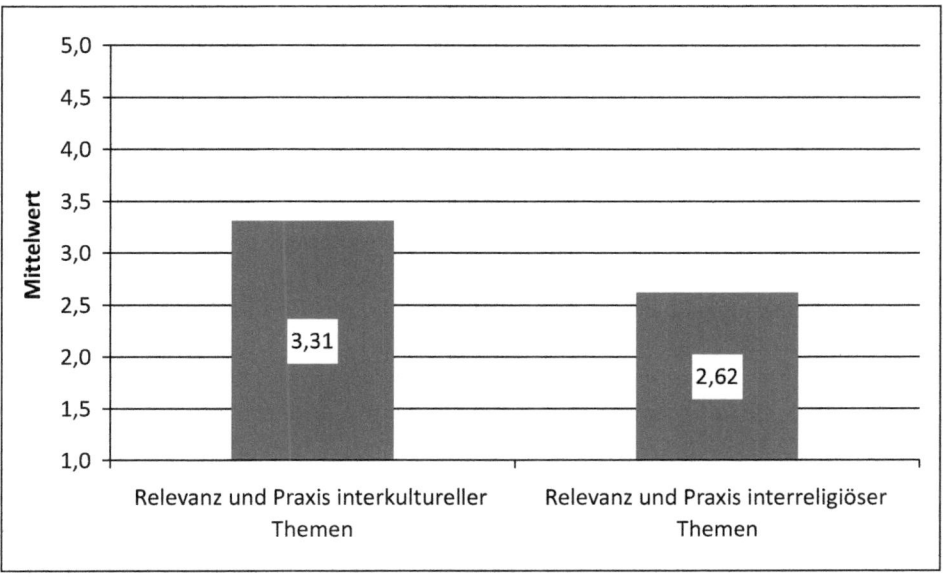

Abbildung 5: Vergleich der beiden Skalen „Relevanz und Praxis interkultureller Themen" und „Relevanz und Praxis interreligiöser Themen". Es zeigt sich ein statistisch relevanter Unterschied: Interkulturelle Themen wird eine höhere Bedeutung zugemessen.

Berücksichtigt man bei der Auswertung, ob der Fragebogen aus einer konfessionellen Einrichtung oder einer nicht-konfessionellen Einrichtung stammt und vergleicht man daraufhin die Skalenwerte in den Fragenkomplexen, so zeigt sich in Skala 1, mit der interkulturelle Themen erfragt wurden, kein signifikanter Unterschied. Skala 2 hingegen zeigt signifikante Unterschiede zwischen konfessionellen und nicht-konfessionellen Einrichtungen. In Einrichtungen mit konfessionellem Träger nimmt interreligiöse Bildung einen höheren Stellenwert ein als in Einrichtungen mit nicht-konfessionellem Träger (s. Abb. 6):

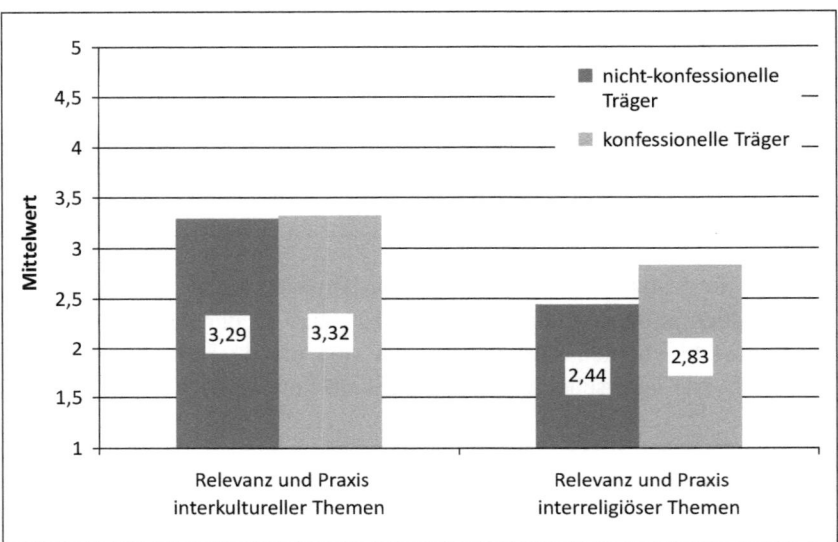

Abbildung 6: Vergleich der beiden Skalen „Relevanz und Praxis interkultureller Themen" und „Relevanz und Praxis interreligiöser Themen" aufgeteilt nach konfessioneller und nicht-konfessioneller Trägerschaft. Es zeigt sich ein statistisch relevanter Unterschied: Interreligiösen Themen werden in konfessionellen Einrichtungen eine höhere Bedeutung zugemessen.

Insgesamt lässt sich zweierlei festhalten: Interkulturelle Bildung hat in den Einrichtungen bereits eine deutlich ausgeprägtere Anerkennung gefunden als die interreligiöse, auch wenn beide nicht die eigentlich erforderliche Verbreitung aufweisen. Der stärkste Nachholbedarf bezieht sich jedoch auf die interreligiöse Bildung. Die Auffassung, dass interreligiöse Bildungsaufgaben gleichsam automatisch dort mit aufgenommen würden, wo interkulturelle Bildungsaufgaben als wichtig angesehen werden, erweist sich in der Praxis als wenig begründet.

Darüber hinaus sind die nicht-konfessionellen Einrichtungen in interreligiöser Hinsicht deutlich weniger engagiert als die konfessionellen. Die Bindung an eine bestimmte Konfession bei der Trägerschaft führt demnach – anders als immer wieder angenommen wird – nicht zu einer Ausblendung interreligiöser Bezüge, und umgekehrt kann nicht-konfessionelle Trägerschaft nicht einfach mit Offenheit für verschiedene Religionen gleichgesetzt werden.

Orientierungs- und Bildungspläne

These 6/Pilotstudie: Die neuen *Bildungs- und Orientierungspläne* für den Elementarbereich scheinen die Praxis der Einrichtungen jedenfalls nicht in dem Sinne beeinflusst oder verändert zu haben, dass Aufgaben der religiösen Begleitung der Kinder oder der interreligiösen Bildung konsequent aufgenommen werden.

Die im Elementarbereich vor etwa fünf Jahren neu eingeführten Orientierungs- und Bildungspläne enthalten in den meisten Bundesländern auch Bildungsaufgaben in Bezug auf „Sinne, Werte, Religion" (je nach Bundesland zum Teil mit anderen Formulierungen). Bei der Befragung gaben 55% an, dass dies bei ihnen der Fall sei, während es 19% nicht bekannt war (im Blick auf interreligiöse Bildungsaufgaben bei beiden Fragen: 34%). Eine allgemeine Vertrautheit mit den Plänen kann besonders im Blick auf interreligiöse Aufgaben also nicht vorausgesetzt werden.

Im Blick auf die Umsetzbarkeit werden darüber hinaus Einschränkungen markiert. Nur 37% halten die religiösen Aufgaben für gut umsetzbar (für nicht umsetzbar 30%), bei den interreligiösen Aufgaben sind es noch 20% (nicht umsetzbar 44%).

Da nicht alle Orientierungs- und Bildungspläne in den verschiedenen Bundesländern auf Religion bezogene Aufgaben aufweisen, wäre auch eine nach Bundesländern aufgegliederte Auswertung aufschlussreich.[30] Exemplarisch kann dies hier für die an der Untersuchung beteiligten Einrichtungen in Baden-Württemberg (N = 347) und damit für ein Bundesland, in dem der Orientierungs- und Bildungsplan besonders deutlich auf den Bereich „Sinn, Werte, Religion" verweist, geleistet werden. Hier geben 78% der Befragten an, dass ihnen die auf Religion bezogenen Aufgaben bekannt sind (nicht der Fall: 10%, weiß nicht: 12%). Bei interreligiösen Aufgaben: ja 53%, nein 14%, weiß nicht 33%. 36% halten die auf Religion bezogenen Aufgaben für gut umsetzbar (nicht umsetzbar: 20%), bei interreligiösen Aufgaben sind es 25%, die sie für gut umsetzbar halten (nicht umsetzbar: 31%). Auch in diesem Falle bestehen also viele offene Fragen, besonders auch im Blick auf die praktische Umsetzung, speziell bei interreligiöser Bildung.

Auch mehrere Jahre nach ihrer Einführung haben die Bildungs- und Orientierungspläne für den Elementarbereich die Praxis in den Einrichtungen nur zum Teil erreicht. Im Blick auf die zumeist als verbindlich vorgegebenen Aufgaben einer religiösen und interreligiösen Bildung ist die Wirkung der Bildungs- und Orientierungspläne noch immer sehr begrenzt. Es ist sehr zu bedauern, dass bei der Implementation der Pläne keine entsprechende, auch auf die religionspädagogische Dimension bezogene wissenschaftliche Begleitung und Evaluation eingerichtet wurde. Zumindest liegen bislang keine entsprechenden empirischen Befunde vor.

---

30 Eine Auswertung mit konsequent differenzierendem Bezug auf die einzelnen Bundesländer und die dort gültigen Bildungspläne ist insofern kaum möglich, als die Formulierungen sich nicht nach einem klaren Schema (religiöse Erziehung ja oder nein) aufteilen lassen. Vielfach begegnen in den Plänen unklare bzw. stark interpretationsbedürftige Formulierungen. Insofern ist auch bei den hier berichteten Befunden eine gewisse Unschärfe in Rechnung zu stellen.

Wahrnehmung der Eltern

Auch die Erwartungen der Eltern spielen für die Einrichtungen naturgemäß eine wichtige Rolle. Folgende Aussagen lassen einige der Tendenzen in der Wahrnehmung der Erzieherinnen erkennen.[31]

Ein Teil der Eltern wünscht sich, nach Einschätzung der Erzieherinnen, eine Wertevermittlung ohne Religion (35%, dagegen: 42%), was auf die Wahrnehmung divergenter Elternerwartungen verweist. Ähnlich sieht es im Blick auf den christlichen Glauben aus (39%, keine solche Erwartung: 38%; islamischer Glaube: 3%, keine solche Erwartung: 89%).

Rolle des Trägers

These 7/Pilotstudie: Eine gezielte und wirksame *Unterstützung der Träger* im Blick auf religiöse Begleitung oder interreligiöse Bildung wird von den befragten Erzieherinnen nicht wahrgenommen.

Bei den Trägern nehmen die Befragten nur selten Vorbehalte gegen eine Vermittlung religiöser Inhalte wahr (bei christlichen Inhalten 12%, bei islamischen 15%). Allerdings ist die Unsicherheit im Blick auf die Frage, welche religiösen Inhalte vermittelt werden dürfen, bei islamischen Inhalten deutlich größer (darf vermitteln: nein 47%, ja 36%) als bei christlichen Inhalten (nein 15%, ja 75%).

Eine Unterstützung des Trägers bei der religiösen Erziehung wird vielfach nicht gesehen (bei der christlichen Erziehung: nein 51%, ja 37%; bei der islamischen Erziehung: nein 92%, ja 3%; bei der interreligiösen Erziehung: 76% bzw. 13%).

Auch dabei muss allerdings nach den Trägern unterschieden werden, besonders bei der christlichen Bildung, bei der es bei konfessionellen Trägern deutlich mehr Unterstützung zu geben scheint. Bei der islamischen Bildung hingegen sind die Unterschiede eher gering.

Allerdings äußern die Befragten auch nur selten, dass sie sich mehr Unterstützung wünschen.[32]

Beurteilung der Aus- und Weiterbildung

These 8/Pilotstudie: Die Erzieherinnen fühlen sich durch *Ausbildung und Fortbildung* nur unzureichend vorbereitet auf Aufgaben im Bereich der religiösen und interreligiösen Bildung.

---

31 Das Tübinger Gesamtprojekt umfasst, wie bereits erwähnt, auch eine qualitative sowie eine quantitative Untersuchung zu entsprechenden Elternerwartungen und zur Elternarbeit; vgl. *Biesinger/Edelbrock/Schweitzer*, Auf die Eltern kommt es an! Die Befunde konnten in die vorliegende Darstellung noch nicht einfließen.

32 Auch zur Fortbildung ergeben sich aus der vertiefenden Auswertung weitere Aufschlüsse sowie Aspekte für die Diskussion, vgl. unten, S. 204ff.

In der Beurteilung der Aus- und Weiterbildung zeigen sich wiederum signifikante Unterschiede zwischen konfessionellen und nicht-konfessionellen Einrichtungen. In den Bereichen interreligiöse und christliche Erziehung fühlen sich Erzieherinnen aus Einrichtungen mit konfessionellen Trägern besser ausgebildet als ihre Kolleginnen aus den nicht-konfessionellen Einrichtungen.

Im Bereich interkulturelle Erziehung hingegen fühlen sich Erzieherinnen aus den nicht-konfessionellen Einrichtungen besser ausgebildet. Für den Bereich der islamischen Erziehung fällt die Beurteilung gleich niedrig aus (s. Abb. 7).

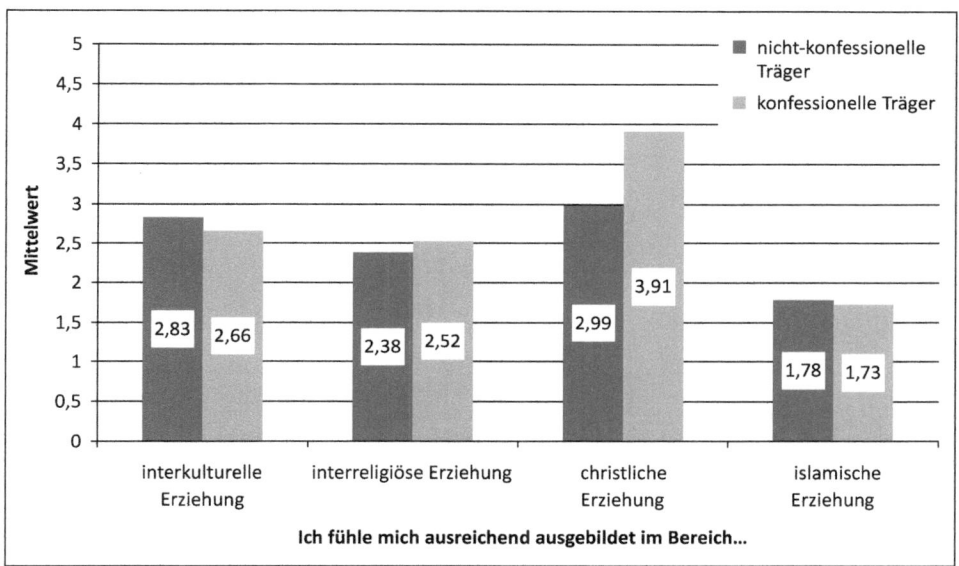

Abbildung 7: Beurteilung der Ausbildung in den Bereichen interkulturelle und interreligiöse Bildung. Im Vergleich von konfessionellen und nicht-konfessionellen Einrichtungen zeigen sich überall signifikante Unterschiede, außer bei der islamischen Erziehung, die jeweils niedrige Kompetenzwerte aufweist.

Mit Ausnahme der Ausbildung für den Bereich der christlichen Bildung bleibt die durchschnittliche Einschätzung der Ausbildung im unteren Bereich der fünfstufigen Skala. Besonders deutlich ist dies bei der islamischen Bildung.

Hinsichtlich der Wünsche für die Aus- und Fortbildung zeigen sich in allen Interessengebieten Unterschiede zwischen konfessionellen und nicht-konfessionellen Einrichtungen. In allen erfragten Bereichen (interkulturelle, christliche und islamische Erziehung, christlich-jüdischer Dialog, christlich-muslimischer Dialog) ist der Wunsch nach mehr Fortbildung bei den Erzieherinnen aus konfessionellen Einrichtungen ausgeprägter als bei den Erzieherinnen aus nicht-konfessionellen Einrichtungen – wobei die Ausprägung der Fortbildungswünsche und -interessen eine eigene genauere Betrachtung verdient.[33] So muss ein gesteigerter Fortbildungswunsch keineswegs auf entsprechende Defizite verweisen, sondern kann auch so

---

33 Vgl. dazu unten, S. 204ff.

gedeutet werden, dass ein entsprechender Bedarf in diesem Falle bereits erkannt wird, während es in anderen Fällen selbst daran – noch – fehlt. Weitere Fragen betreffen Spannungen in den Angaben der Befragten selbst: Beispielsweise besteht zwischen der häufig fehlenden Praxis interreligiöser Bildung, der weithin von den Erzieherinnen geteilten Einschätzung, dass interreligiöse Bildung dem Abbau von Vorurteilen dienen kann, und dem – trotz der in dieser Hinsicht skeptischen Einschätzung der eigenen Ausbildung – insgesamt wenig ausgeprägten Wunsch nach mehr entsprechender Fortbildung eine erkennbare Spannung (s. Abb. 8).

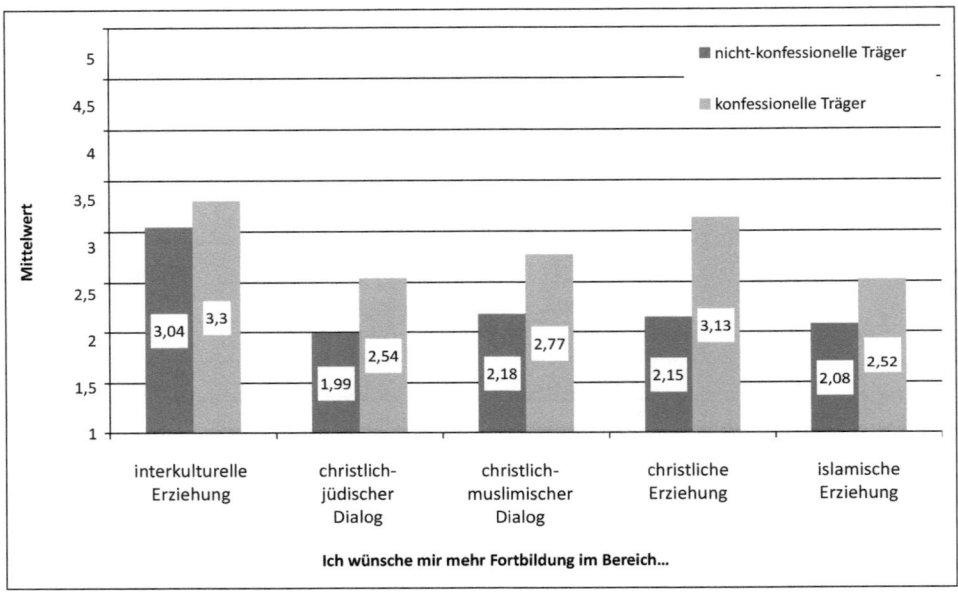

Abbildung 8: Fortbildungswünsche in verschiedenen Bereichen interkultureller und interreligiöser Bildung. Im Vergleich von konfessionellen und nicht-konfessionellen Einrichtungen zeigen sich überall signifikante Unterschiede: Erzieherinnen aus konfessionellen Einrichtungen haben insgesamt ein größeres Interesse an solchen Fortbildungsmöglichkeiten.

5. Zusammenfassende Diskussion und Perspektiven

Auch wenn hier nur ein Teil der Ergebnisse vorgestellt werden konnte und noch vertiefende Auswertungen erforderlich sind (vgl. Teil 2 des Bandes), lassen sich doch bereits an dieser Stelle einige Befunde als besonders wichtig hervorheben und erörtern.

1. Die Erwartung, dass sich sowohl in konfessionellen als auch in nicht-konfessionellen Einrichtungen Kinder mit verschiedener Religionszugehörigkeit finden, bestätigt sich. Dabei sind, quantitativ gesehen, in religiöser oder

weltanschaulicher Hinsicht besonders drei Gruppen hervorzuheben: christliche Kinder, konfessionslose Kinder und muslimische Kinder. Darüber hinaus kommen weitere Minderheiten wie Kinder aus jüdischen Elternhäusern in den Blick, die ebenfalls nicht übergangen werden dürfen. In den meisten Einrichtungen sind Kinder mit unterschiedlichem, christlich oder in anderer Hinsicht religiös und weltanschaulich geprägtem Hintergrund zu finden, so dass ein darauf eingestellter (religions-)pädagogisch sensibler Umgang mit religiösen und weltanschaulichen Unterschieden als allgemeine Aufgabe von Kindertagesstätten zu bezeichnen ist. Dabei ist auch zu bedenken, dass nicht nur die aktuelle Zusammensetzung von Kindergruppen für diese Aufgabe entscheidend ist, sondern auch der Bezug auf das Leben in einer zugleich multikulturellen und multireligiösen Gesellschaft. Insofern kann sich keine Einrichtung – etwa aufgrund eines Einzugsgebiets, das besonders homogen ist – von dieser Aufgabe ausnehmen. Aus dieser Perspektive belegen die Befunde insgesamt einen enormen Nachholbedarf an religiöser Begleitung sowie vor allem an interreligiöser Bildung.

2. Die Bedeutung interkultureller Bildung wird in den Einrichtungen bislang deutlich höher eingeschätzt als die der interreligiösen Bildung. Dies könnte darauf zurückgeführt werden, dass beispielsweise der Anteil von Kindern mit Migrationshintergrund größer ist als der von Kindern aus Elternhäusern mit nichtchristlicher Prägung, obwohl die Angaben der Erzieherinnen zeigen, dass der Anteil der Einrichtungen, in denen verschiedene Religionen präsent sind, fast ebenso groß ist wie der solcher Einrichtungen mit Kindern mit einem Migrationshintergrund. Die Befunde lassen sich auch so interpretieren, dass die mitunter in der Literatur vertretene Auffassung, interkulturelle Bildung schließe die interreligiöse gleichsam automatisch mit ein, nicht der Realität in der Praxis der Kindertagesstätten entspricht. Die interreligiöse Sensibilität fällt in der Kindertagesstätte bislang deutlich geringer aus als die interkulturelle. Das ist noch weiter zuzuspitzen:

3. Die Bedeutung interreligiöser Bildung wird in den meisten Einrichtungen nicht ausreichend wahrgenommen. Insofern stellt interreligiöse Bildung im Elementarbereich eine Zukunftsaufgabe dar, die in der Praxis noch entdeckt oder jedenfalls weit stärker als bisher aufgenommen werden muss. Allerdings zeichnet sich ab, dass es zumindest eine kleine Zahl von Einrichtungen gibt, die entsprechenden Aufgaben ausdrücklich eine hohe Bedeutung beimessen. Das entspricht den Anstößen vor allem der konfessionellen Verbände, die sich seit längerer Zeit um die Entwicklung entsprechender Konzepte bemühen, sowie den Beobachtungen aus einem unserer anderen Teilprojekte, das sich ausdrücklich auf Best-Practice-Modelle bezieht. Einzelne Einrichtungen entwickeln offenbar schon heute bzw. zum Teil bereits seit Jahren pionierartige Leistungen auch im Blick auf interreligiöse Bildung. Die dabei erzielten Erfolge können als ein Beleg für entsprechende Möglichkeiten angesehen werden. Zu wün-

schen ist hier ein Lernen der Praxis von der Praxis, das durch entsprechende Darstellungen aus entsprechenden Einrichtungen unterstützt werden soll.[34]

4. Am markantesten und zugleich hoch problematisch ist die Diskrepanz zwischen den nach den Angaben der Befragten sehr geringen Bedeutung islamischer Themen für die Kindertagesstätten und der Tatsache, dass in den meisten Einrichtungen muslimische Kinder zu finden sind. Wenn mehr als jedes zehnte Kind in einer Kindertagesstätte eine muslimische Religionszugehörigkeit aufweist, kann die religiöse Begleitung dieser Kinder schon quantitativ gesehen nicht länger als eine vernachlässigbare Größe behandelt werden.

    Im Bereich der (Grund-)Schule hat sich diese Einsicht inzwischen mehr und mehr durchgesetzt und wird ein flächendeckender Islamischer Religionsunterricht gefordert, wie er in einzelnen Bundesländern auch schon vorgesehen ist. Es wäre nicht plausibel, wenn der Elementarbereich in dieser Hinsicht dauerhaft hinter dem Primarbereich zurückbleiben sollte. Kinder haben nicht erst dann religiöse Orientierungsbedürfnisse, wenn sie in die Schule kommen.

5. Auch wenn der Anteil jüdischer Kinder in den Kindertagesstätten vergleichsweise gering ist, kann dies kein Grund sein, deren religiöse Begleitung prinzipiell aus dem Aufgabenspektrum der Kindertagesstätten auszuschließen. Ansatzpunkte auch für die Toleranzerziehung im Blick auf Kinder mit anderer religiöser Zugehörigkeit oder konfessionslose Kinder könnte der Einbezug auch jüdischer Traditionen bei der Arbeit der Kindertagesstätten sein.

6. Im Blick auf christliche Kinder sehen die Verhältnisse zwar deutlich anders aus, aber auch in diesem Falle sind es nur etwa zwei Drittel der Befragten, durch die, den eigenen Angaben zufolge, eine religiöse Begleitung dieser Kinder gewährleistet ist. Zudem fallen hier die Unterschiede zwischen konfessionellen und nicht-konfessionellen Einrichtungen besonders ins Gewicht: In nicht-konfessionellen Einrichtungen ist die Wahrscheinlichkeit, dass Kindern eine religiöse Begleitung geboten wird, auch für christliche Kinder eher gering. Da es bei der religiösen Begleitung und Bildung um ein Recht des Kindes geht, ist die Auffassung, dass die Wahrnehmung religionspädagogischer Aufgaben mit einer staatlichen, insofern weltanschaulich neutralen Trägerschaft von Kindertagesstätten prinzipiell nicht zu vereinbaren sei, nicht plausibel. Vielmehr sind ähnlich wie bei der staatlichen Schule Wege zu finden, wie beides miteinander vereinbart werden kann.[35]

    Dabei müssen selbstverständlich die Rechte von Kindern und Eltern, die keine religiöse Erziehung wünschen, ebenfalls konstitutiv berücksichtigt werden. Ein Recht, überhaupt nicht mit religiösen Ausdrucksformen oder Fragen konfrontiert zu werden, kann es in einer multikulturellen und multireligiösen Gesellschaft allerdings nicht geben.

---

34 Solche Darstellungen werden bei einer Tagung in Berlin im Dezember 2011 vorgestellt; als Publikation vgl. *Edelbrock/Biesinger/Schweitzer*, Religiöse Vielfalt in der Kita.
35 Zu rechtlichen Fragen im Bezug auf Religion in Kindertagesstätten vgl. *H. de Wall*, Juristische Aspekte der interkulturellen und interreligiösen Bildung in Kindertagesstätten. In: *Schweitzer/Biesinger/Edelbrock.*, Mein Gott, 81-94.

7. Einen gewissen Vorsprung haben konfessionelle Einrichtungen auch bei interreligiösen Themen, allerdings auf einem niedrigen Niveau. Im Blick auf Islam und Judentum entfällt dieser Unterschied weitestgehend, denn trotz der oben beschriebenen Unterschiede bewegen sich hier die Angaben aus allen Einrichtungen auf einem ausgesprochen niedrigen Niveau, so dass faktisch mit keiner nennenswerten Praxis zu rechnen ist. Hier stehen die Einrichtungen unabhängig von der Trägerschaft vor einem deutlichen Nachholbedarf.

8. Ebenfalls unabhängig von der Trägerschaft ist in den Einrichtungen bzw. bei den Erzieherinnen eine Art allgemeine Offenheit für religiöse Themen gegeben, im Sinne einer allgemeinen Unterstützung religiöser Bildung. Diese Offenheit wird aber weithin nicht in eine entsprechende Praxis umgesetzt.

    Dafür könnte es mehrere Gründe geben: Bei der Offenheit könnte es sich um eine eher theoretische Haltung ohne praktische Konsequenzen handeln (man will schließlich für alles offen sein); sie könnte Ausdruck einer Einstellung sein, die sich nur auf eine allgemeine Religiosität etwa im Sinne der Spiritualität bezieht, die konkreten religiösen Traditionen und Religionsgemeinschaften hingegen skeptisch betrachtet oder sogar ablehnt; sie könnte Folge einer Scheu davor sein, Kinder religiös zu beeinflussen; schließlich könnten Befürchtungen im Blick auf Eltern oder Träger eine Rolle spielen (was allerdings besonders hinsichtlich der Träger den Angaben der Erzieherinnen zufolge eher selten sein dürfte).

    Positiv kann in der von den Erzieherinnen ausgedrückten Offenheit eine günstige Voraussetzung für eine in Zukunft verstärkte Wahrnehmung eines religionspädagogischen Auftrags gesehen werden. Die Aufgabe dürfte hier darin bestehen, an diese Offenheit konzeptionell anzuknüpfen, nicht zuletzt auch bei der Aus- und Fortbildung.

9. Durch Ausbildung und Fortbildung fühlen sich die befragten Erziehrinnen besonders im Blick auf Aufgaben der islamischen, aber auch der interreligiösen Bildung nur unzureichend vorbereitet. In dieser Hinsicht ist hervorzuheben, dass die Befunde keineswegs etwa auf Versäumnisse der Erzieherinnen verweisen. Es geht vielmehr um Defizite, deren Ursachen offenbar auf mehreren Ebenen zu suchen sind, angefangen bei den bisherigen Formen der Ausbildung, bei denen religionspädagogische Aspekte oft eine unzureichende Rolle spielen.

10. Im Blick auf die Trägerschaften ist hervorzuheben, dass die Erzieherinnen weithin keine auf religionspädagogische Fragen bezogene Unterstützung der Träger wahrnehmen, auch wenn sich die Verhältnisse bei den konfessionellen Trägern hier etwas besser darstellen als bei den nicht-konfessionellen. Besonders wenn es um den Islam oder um interreligiöse Fragen geht, werden die Erzieherinnen häufig alleingelassen, zumindest nach eigener Einschätzung. Dies entspricht vielleicht zugleich dem Wunsch nach pädagogischer Autonomie in dieser Berufsgruppe, ist sachlich aber kaum zu begründen. Vielmehr sollten von Trägerseite angemessene Unterstützungsformen gesucht und in wirksamer

Weise angeboten oder vermittelt werden, ohne dass berechtigte Ansprüche auf pädagogische Autonomie verletzt werden.

Insgesamt belegen die Ergebnisse der Untersuchung also einen deutlichen Nachholbedarf im Elementarbereich. Die Aufgabe einer religiösen Begleitung für Kinder unterschiedlicher Prägung sowie einer interreligiösen Bildung müssen in Zukunft weit stärker wahrgenommen werden, als es bislang der Fall ist. Dass der Elementarbereich hier zunehmend hinter der (Grund-)Schule zurückbleibt, ist ein defizitärer Zustand, der sich keineswegs von den Entwicklungs- und Orientierungsbedürfnissen oder -möglichkeiten der Kinder her begründen oder rechtfertigen ließe.

Hans Rudolf Leu

Kommentar zu den Befunden aus der Erzieherinnenbefragung zur religiösen und interreligiösen Bildung in Kindertagesstätten aus der Sicht von Kindheitsforschung und Frühpädagogik

Anliegen dieses Beitrages ist es, ausgehend von den aktuellen Diskussionen um Bildungsprozesse in der Frühpädagogik und eingangs mit einem Bezug zur Kindheitsforschung zu den Ergebnissen der Erzieherinnenbefragung Stellung zu nehmen. Ein gemeinsamer Bezugspunkt beider Zugänge ist die große Bedeutung, die dem eigenen Anteil des Kindes an seinen Entwicklungs- und Bildungsprozessen und an der Gestaltung seines Alltags eingeräumt wird. Es handelt sich also um einen „Blick von außen", praktisch ohne Bezug zu der umfangreichen Literatur zur religiösen und interreligiösen Bildung in Kindertagesstätten.

1. Religion – (k)ein Gegenstand der Kindheitsforschung und Sozialberichterstattung

Die Feststellung bzw. Kritik in der Einleitung zu den Befunden der Tübinger Studie[1], dass in der Kindheitsforschung und in der Bildungs- und Sozialberichterstattung das Thema Religion sorgfältig ausgespart wird, kann ich weitgehend bestätigen. Ergänzend zu den dort genannten Publikationen, in denen Religion keine nennenswerte Rolle spielt, ist beispielsweise auch das LBS Kinderbarometer[2] zu nennen, mit dem seit über zehn Jahren Kinder regelmäßig zu ihren Wünschen, Hoffnungen und Befürchtungen befragt werden. Die Beschäftigung mit diesem Thema liegt nicht im Mainstream sozialwissenschaftlicher Debatten, nicht nur beim Forschungsfeld Kindheit. Initiativen wie die der Bertelsmann-Stiftung mit ihrem Religionsmonitor, der sich aber nur auf Erwachsene bezieht, sind eher Ausnahmen. Religion wird offenbar nicht als Faktor gesehen, der gesellschaftliche Entwicklungsprozesse entscheidend beeinflusst. Sie hat in den vergangenen Jahrzehnten an sozialer Prägekraft verloren und gilt inzwischen weithin als Privatangele-

---

1   Vgl. in diesem Band S. 29ff.
2   Vgl. *LBS-Initiative Junge Familie* (Hg.): Kindheit 2001. Das LBS-Kinderbarometer. Was Kinder wünschen, hoffen und befürchten, Opladen 2002. Es handelt sich hier um eine Zusammenfassung von Ergebnissen aus den ersten Erhebungswellen des LBS-Kinderbarometers. Im Rahmen dieses Projektes werden seit 1997 jährlich mehrere tausend Kinder im Alter zwischen 9 und 14 Jahren befragt. Die jüngste Publikation ist das LBS-Kinderbarometer Deutschland 2009 (vgl. www.kinderbarometer.de).

genheit, deren Untersuchung kaum Wesentliches zum Verstehen und zur Erklärung gesellschaftlicher Prozesse beizutragen vermag.

Jutta Ecarius hat das an einem Vergleich der Kindheitserfahrungen von drei Generationen unter dem Titel „Von der christlichen Unterordnung zur gelenkten Selbstbestimmung" knapp nachgezeichnet. Während die Kindheit der zwischen 1909 und 1920 Geborenen autoritär strukturiert und von allgemein geteilten, in diesem Sinne auch öffentlichen und christlich begründeten Forderungen und Verboten geprägt war, berichten die Angehörigen der jüngsten befragten Generation, die zwischen 1967 und 1975 geboren wurden, aus ihrer Kindheit vor allem von gewährten Freiräumen und den Möglichkeiten, mit den Eltern zu verhandeln und eigene Entscheidungen zu treffen. „An die Stelle einer gottgewollten Ordnung treten *universalistische Ordnungsprinzipien der Rationalität.* Entsprechend nehmen die Möglichkeiten des Verhandelns zu. Die Eltern sind in der jüngsten Generation vorrangig Vertrauenspersonen und die eigene Gestaltung des Freizeitbereichs ist selbstverständlich".[3] Das betrifft auch den Umgang mit Religion, der entsprechend individuell und unterschiedlich gestaltet wird oder auch einfach entfällt. Damit soll allerdings nicht bestritten werden, dass das Thema religiöser und interreligiöser Bildung in Kindertagesstätten eine wichtige Rolle spielt. Vorgängig zur individuellen Ausgestaltung einer eigenen religiösen Praxis geht es dort um die Frage, in welcher Weise und in welchem Umfang Mädchen und Jungen religiöse Angebote gemacht werden sollen, und das angesichts der Tatsache, dass in diesen Einrichtungen in der Regel Kinder mit unterschiedlicher Religionszugehörigkeit vertreten sind.

Die Abstinenz gegenüber religiösen Fragen ist bei alledem nicht flächendeckend. Bei größeren Umfragen wie dem DJI-Survey AID:A wird das Thema zumindest „am Rande mitgenommen". Allerdings geht es dabei jeweils um Kinder im Schulalter. Das gilt auch für die World Vision-Kinderstudie „Kinder in Deutschland" von 2007, in der Kinder im Alter von 8 bis 11 Jahren befragt wurden, aus der im Folgenden kurz berichtet werden soll. Es sind aber auch dort nur knapp drei von über 200 Seiten Bericht (ohne die Kinderporträts im zweiten Teil, in denen Religion an wenigen Stellen aufscheint).

Gefragt wurde in dieser Studie, ob bzw. welcher Religionsgemeinschaft die Mütter der befragten Kinder angehören. Das Ergebnis: 37% gehören der katholischen Kirche an, 34% der evangelischen und 4% einer anderen christlichen Religionsgemeinschaft. Insgesamt ergibt das 75% Mütter mit christlichem Bekenntnis. 8% der Mütter nennen den Islam als ihre Religionsgemeinschaft, weitere 2% eine andere nichtchristliche Religion und 15% gehören keiner Kirche oder Religionsgemeinschaft an.[4]

---

3   *J. Ecarius*, Familie als Ort der Tradierung und des Wandels von Kindheitsmustern. In: *I. Behnken/J. Zinnecker* (Hg.), Kinder – Kindheit – Lebensgeschichte. Ein Handbuch, Seelze-Velber 2001, 774-787 (Hervorh. i. Orig.).
4   Vgl. *World Vision Deutschland e.V.* (Hg.), Kinder in Deutschland 2007. 1. World Vision Studie, Frankfurt/M. 2007, 88.

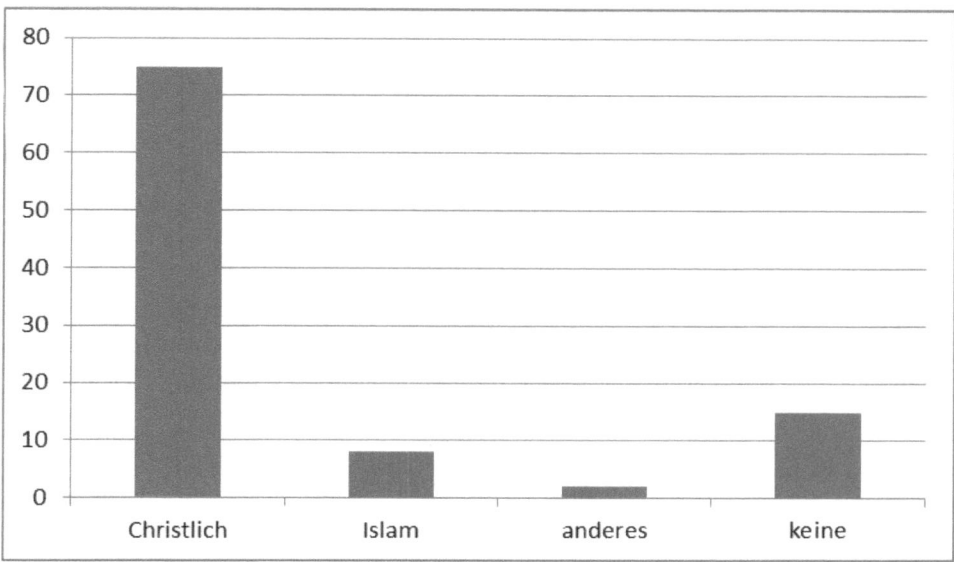

Abbildung 1: Religionszugehörigkeit der Mütter (vgl. World Vision Kinderstudie Kinder in Deutschland 2007, 88)

Diese Zahlen weichen von den Angaben der Erzieherinnen in der Tübinger Studie etwas ab. Die christliche Religionszugehörigkeit ist mit 75% häufiger vertreten als die etwas über 60%, die von den Erzieherinnen berichtet werden. Dem gegenüber ist sowohl die Zugehörigkeit zum Islam als auch zur Gruppe derjenigen, die keiner Religionsgemeinschaft angehören, in der World Vision-Studie seltener. Man kann sich überlegen, ob diese Unterschiede durch die unterschiedlichen Altersgruppen der Kinder zustande kommen. Das würde bedeuten, dass unter den rund fünf Jahre jüngeren Kinder die Zahl der Christen geringer und die mit islamischem Hinter- grund bzw. ohne Religionszugehörigkeit größer ist. Eine näher liegende Erklärung scheint mir zu sein, dass es für die Erzieherinnen in vielen Fällen nicht einfach ist, die Religionszugehörigkeit zuverlässig einzuschätzen, das insbesondere auch deshalb, weil nicht ohne weiteres ersichtlich ist, was Religion für den Alltag der betreffenden Kinder bzw. Familien bedeutet. Dass es hier große Unterschiede gibt, zeigen die Antworten der Kinder auf die Frage, wie wichtig bei ihnen zu Hause Religion und der Glaube an Gott sei.

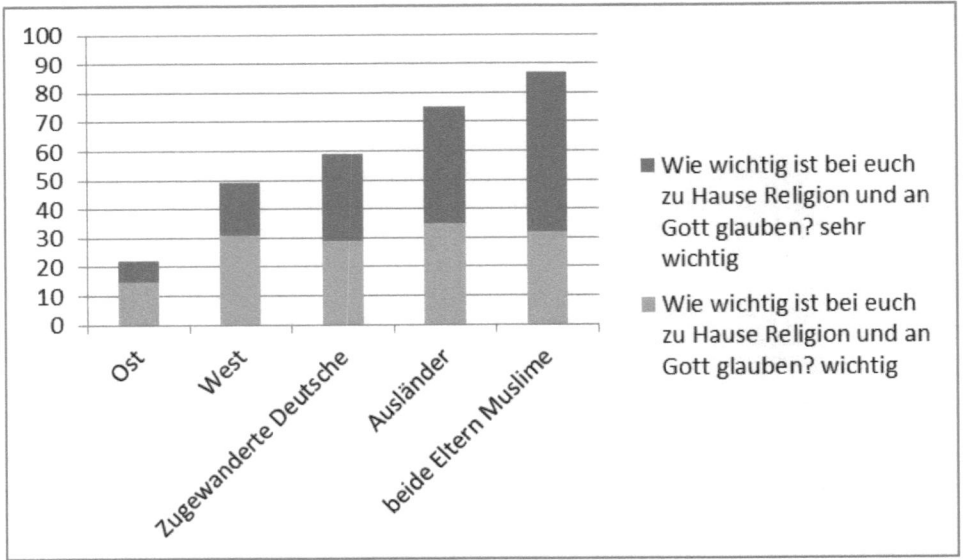

Abbildung 2: Bedeutung von Religion und Glaube an Gott in den Familien der Kinder
(vgl. World Vision Kinderstudie Kinder in Deutschland 2007, 89)

Die Zahlen zeigen, dass zwar 75% der Mütter einer christlichen Religionsgemeinschaft angehören, aber nur knapp die Hälfte der deutschen Kinder berichten, dass
bei ihnen zu Hause Religion oder Gott ein wichtiges Thema sei. In dieser Abbildung werden auch die immer wieder berichteten Unterschiede zwischen Ost- und
Westdeutschland sehr deutlich. In Ostdeutschland berichten nur 22% der Kinder,
dass Religion und Gottesglaube zu Hause eine wichtige, und nur 7%, dass sie eine
sehr wichtige Rolle spielen. Von daher sollte es nicht verwundern, wenn Erzieherinnen solche Familien der Gruppe „ohne religiöses Bekenntnis" zuordnen. Deutlich höhere Anteile gibt es bei der Äußerung, dass Religion in der Familie (sehr)
wichtig sei, bei Kindern aus Familien zugewanderter Deutscher oder bei ausländi-
schen Familien.

Besonders eindrucksvoll sind aber die Auskünfte aus Familien, in denen beide
Eltern Muslime sind. Zwar ähnlich wie bei den meisten anderen Gruppen ist hier
Religion in rund 30% der Familien ein wichtiges Thema. Darüber hinaus berichten
aber 55% der Kinder, dass bei ihnen zu Hause Religion und Gott sehr wichtig sei.
Das ist fast dreimal so viel, wie es von deutschen Kindern in Westdeutschland, und
achtmal so viel, wie es von dieser Gruppe in Ostdeutschland berichtet wird. Religion wird in diesen Familien offenbar in viel stärkerem Ausmaß im Alltag erfahren
und als ordnende und auch identitätskonstitutive Größe erlebt, als dies in christlichen Familien der Fall ist.

Das bedeutet, dass die Zugehörigkeit der Eltern zu einer christlichen Religionsgemeinschaft nur sehr bedingt etwas über die praktizierte Religiosität in der Familie aussagt, wohingegen die Zugehörigkeit zum Islam viel öfter mit einer dezidier-
ten religiösen Praxis zusammengeht.

Man kann wohl davon ausgehen, dass diese Unterschiede in der alltagspraktischen Bedeutung von christlichem und muslimischem Bekenntnis in der Bevölkerung auch mehr oder weniger bewusst sind und das Selbst- und Fremdbild von Christen und Muslimen beeinflussen. Die explizite Orientierung an verbindlichen Glaubensregeln mag Christen mit einem individualisierten Glaubensverständnis als Mangel an kritischer Aufklärung erscheinen, unter Umständen auch bedrohlich vorkommen. Muslimen kann die Privatisierung des christlichen Glaubens als Schwäche erscheinen und in einer Überzeugung von der Überlegenheit der eigenen Religion bestärken, beides Tendenzen, die – so sie denn gegeben sind – einer einvernehmlichen interreligiösen Bildung nicht eben Vorschub leisten.

In den Jugendberichten bzw. Kinder- und Jugendberichten der Bundesregierung spielt der 1998 erschienene Zehnte Kinder- und Jugendbericht der Bundesregierung[5] eine Sonderrolle. In ihm wurde erstmals in der Reihe dieser Berichte die Lebenssituation der Kinder, die bislang dem Jugendalter deutlich nachgeordnet war, eigens thematisiert, und das mit einem ausdrücklichen Bemühen, die Sicht- und Erfahrungsweise von Kindern zur Sprache zu bringen. Das war sicher ein Verdienst nicht zuletzt von Lothar Krappmann, dem Vorsitzenden der Sachverständigenkommission für diesen Bericht. Ein Kapitel in dem Teil zur Lebenssituation der Kinder trägt die Überschrift „Kinder mit eigenen Fragen, Antworten und Ausdrucksformen" und hat ein Unterkapitel „Kinder haben religiöse Fragen". Der Bericht geht davon aus, dass religiöse Themen und Bräuche für Kinder weiterhin präsent sind, auch wenn nur noch das Leben einer Minderheit von Familien im strengen Sinne religiös geprägt ist. [6] Dass sich heute weniger Menschen religiösen Gemeinschaften fest anschließen, bedeute nicht, dass die Fragen erledigt sind, „auf die die institutionell verfassten Religionen den Menschen ihre Antwort geben. Kinder fragen ganz ausdrücklich etwa danach, woher sie kommen, warum sie leben, wer die Welt gemacht hat, was geschieht, wenn man stirbt, und warum es Gut und Böse gibt. Sie sind offen für das, was Philosophen die Erfahrung von Kontingenz und Transzendenz nennen. Wenn Religion als Sinnsuche und Lebensdeutung verstanden wird, die angesichts dieser Erfahrung von Kontingenz und Transzendenz auch noch nach der Aufklärung und Säkularisierung die Menschen bewegen ..., dann kann man diese Fragen der Kinder auch als religiöse Fragen begreifen"[7].

Es wird darauf hingewiesen, dass sich Eltern oft überfordert fühlen, ihren Kindern in diesen Fragen eine tragende Orientierung zu vermitteln, und vielen

---

5   Vgl. *Bundesministerium für Familie, Senioren, Frauen und Jugend* (Hg.), Zehnter Kinder- und
    Jugendbericht. Bericht über die Lebenssituation von Kindern und die Leistungen der Kinderhilfen in Deutschland. Bonn 1998, Bundestagsdrucksache 13/11368.
6   Bezüglich quantitativer Daten zur Religionszugehörigkeit ist der Bericht nicht weiter ergiebig
    (vgl. ebd. 100). Mit Bezug auf die Studie von *J. Zinnecker/R. Silbereisen* (Kindheit in Deutschland. Aktueller Survey über Kinder und ihre Eltern. Weinheim und München 1996) mit Erhebungen aus 1993 wird berichtet, dass zwischen 40% und 60% der Westdeutschen an einen
    christlich orientierten Glauben gebunden seien, während für ostdeutsche Kinder die Nichtzugehörigkeit zu einer Religionsgemeinschaft die Normalität darstellt. Das sind Zahlen, die auch zu
    den bereits berichteten Ergebnissen der World Vision Studie passen.
7   Ebd., 45

Geschichten, Bildvorstellungen oder Begriffe fehlen, um solche Fragen so zur Sprache zu bringen, dass man mit ihnen leben kann. Vor diesem Hintergrund wird gefordert, dass in allen Erziehungs- und Bildungsinstitutionen die Möglichkeit geschaffen wird, sich mit Sinn- und Wertfragen auseinanderzusetzen. Es sei Aufgabe der Schule (und man darf sicher hinzufügen: auch der Kindertageseinrichtungen), „Kinder mit Begriffen, Bildern, Symbolen und Geschichten vertraut zu machen, die relevante Traditionen für die Auseinandersetzung mit Sinnfragen des Lebens anbieten"[8]. Ausdrücklich wird darauf hingewiesen, dass Kinder islamischen Glaubens ebenso ein Recht auf religiöse Bildung und Erziehung haben wie Kinder, die zu einer christlichen Kirche gehören, allerdings auch – wie diese – in Übereinstimmung mit dem Grundgesetz und den Gesetzen der Bundesländer entsprechend.[9] Damit finden wir auch in diesem Bericht das, was verschiedentlich als Recht der Kinder auf religiöse Bildung und Erziehung formuliert wird, wobei dem Ausdruck „religiös" im Wesentlichen der Umgang mit und die Bewältigung von Fragen der Kontingenz und Transzendenz zugeordnet wird.

Nach diesem kurzen Einblick in die (in großen Teilen fehlende) Auseinandersetzung mit Religion in der Kindheitsforschung und Sozial- und Bildungsberichterstattung wird im Folgenden darauf eingegangen, was aus Sicht der Frühpädagogik wichtige Voraussetzungen für kindliche Bildungsprozesse sind. Dabei steht besonders die Altersgruppe der Zwei- bis etwa Vierjährigen im Blick, bei der religiöse Bildung auch noch besonders eng mit dem Spracherwerb verbunden ist.[10]

2. Voraussetzungen frühkindlicher Bildungsprozesse

Abweichend von der Einleitung zur Kurzfassung der Untersuchungsergebnisse[11] sollen zunächst die Begriffe „Erziehung" und „Bildung" etwas genauer auseinandergehalten werden. Im Sinne einer in der aktuellen Debatte zur frühkindlichen Bildung, Betreuung und Erziehung verbreiteten Differenzierung verstehe ich unter „Bildung" die Aktivität des Kindes, durch die es seine Bildungs- und Lernprozesse vorantreibt und dabei immer differenziertere Konzepte und Vorstellungen von seiner Umwelt und von sich selbst erwirbt. „Erziehung" bezeichnet demgegenüber den Part des Erwachsenen, der diesen Prozess durch eine entsprechende Gestaltung des pädagogischen Umfeldes und in Interaktionen mit dem Kind fördert. Ganz im Sinne von Ludwig Liegle wird Erziehung so als „Reaktion auf die Entwicklung des Kindes und als Entwicklungshilfe" verstanden.[12]

---

8 Ebd.
9 Vgl. ebd., 46
10 Für einen Überblick über aktuelle Forschungen zu Entwicklungs- und Bildungsprozessen bei Kindern in diesem frühen Alter vgl. *H.R. Leu/A. von Behr* (Hg.), Forschung und Praxis der Frühpädagogik. Profiwissen für die Arbeit mit Kindern von 0-3 Jahren, München 2010
11 Vgl. in diesem Band S. 31.
12 Vgl. *L. Liegle*, Bildung und Erziehung in früher Kindheit, Stuttgart 2006, 35ff.

Ein wichtiger Part des Kindes sind die Fragen, die es hat. Aufgabe der Erwachsenen ist es, mit diesen Fragen so umzugehen, dass Bildungsprozesse befördert werden und das Kind jeweils entwicklungsangemessene, tragfähige Antworten finden kann.

Bei aller Bedeutung, die der Eigenaktivität der Kinder als zentralem Motor ihrer Entwicklungs-, Lern- und Bildungsprozesse zugestanden wird, ist nicht zu übersehen, dass Kleinkinder nicht nur zur Befriedigung ihrer körperlichen Bedürfnisse, sondern auch bei ihrem Lernen in hohem Maße abhängig sind von der Fürsorge Erwachsener und deren emotionaler Zuwendung. Das Gefühl, geborgen und angenommen zu sein, ist eine wichtige Grundlage für die Bereitschaft und Fähigkeit der Kinder, sich auf Neues zuzubewegen und Neues auszuprobieren, ihre Umwelt zu erkunden und auf der Grundlage solcher Erfahrungen ihre Vorstellungen, Begriffe und Konzepte zum Verständnis ihrer Umwelt zu entwickeln. Fachkräften ist dieser Zusammenhang sicher geläufig, und man kann davon ausgehen, dass sie ihn in ihrer pädagogischen Arbeit nach Möglichkeit beachten. Den Ergebnissen der Erzieherinnenbefragung sind diesbezüglich auch keine Informationen zu entnehmen.

Bezüge zu den Ergebnissen der Erzieherinnenbefragung lassen sich aber bei zwei weiteren wichtigen Voraussetzungen für kindliche Bildungsprozesse skizzieren. Es geht zum einen um die These, dass Erziehung im Sinne der Unterstützung kindlicher Bildungsprozesse an den Interessen und Kompetenzen der Kinder anknüpfen muss, zum anderen, dass solche Bildungsprozesse an konkrete Situationen und Erfahrungen geknüpft und in den Alltag eingebettet sein müssen.

2.1 Berücksichtigung der individuellen Erfahrungen der Kinder

Individuelle Interessen und Kompetenzen als Ausgangspunkt von
Bildungs- und Lernprozessen
Dass eine erfolgreiche Unterstützung von frühkindlichen Bildungs- und Lernprozessen an den Interessen und Anliegen der Kinder ansetzen soll, ist eine Forderung, die in der Frühpädagogik eine lange Tradition hat. Wir finden bei Fröbel die Forderung, dass Erziehung „nachgehend", nicht „vorschreibend, bestimmend" und an den Interessen der Erwachsenen orientiert sein soll.[13] In einer moderneren Formulierung heißt es, dass man Kinder dort abholen soll, wo sie sich befinden, d.h. bei der pädagogischen Arbeit von ihrer soziale Lage, aber auch ihrem Entwicklungsstand ausgehen soll.

In der aktuellen konstruktivistischen Sicht auf frühkindliche Bildung wird diese These lerntheoretisch unterfüttert. Es hat sich gezeigt, dass kindliches Lernen nicht in der schlichten Übernahme von Informationen besteht. Vielmehr geschieht es dadurch, dass Kinder neue Erfahrungen in aufwändigen Prozessen von Bedeutungszuschreibungen in die ihnen bereits verfügbaren Wissenselemente und

---

13 Vgl. *S. Hebenstreit*, Friedrich Fröbel – Menschenbild, Kindergartenpädagogik, Spielförderung, Jena 2003, 237.

Deutungsmuster einbauen bzw. vorhandene Muster umstrukturieren. Diese Muster sind geprägt von den Interessen und Kompetenzen, mit denen sich ein Kind bisher in seiner Umgebung orientiert und auf deren Grundlage es sein Handeln organisiert hat. Erwachsene haben deshalb sehr sorgfältig darauf zu achten, nach welchen Anliegen und Relevanzen und mit welchen Kompetenzen Kinder ihren Alltag strukturieren, um sie auf dem Weg zum Erwerb immer umfassenderer und komplexerer Deutungs- und Interpretationsmuster begleiten und unterstützen zu können.[14]

Das bedeutet, dass auch die Unterstützung religiöser bzw. interreligiöser Bildung an Mitteilungen und Äußerungen der Kinder anzuknüpfen hat, die in irgendeiner Weise einen religiösen Inhalt oder Bezug haben. Allein unter diesem Gesichtspunkt kann man davon ausgehen, dass man bei etwa der Hälfte der Kinder, die auch zu Hause mit Religion in Kontakt kommen, gute Aussichten hat, bei dem Bemühen um religiöse Bildung dem Postulat der Orientierung an den Interessen der Kinder zu folgen. Bei Kindern aus Familien ohne religiösen Bezug dürfte es hingegen schwierig sein, Anknüpfungspunkte zu finden, die man überzeugend mit kindlichen Interessen und Kompetenzen für religiöse Fragen verknüpfen kann.

Aufgabe religiöser Erziehung ist es, sorgfältig darauf zu achten haben, ob bzw. in welcher Form sich Religiöses äußert, in welcher Weise es in Vorstellungen und Deutungsmustern zum Ausdruck kommt, mit denen Kinder sich ihre Umwelt zu erschließen. Auch wenn wir von einem Recht der Kinder auf religiöse Bildung ausgehen, können wir ihnen nicht von vornherein ein solches Interesse unterstellen. Das gilt besonders auch für die Annahme, dass Kinder ein originäres Interesse an interreligiöser Bildung haben, es sei denn, sie machen wichtige Erfahrungen mit für sie bedeutsamen Personen, bei denen für sie erkennbar andere religiöse Praktiken eine große Rolle spielen. Wie im nächsten Abschnitt gezeigt wird, bedeutet dieses Postulat zur Orientierung an Kompetenzen und Interessen der Kinder allerdings nicht, dass sich die Pädagogik auf die Entfaltung allein dessen beschränken soll, was Kinder mitbringen und was sie interessiert. Darauf komme ich gleich zurück.

Wenn wir die Äußerungen der Erzieherinnen unter diesem Blickwinkel betrachten, ist positiv festzuhalten, dass die Mehrheit der Erzieherinnen sich für eine religiöse Begleitung der Kinder offen zeigt, allerdings ohne selbst in dieser Hinsicht aktiv zu werden. Man kann das als Achtung vor der Eigenständigkeit des Kindes in religiösen Dingen verstehen. Es kann aber auch Ausdruck einer Unsicherheit sein, die verständlich ist angesichts der Unterschiedlichkeit und zum Teil für die Erzieherinnen wohl auch Fremdheit von religiösen Erfahrungen, welche die Kinder mitbringen.

Dass 19% Erzieherinnen die Ansicht vertreten, dass religiöse Bildung Angelegenheit allein der Familie sei und nicht in die Kindertagesstätte gehöre, kann man als Distanz zur Annahme eines Rechts der Kinder auf religiöse Bildung lesen oder

---

14 Vgl. *M. Hasselhorn*, Lernen im Altersbereich zwischen 4 und 8 Jahren: Individuelle Voraussetzungen, Entwicklung, Diagnostik und Förderung. In: *T. Guldimann/B. Hauser* (Hg.), Bildung 4- bis 8-jähriger Kinder, Münster u.a. 2005, 77-88.

aber auch als Einschätzung, dass religiöse Bildung ohne bzw. neben der Familie schwierig umzusetzen ist.

Bedeutung dialogischer Interaktionsformen

Als besonders bildungsförderlich gelten dialogische Interaktionsformen zwischen Kindern und Erwachsenen. Es geht dabei um Interaktionen, in denen Erwachsene Ideen von Kindern aufgreifen und sie mit den Kindern gemeinsam weiter entwickeln.[15] Ein wichtiger Teil solcher Interaktionen sind neugierige Fragen, mit denen die Erwachsenen versuchen, etwas für sie Neues über die Kinder und ihre Ansichten, Deutungsmuster, Fähigkeiten oder Vorlieben zu erfahren. Anders als bei den von Erwachsenen an Kinder meist gestellten Fragen sind dies offene Fragen, bei denen die Erwachsenen die richtige Antwort nicht von vornherein kennen. Daran ist anzuknüpfen, um bei den Kindern in den entsprechenden Wissensbereichen erfolgreich Lernprozesse in Gang zu setzen.

Um in solchen dialogischen Interaktionsformen das kindliche Interesse an religiösen Fragen zu vertiefen und weiter zu entwickeln, reicht eine vergleichsweise distanzierte „Offenheit" für eine religiöse Begleitung nicht aus. Ein solcher Dialog setzt zumindest voraus, dass Erzieherinnen mit den religiösen Inhalten, die Kinder mitbringen, vertraut sind, sich in die Erfahrungen der Kinder eindenken können, dass sie Bräuche, Symbole und Zeichen kennen und im Gespräch mit ihnen religiöse bzw. kulturelle Fragestellungen und Vollzüge spontan und situationsangemessen aufgreifen und vertiefen können.

Darüber hinaus stellt sich aber die Frage, inwiefern es möglich ist, dass solche Erfahrungen von Erzieherinnen vermittelt werden können, die selber keinen eigenen Bezug zu der jeweiligen Religionsgemeinschaft haben. In einem Alter, in dem die emotionale Beziehung zu Bezugspersonen eine wichtige Grundlage für Bildungs- und Lernprozesse ist, brauchen Kinder die Erfahrung, dass es in diesen dialogischen Prozessen um etwas Bedeutsames geht, was auch der Erzieherin wichtig ist und zu dem sie sich persönlich engagiert äußern kann. Religiöse Erziehung und Bildung geschieht in Beziehungen.[16] In der Literatur wird verschiedentlich auf den engen Zusammenhang von Sprachfähigkeit und religiösen Vorstellungen verwiesen. Auch wenn dieser Zusammenhang nicht allzu sehr strapaziert werden sollte, scheint mir doch die Frage bedenkenswert, ob Kinder gerade in diesem frühen Alter für ihre religiöse Bildung nicht auf Menschen angewiesen sind, welche die jeweilige Religion anschaulich und in authentischer Weise verkörpern, ähnlich wie wir „native speakers" für die Unterstützung des Spracherwerbs von Kin-

---

15 Vgl. *K. Gisbert,* Lernen lernen. Lernmethodische Kompetenzen von Kindern in Tageseinrichtungen fördern, Weinheim/Basel, 2004, 56ff.

16 Vgl. *F. Harz,* Religion in der interkulturellen Erziehung und Bildung. Sinn und Praxis interreligiöser Bildung in Kindertageseinrichtungen. In: *M. Hugoth/M. Benedix* (Hg.), Religion im Kindergarten. Begleitung und Unterstützung für Erzieherinnen, München 2008, 34.

dern verlangen.[17] Dabei werden solche Fachkräfte je nach dem soziokulturellen und religiösen Hintergrund der Kinder in unterschiedlicher Weise gefordert sein. Mit Blick auf die eingangs berichteten Unterschiede in der Bedeutung religiöser Praxis der Kinder dürfte es bei den einen darum gehen, religiöse Erfahrungen zu vertiefen oder überhaupt erst zu entdecken und zur Sprache zu bringen, bei den anderen darum, vergleichsweise intensive Erfahrungen für andere Formen von Religiosität und für den Austausch mit Angehörigen anderer Religionen zu öffnen.[18] Um das zu leisten, sind neben religiösen in erheblichem Ausmaß auch interreligiöse, sicher auch interkonfessionelle Kompetenzen erforderlich.

Ko-konstruktion unter Kindern
Die Sicht auf den Eigenanteil von Kindern an ihren Bildungs- und Lernprozessen hat auch den Blick auf die große Bedeutung von Gleichaltrigen für dieses Lernen geschärft. Kinder lernen nicht nur im Kontakt mit Erwachsenen. Auch Gleichaltrige sind enorm wichtige „Bildungspartner". In besonderem Maße gilt das für den Erwerb sozialer Kompetenzen und die Fähigkeit zum Aushandeln von Bedeutungen und Regeln. Mit Blick auf religiöse Bildung ist das nur in dem Ausmaß möglich, in dem die Kinder auch über entsprechende Erfahrungen und Wissen verfügen. Angesichts der oben berichteten Unterschiede in der Bedeutung von Religion im familialen Alltag liegt die Vermutung nahe, dass Kinder aus islamischen Familien in Deutschland größere Chancen als Kinder aus christlichen Familien haben, sich über religiöse Erfahrungen auszutauschen, dafür Begriffe und Konzepte zu ko-konstruieren und sich dabei in der Bedeutsamkeit ihrer Religiosität auch wechselseitig zu bestärken. Allerdings berichten die Erzieherinnen, dass sie solche Gespräche zu religiösen Themen relativ selten beobachten.

2.2 Verankerung von Bildungs- und Lernprozessen in der Alltagspraxis

Soziale Einbettung von Bildungs- und Lernprozessen
Im vorangegangenen Abschnitt stand im Vordergrund, dass die erzieherische Begleitung und Unterstützung von Bildungsprozessen an der individuell besonderen Situation und den Interessen und Kompetenzen der Kinder ansetzen soll. Falsch wäre es allerdings, wenn damit die Vorstellung verbunden wird, dass alle wesentlichen Themen und Anliegen allein aus den Kindern heraus erwachsen würden.

17 Vgl. dazu *R. Herweg,* Religiöse und kulturelle Unterschiedlichkeit als pädagogische Herausforderung im Elementarbereich. Eine jüdische Perspektive. In: *A. Edelbrock/F. Schweitzer/A. Biesinger* (Hg.), Wie viele Götter sind im Himmel. Religiöse Differenzwahrnehmung im Kindesalter. Münster u.a. 2010, 42: „Eine lebendige Religion wie auch Tradition und Kultur wird empfangen und nicht ‚gelehrt'."
18 Vgl. dazu *R. Müller,* Religiöse Differenzwahrnehmung im Kindesalter. Eine islamische Perspektive. In: *Edelbrock/Schweitzer/Biesinger,* Wie viele Götter, 51ff., die darauf hinweist, dass in vielen Familien in Deutschland der Islam in einer sehr traditionellen Art und Weise vermittelt und mit Abgrenzung gegenüber anderen Kulturen und Religionen verbunden wird.

Prozesse des Lernens und Verstehens werden aus der heute breit akzeptierten Sicht des Sozialkonstruktivismus nicht mehr aus einer individuumszentrierten Perspektive, sondern als genuin soziale Aktivitäten verstanden. Welche Interessen Kinder entwickeln, welche Objekte sie mit welchen Bedeutungen belegen und wie sie sie verstehen, auch wie attraktiv sie für die Kinder sind, ist das Ergebnis von Alltagserfahrungen, von sozialen Routinen, von der Beobachtung, wie andere wichtige Personen damit umgehen und darauf reagieren. So ist der Erwerb von Wissen von vornherein in soziale Zusammenhänge eingebettet, in denen Begriffe und Konzepte mit anderen ko-konstruiert und entschlüsselt werden. Nur auf diesem Wege ist es möglich, an der sozialen Welt teilzuhaben und sich aktiv beteiligen zu können.[19] Dabei geht es bei jungen Kindern zunächst darum, einen verlässlichen, in Sprache gefassten Bestand an Wissen über *Routinen* und *Grundmuster von Tätigkeits- und Ereignisabfolgen* zu erwerben und dem Gedächtnis zuzuführen.[20]

Die Bedeutung dieses Bezugs zum sozialen Kontext macht deutlich, dass Erwachsene Kinder auch für Neues gewinnen und ihnen bestimmte Inhalte nahe bringen können bzw. sollen. Gerade wenn Kindertageseinrichtungen dazu beitragen sollen, Benachteiligungen durch die soziale Herkunft auszugleichen, ist das unabdingbar. Wichtig bleibt aber, dass dies im Rahmen eines Verständigungsprozesses geschieht und die Fachkräfte immer auch die Reaktion der Kinder auf solche Angebote als Ausdruck ihrer eigenen und berechtigten Sicht im Blick haben. Vor diesem Hintergrund können in Kindertageseinrichtungen – das Einverständnis der Eltern vorausgesetzt – religiöse Themen auch Kindern nahegebracht werden, die zu Hause nichts davon erfahren. Dabei sind allerdings zwei weitere Punkte zu beachten.

Ganzheitlichkeit frühkindlichen Lernens
Dass sich Bildungs- und Lernprozesse von Kindern „ganzheitlich" vollziehen, ist eine alte These. Bei aller Unterschiedlichkeit der Akzentuierung weist dieser vieldeutige Begriff darauf hin, dass Kinder ihre Umwelt mit allen Sinnen erkunden, mit Sehen, Hören, Riechen, Schmecken, Tasten. Das heißt auch, dass frühkindliche Bildungs- und Lernprozesse nicht durch eine gezielte Informationsvermittlung auf einer nur kognitiven Ebene vorangetrieben werden können.

Das liegt daran, dass Kinder in diesem Alter die Begriffe und Konzepte erst erwerben müssen, durch deren Verknüpfung und Erweiterung später vielfältige Lernprozesse möglich werden. Sie sind bis dahin darauf angewiesen, dass sie das, was sie an Informationen aufnehmen, innerlich nachsprechen und Erfahrungen und Bedeutungen explizit miteinander verknüpfen und so für die Aufnahme ins Langzeitgedächtnis aufbereiten müssen. Das heißt, dass Lernen in diesem Alter überwiegend nicht durch die Übermittlung von abstrakt sprachlich formulierten

---

19 Vgl. *K. Gisbert,* Lernen lernen, 75.
20 Vgl. *G. List,* Spracherwerb und die Ausbildung kognitiver und sozialer Kompetenzen. Folgerungen für die Entwicklungsförderung. Eine Expertise der Weiterbildungsinitiative Frühpädagogische Fachkräfte (WiFF), München 2011, 10.

Informationen erfolgt, sondern als Begleiterscheinung der Verarbeitung entsprechender Handlungen und Erfahrungen, in diesem Sinne im Wesentlichen „beiläufig", als Begleiterscheinung konkreter Erfahrungen und Handlungen, auch wenn Kinder bis zum Alter von etwa sechs Jahren in zunehmendem, aber doch nur begrenztem Maße über einen solchen Bestand an Konzepten und stabil abrufbaren Deutungsmustern verfügen, mit denen sie die Wahrnehmung von visuellen oder auditiven Reizen „blitzschnell" mit Interpretationen verknüpfen und in ihrer Bedeutung entziffern können. Das Anknüpfen an bedeutsamen Erfahrungen ist deshalb für frühkindliche Bildungsprozesse besonders wichtig.

Anknüpfen an bedeutsamen Erfahrungen
Eine zentrale Frage ist, in welcher Form und in welchem Umfang Kinder solche ihre Sinne und Emotionen vielfältig ansprechende Erfahrungen machen können, etwa als Rituale und Feste, Traditionen und Bräuche, die in einer entsprechenden Weise praktiziert und gepflegt werden. Mit Blick auf religiöse Bildung geht es um die Frage, in welcher Weise es gelingt, den religiösen Gehalt solcher Ereignisse in altersgemäßer Form deutlich zu machen. Dabei geht es den Kindern zunächst noch nicht um Fragen der Transzendenz und Kontingenz, die im Zehnten Kinder- und Jugendbericht als Kern religiöser Thematik hervorgehoben wurden, sondern um die Erfahrung von „ordentlichen" Vollzügen, die gemeinsam als bedeutsam gestaltet werden.

Die Aufnahme religiöser Elemente und Feste in die Gestaltung des Kindergartenalltags erscheint vor diesem Hintergrund als notwendige Voraussetzung für die Unterstützung religiöser Bildung. In Einrichtungen in konfessioneller Trägerschaft scheint das auch einigermaßen gesichert zu sein – allerdings nur mit Blick auf die christliche Religion. Rund zwei Drittel der Erzieherinnen befürworten, dass Kinder den christlichen Glauben kennen lernen sollen, und berichten, dass Kinder in ihren Einrichtungen christliche Inhalte, Lieder und biblische Geschichten vermittelt bekommen. Gleichzeitig weisen diese Zahlen aber auch darauf hin, dass diese Weitergabe religiöser Inhalte in der Mehrzahl der Einrichtungen in nicht-konfessioneller Trägerschaft nicht stattfinden dürfte.

Dass über 90% von besonderen Veranstaltungen zu Weihnachten und Ostern berichten, ist in diesem Ausmaß nicht als Beitrag zur religiösen Bildung zu verstehen, zumal jeweils ein erheblicher Anteil der Befragten explizit angeben, dass diese Aktivitäten ohne religiösen Bezug bleiben.

Wesentlich schwieriger dürfte die Unterstützung der religiösen Bildung von Kindern mit nicht-christlichem Bekenntnis sein. 77% der Erzieherinnen berichten, dass sie solche Kinder in ihren Gruppen haben. Aufgrund der im Bildungsbericht veröffentlichten Daten über die ungleiche Verteilung der Kinder mit Migrationshintergrund können wir davon ausgehen, dass ein vergleichsweise kleiner Teil der Erzieherinnen jeweils sehr viele Kinder mit einem anderen, in der Regel muslimischen Hintergrund in ihren Gruppen hat, diese Kinder in den meisten Gruppen aber nur in einer kleinen Zahl vertreten sein dürften. Das könnte erklären, weshalb nur 17% der Befragten sich dafür aussprechen, dass Kinder den islamischen Glauben kennen lernen sollten. Es dürften zumindest zum Teil diejenigen sein, in deren Gruppen diese Kinder in großer Zahl vertreten sind. Dass aber nur 3% der Befragten berichten, dass islamische Inhalte vermittelt werden, zeigt, dass auch in diesen Gruppen die Begleitung der religiösen Bildung von Kindern islamischen Glaubens kaum stattfindet. Das kann viele Gründe haben. Es können Vorbehalte gegenüber Formen islamischer Religionspraxis sein, wie sie von den Erzieherinnen wahrgenommen oder vielleicht auch nur vermutet werden. Es können aber auch fehlende Kenntnisse und Unsicherheiten sein, nicht zuletzt aber auch ganz praktische Probleme. Wie soll es möglich sein, Kindern in für sie sinnlich erfahrbarer und durch Erwachsene überzeugend vertretener Weise in einer Gruppe unterschiedliche Religionen gleichzeitig zu vermitteln? Praktiziert wird von einem Drittel der Befragten das Erzählen von Geschichten aus anderen Ländern und Religionen. Das soll nicht unterschätzt werden, kann aber auch nicht mit religiöser Bildung gleichgesetzt werden.

Für den Fall, dass verschiedene Religionen zahlenmäßig ähnlich vertreten sind, scheint der Vorschlag, gemeinsame Feiern in je unterschiedlichen Rollen der Zugehörigkeit zu praktizieren, eine Form zu sein, welche die besonderen Erfordernisse der Bildungsprozesse von Kleinkindern berücksichtigt.[21] Dabei wird unterschieden zwischen der Rolle der religiösen Gastgeber, die ihr Fest feiern und ihre Rituale vollziehen, und den religiösen Gästen, die eingeladen sind, etwas mitzufeiern, das nicht ihr Eigenes ist. Für solche Veranstaltungen dürften Kindertageseinrichtungen aber auf Unterstützung von außen, insbesondere durch Eltern angewiesen sein, die für eine solche Form aufgeschlossen sind. Das dürfte nicht einfach sein, vor allem wenn nur wenige Kinder muslimischen Glaubens in der Gruppe sind. Zudem sind das herausgehobene Ereignisse, die nur für einen sehr begrenzten Teil des pädagogischen Alltags stehen.

3. Fazit

Religiöse Bildung im Kleinkindalter ist an entsprechende sinnlich wahrnehmbare und mit Bezugspersonen geteilte Erfahrungen gebunden.

Dass kindliche Bildungsprozesse, die nach dem aktuellen Verständnis mit der Geburt – und nicht mit dem Eintritt in die Schule – beginnen, sich auch auf religiöse Phänomene beziehen, dürfte im Grundsatz unstrittig sein. Im Unterschied zu sprachlicher Bildung findet religiöse Bildung aber nicht selbstverständlich statt. Sie ist abhängig vom kulturellen und religiösen Kontext des Aufwachsens und – wie auch der Spracherwerb – gebunden an konkrete, sinnliche Erfahrungen, die Kinder mit für sie bedeutsamen, authentisch agierenden Bezugspersonen teilen können. Sie hat zunächst nichts mit Kontingenz- und Transzendenz-Bewältigung zu tun, die bei

---

21 Vgl., *F. Harz*, Religion, 37

älteren Kindern und Jugendlichen und bei Erwachsenen als religiöse Kernthemen gelten.

Die Möglichkeiten religiöser Bildung hängen entscheidend von den Eltern ab.
Eltern entscheiden, ob und ab wann Kinder in der Familie mit religiösen Ritualen und Bräuchen in Kontakt kommen. Zumindest bedingt, d.h. bei einem entsprechend differenzierten Angebot, können sie aber auch entscheiden, ob Kinder in der Kindertageseinrichtung ergänzend, vertiefend oder kompensatorisch religiöse Angebote erfahren oder davon ferngehalten werden. Es gibt keine Pflicht zum Besuch von Kindertageseinrichtungen mit religiösen Angeboten.

Kindertageseinrichtungen können bei der Unterstützung religiöser Bildungsprozesse eine wichtige Rolle spielen, mit großen Unterschieden zwischen christlicher und interreligiöser Bildung.
Zunächst ist hier festzuhalten, dass Erzieherinnen sich zur Frage, wie weit Kindertageseinrichtungen religiöse Bildungsprozesse unterstützen sollen, keineswegs einheitlich äußern. 57% sind der Ansicht, dass religiöse Erziehung (auch) in die Kindertageseinrichtung gehöre. Das dürften im Wesentlichen Fachkräfte sein, die bei einem konfessionellen Träger beschäftigt sind. Nachdem sie die Hälfte der Befragten ausmachen, kann man davon ausgehen, dass nur eine Minderheit der bei öffentlichen Trägern Beschäftigten diese Meinung auch teilt.

Große Unterschiede gibt es in der Häufigkeit, mit der christliche oder interreligiöse bzw. muslimische Erziehung praktiziert wird. Formen *christlicher Erziehung* gibt es in *rund zwei Drittel der Einrichtungen.* Es dürfte sich dabei vor allem um Einrichtungen von konfessionellen Trägern handeln. Wie weit das in der Familie Erworbene dadurch ergänzt, vertieft oder kompensiert wird, lässt sich aufgrund der vorliegenden Daten allerdings nicht sagen, gerade auch deshalb nicht, weil es bezüglich der Intensität der christlichen Glaubensvermittlung in der Familie enorme Unterschiede gibt, wie eingangs dargestellt wurde. Das zeigt aber auch, dass in rund einem Drittel der Einrichtungen eine explizit christlich orientierte Erziehung keine Rolle spielt.

Interreligiöse bzw. muslimische Erziehung kommt hingegen *nur in sehr wenigen Einrichtungen* vor. Auf einige Gründe dafür wurde bereits eingegangen. Dabei kann man auf der einen Seite argumentieren, dass gerade Kindern muslimischer Herkunft viel intensiver als Kindern christlichen Bekenntnisses in ihren Familien Glaubensinhalte angeboten und vermittelt werden, von daher der Bedarf einer Unterstützung durch die Kindertageseinrichtung nicht so wichtig erscheint. Auf der anderen Seite ist aber nicht zu übersehen, dass eine theologische Vertiefung des in den Familien vermittelten, oft sehr traditionellen Religionsverständnisses, mit Blick auf die Entwicklung interreligiöser Kompetenz wichtig sein dürfte. Das setzt aber Fachkräfte mit einer entsprechenden Qualifikation und religiösen Überzeugung voraus. Außerdem erscheint es auch fraglich, ob die Eltern mit einer solchen ergänzenden oder vertiefenden Förderung religiöser Bildung einverstanden wären.

Religiöse und mehr noch interreligiöse Erziehung ist mit enormen Anforderungen an die Fachkräfte verbunden.

Frühpädagogische Fachkräfte sind hier, wie auch in den meisten übrigen Bereichen, mit ihrer gesamten Persönlichkeit gefragt. Um religiöse Bildungsprozesse bei den Kindern zu unterstützen, müssen sie ihr eigenes Verhältnis zu und Verständnis von Religion reflektieren, um sich in authentischer Weise mit Kindern darüber auszutauschen. Gerade wenn es um interreligiöse Erziehung geht, kommen der Erwerb von religiösem Wissen und die Kenntnis von Bräuchen hinzu, die in unterschiedlichen Religionen und unterschiedlichen Familien in sehr unterschiedlicher Weise präsent sind und gepflegt werden. Dass sich die meisten Erzieherinnen dafür nicht ausreichend ausgebildet fühlen, kann nicht verwundern. Bemerkenswert ist, dass die Fortbildungswünsche im Bereich islamischer Erziehung dennoch ausgesprochen verhalten sind. Auf das Item „Ich wünsche mir Fortbildung im Bereich islamische Erziehung" antworten Erzieherinnen in Einrichtungen in nicht-konfessioneller Trägerschaft im Durchschnitt mit „trifft wenig zu". Die Befragten aus konfessionellen Einrichtungen liegen zwar etwas darüber, aber immer noch unterhalb der Antwortvorgabe „trifft mittel zu". Auch das ein Hinweis, wie eng das Vermögen zu religiöser Erziehung letztlich mit der eigenen religiösen Überzeugung verknüpft ist und wie wichtig es sein dürfte, für die Aufgabe interreligiöser Erziehung und Bildung im frühen Kindesalter Fachkräfte mit unterschiedlichem religiösem und kulturellem Hintergrund zu gewinnen.

Rauf Ceylan

„Interkulturelle und interreligiöse Bildung in Kindertagesstätten"

Ein Kommentar zu den empirischen Befunden der Erzieherinnenbefragung aus muslimischer Perspektive

Die im vorliegenden Band veröffentlichte Studie des Forschungsprojekts an der Universität Tübingen zur interkulturellen und interreligiösen Bildung in Kindertagesstätten füllt eine wichtige Forschungslücke. Die Ergebnisse korrespondieren mit biografischen Berichten von muslimischen Migranten, mit wissenschaftlichen Forschungen zum Thema Interkulturalität sowie mit Interviews und Gesprächen mit muslimischen Eltern über ihre interreligiösen Erfahrungen im Elementarbereich. Der Mehrwert der aktuellen Studie liegt im Vergleich zu der bisherigen Forschung vor allem darin, dass der religiöse Aspekt berücksichtigt wird. Zwar liegen zum Thema Interkulturelle Öffnung sowie Interkulturelle Kompetenz mittlerweile vielfältige empirische Erkenntnisse und praxisbezogene Empfehlungen vor, aber der religiöse Aspekt wurde bisher überwiegend ausgeblendet. Die Ursachen hierfür müssen in einem übergeordneten Kontext gesucht und beantwortet werden. Da die Thematik sehr facettenreich und die Interpretation der Befunde komplex ist, bedarf es einer Analyse auf mehreren Ebenen. Im Folgenden werde ich daher versuchen, einige zentrale Aspekte der empirischen Befunde aufzugreifen und zu erörtern, die mir wichtig sind.

Zunächst ist auffällig, dass die Auswirkungen der demografischen Entwicklungen besonders in den Kindertagesstätten zu spüren sind. Demografische Entwicklungen sind schleichend, und Transformationsprozesse in allen gesellschaftlichen Teilsystemen werden daher in der Regel spät wahrgenommen. Nur mühsam reagieren Einrichtungen wie Bildungsinstitutionen auf diesen Wandel, obwohl seit Jahren die Statistiken diesen Prozess prognostizieren. Dies gilt auch für den Elementarbereich, wie die vorliegende Studie belegt. So gehört demnach jedes zehnte Kind in der Kindertagesstätte der Islamischen Religion an. In vielen Großstädten Deutschlands sind bereits gegenwärtig noch höhere Zahlen festzustellen. In der Großstadt Duisburg weist beispielsweise die Altersgruppe der 1-6jährigen Kinder zu über 50% einen sogenannten Migrationshintergrund auf, wobei mehr als 40% aus muslimischen Familien stammen. Auf sozialräumlicher Ebene ist sogar festzustellen, dass in manchen Stadtteilen in Deutschland Zahlen bis über 80% keine Seltenheit sind. Das heißt konkret, dass deutsche Kinder ohne Migrationshintergrund in den Einrichtungen dieser Sozialräume zur Minderheit zählen. Im Elementarbereich sind es beispielsweise in einigen Stadtteilen von Wiesbaden oder Hamburg über 75%.[1] Diese Statistiken sind insofern interessant, als sie Entwicklungen widerspiegeln, welche einige Städte und Regionen Deutschlands noch vor sich haben. Von allen positiven und negativen Erfahrungen kann die Pädagogik für zukünftige Entwicklungen in anderen Städten profitieren.

Historisch ist diese demografische Herausforderung auf die Familienzusammenführung in den 1970er Jahren zurückzuführen. Alle in diesem Zusammenhang entstandenen Fragen wie Bildung oder Spracherwerb sind bis heute nicht gelöst. Zwar wusste die Politik, dass Deutschland spätestens in den 1970er Jahren sich zu einem Einwanderungsland entwickelt hat, aber diese Tatsache wurde aufgrund befürchteter gesellschaftlicher Widerstände niemals öffentlich kommuniziert. So wundert es nicht, dass die visionären Integrationsvorschläge des ersten Ausländerbeauftragten Hein Kühn (Kühn-Memorandum) niemals umgesetzt wurden. Deutschland hat lange Zeit eine paradoxe Integrationspolitik verfolgt und sich nur mühsam auf den kulturell und sozial bedingten Pluralisierungsprozess eingelassen. Besonders die Bildungseinrichtungen gehen heute noch von einem traditionellen Familienbild (deutschstämmig, intakte Familien usw.) aus und entsprechend zögernd verläuft die Interkulturelle Öffnung dieser Einrichtungen.

Dass sich die Schulen auf die Pluralisierung und Heterogenisierung der deutschen Gesellschaft einstellen müssen, wurde bereits 1996 mit dem Beschluss „Interkulturelle Bildung und Erziehung in der Schule" auf der Kultusministerkonferenz beschlossen. Dabei wurde auf die Transnationalisierung und deren Auswirkungen hingewiesen: „Wo sich Menschen unterschiedlicher Sprache, Herkunft und Weltanschauung begegnen, wo sie zusammen leben oder sich auseinandersetzen, verändern und entwickeln sich Weltbilder und Wertsysteme: Kulturen bilden ein sich veränderndes Ensemble von Orientierungs- und Deutungsmustern, mit denen Individuen ihre Lebenswelt gestalten. Moderne Gesellschaften sind daher auch in kultureller Hinsicht komplex und pluralistisch."[2] Vor diesem Hintergrund wurden für Schulen Ziele wie Interkulturelle Kompetenz, Toleranz und Überwindung von Vorurteilen formuliert.[3]

Unabhängig davon, wie erfolgreich die Implementierung der Interkulturellen Öffnung der Schulen erfolgte, müssen diese Zielsetzungen auch für den Elementarbereich formuliert werden. Interkulturalität und Interreligiosität – wie die vorliegende Studie zeigt – muss als Querschnittsaufgabe in den Kindertagesstätten verstanden und entsprechend umgesetzt werden. Von der Notwendigkeit zeugen die Ergebnisse der Erzieherinnenbefragung zu den demografischen Entwicklungen in den Kindertagesstätten.

Dass eine gewisse Sensibilisierung zu dieser Thematik vorhanden ist, zeigen die Antworten der Erzieherinnen zur Interkulturalität in der vorliegenden Studie. Dies

---

1 Vgl. *H. Häussermann/A. Werwatz/D. Förste/P. Hausmann*, Monitoring Soziale Stadtentwicklung, Berlin 2009, 14.
2 Interkulturelle Bildung und Erziehung in der Schule, abgerufen am 12. Oktober 2010 unter http://www.bildungsserver.de/zeigen.html?seite=3137.
3 Vgl. ebd, 3.

ist auch den jahrzehntelangen Debatten in der Interkulturellen Pädagogik geschuldet. Denn parallel zu den Migrationsprozessen, insbesondere aus muslimischen Ländern, haben sich die Konzepte der Interkulturellen Pädagogik und Bildung kontinuierlich weiter entwickelt – von der Ausländerpädagogik bis hin zu den Multikultur-Konzepten.[4] Allerdings fällt in dieser Entwicklung – wie in der Integrationsdebatte insgesamt – auf, dass Religion kaum oder nur eine untergeordnete Rolle spielt. Der Faktor Religion schien als etwas Nebensächliches, und daher wurde die Bedeutung der Religion für muslimische, aber auch für christliche Migranten völlig verkannt. Erst seit dem 11. September wird in Deutschland stärker über Religion diskutiert, allerdings aus eher sicherheits- und integrationspolitischen Motiven und nicht aufgrund ihrer identitätsstiftenden Bedeutung für die jungen Menschen. Auffallend in diesem Diskurs ist die Problematisierung der Religion, hier in Form des Islam. So verwundert es nicht, dass der Islam in Deutschland und in anderen europäischen Ländern überwiegend mit Konflikten und Kriegen in Verbindung gebracht wird. Sozialpsychologisch kann man dieses Phänomen mit dem Assoziationsprinzip erklären, da in den medialen und politischen Debatten eben der Islam nie in normalen Kontexten, sondern stets in Verbindung mit problematischen Fragen aufgegriffen wird. Die öffentlichen Diskussionen finden überwiegend in Form von Antagonismen (progressiv = abendländische Werte versus regressiv islamische Werte) und durch eine Abgrenzungssemantik statt. Die einfache Assoziation mit positiven oder negativen Dingen kann unser Urteil über bestimmte Menschen oder Menschengruppen massiv beeinflussen,[5] wie verschiedene Studien zu den Vorurteilen zum Islam belegen.

Neben dem Einfluss der tagespolitischen Debatten müssen die Wurzeln für das problematische Verhältnis von Europäern zur Religion gesucht werden. José Casanova beleuchtet in seinem Buch „Europas Angst vor der Religion" eindrucksvoll die historischen Hintergründe für dieses Verhältnis. Nach Casanova war die Säkularisierung des Staates in Europa eine Antwort auf die Vormachtstellung der Religion – auch im Verhältnis zur Politik und zu den Wissenschaften. Die Trennung des Religiösen vom Staatlichen wurde daher ganz im Sinne einer „conditio sine qua non" als Vorraussetzung der gewaltenteiligen und rechtsstaatlichen Demokratie durchgesetzt. In diesem Prozess war es auch das Ziel, die Religion in eine abgeschirmte Sphäre zu verlegen – als Voraussetzung für die Etablierung einer öffentlich-weltlichen Sphäre.[6] Aufgrund dieser Entwicklungen würde bis heute darüber diskutiert, in wie weit sich die Religion in öffentlichen Debatten und Räumen widerspiegeln soll. Die Diskussionen über das Kruzifix, aber auch der Disput über den Gottes- bzw. Christentumsbezug in der Europäischen Verfassung zeugen von der Aktualität dieser Frage.

---

4 Vgl. ebd., 18.
5 Vgl. hierzu *A.J. Lott/B.E. Lott*, Group cohesiveness as interpersonal attraction: A review of relationships with antecedent and consequent variables. In: Psychological Bulletin 64 (1965).
6 Vgl. *J. Casanova*, Europas Angst vor der Religion, Berlin 2009, 8ff.

Die Frage ob und wie viel Religion – nicht nur in Form von Symbolen – in Bildungsinstitutionen zugelassen werden sollte, ist meiner Meinung nach in diesem übergeordneten Kontext zu stellen. Wie die Tübinger Studie zu den Erzieherinnen zeigt, wird „naturgemäß" in den konfessionellen Kindertagesstätten der Faktor Religion berücksichtigt. In den städtischen Kindertagesstätten dagegen spielt Religion eine eher untergeordnete Rolle. Zwar werden christliche Feste gefeiert, doch die religiösen Wurzeln praktisch ausgeblendet und das Fest säkularisiert. Ein weiteres Armutszeugnis in diesem Zusammenhang ist das Ergebnis, dass sowohl in konfessionellen als auch in nicht-konfessionellen Einrichtungen die Lebensrealität der muslimischen Kinder überhaupt nicht aufgegriffen wird. Religiöse Feste, Zeremonien, Gotteshäuser usw., welche einen integrierten Bestandteil des Alltags muslimischer Kinder darstellen, werden von den Erzieherinnen kaum in den Gruppen thematisiert. Welche Signalwirkung diese Ignoranz auf die muslimischen Kinder hat, liegt auf der Hand: Deine Religion und somit ein wesentlicher Teil deiner Identität hat hier nichts zu suchen. Mit dieser Geringschätzung werden also bereits im Elementarbereich bei den muslimischen Kindern mentale Hürden gegenüber öffentlichen Einrichtungen aufgebaut, und diese Erfahrungen begleiten die Biografien muslimischer Kinder und Jugendlicher.

Muslimische Kinder haben ebenfalls das Recht auf religiöse Begleitung und Bildung, so dass dieses Recht nicht nur in Form von religionspädagogischen Aufgaben wahrgenommen werden muss. Die Lebenswirklichkeit dieser Kinder muss sich in den Kindertagesstätten insgesamt widerspiegeln. In der Sozialisation der muslimischen Kinder spielt Religion eben in den Familien – als erste Säule der religiösen Erziehung – eine wichtige Rolle. Auf dieser Grundlage lernen die Kinder, dass Religion dabei hilft, sich in der Gesellschaft nach geistigen Grundwerten zu orientieren und ihre Biografie danach zu gestalten. Religion liefert Deutungsmuster und hilft dabei, existentielle Tiefendimensionen zu erschließen. Alle quantitativen und qualitativen Studien der letzten Jahre belegen diesen Stellenwert bei Kindern aus muslimischen Familien. Da eben Religion Deutungsmuster anbietet und auf die tiefsten Bedürfnisse der Menschen Antworten liefert, müssen auch die Kindertagesstätten diese Deutungsmuster aufgreifen, ansonsten bleiben diese Einrichtungen aufgrund der geistigen und räumlichen Demarkationslinien immer fremde Orte für muslimische Kinder und natürlich auch für deren Eltern.

Vor diesem Hintergrund müssen sowohl konfessionelle als auch nicht-konfessionelle Kindertagesstätten vor allem die interreligiöse Bildung als Querschnittsaufgabe in ihren Einrichtungen verankern. Des weiteren sollte in der Ausbildung der Erzieherinnen die interreligiöse Kompetenz einen wichtigen Baustein bilden und eine Sensibilisierung für nichtchristliche Religionen erreicht werden. In diesem Zusammenhang ist den Trägerschaften der Kindertagesstätten zu empfehlen, mit muslimischen Religionsgemeinschaften zu kooperieren und sich mit diesen auszutauschen. Insbesondere auf sozialräumlicher Ebene eignet sich hier die Kooperation mit den Moscheevereinen. Denn diese Gotteshäuser haben in der Regel eine Brücken- und Scharnierfunktion und könnten zur Vermittlung der Lebenswelt der muslimischen Kinder beitragen. Doch bevor derartige Maßnahmen flächendeckend umgesetzt werden, müssen die Trägerschaften der untersuchten Kindertagesstätten mit den empirischen Ergebnissen konfrontiert werden. Wer Probleme lösen will, muss sie zunächst erkennen.

Alfred Bodenheimer

Zwischen religiöser Identität und gleichwertiger Akzeptanz

Interreligiosität und Interkulturalität in Kindertagesstätten – eine jüdische Perspektive

Es fällt mir aus unterschiedlichen Gründen nicht ganz leicht, mich zu diesem Thema zu äußern. Zum einen bin ich in keiner Weise ein Fachmann für Klein-kindererziehung, sondern kann allenfalls an meinen unprofessionellen Versuchen, eigene Kinder großzuziehen, Maß nehmen. Zum andern sind jüdische Kinder, wie aus dem Bericht „Befunde aus der Erzieherinnenbefragung"[1], der die Ausgangslage für den vorliegenden Band darstellt, hervorgeht, eigentlich eine marginale Größe in deutschen Kindergärten, die nicht zu den konfessionell jüdischen, wie es sie in einigen Städten dieses Landes gibt, zählen. Schließlich kommt noch hinzu, dass weder ich noch meine Kinder in Deutschland sozialisiert worden sind und dass sowohl meine Kinder wie auch ich durchgehend jüdische Kindergärten besucht haben oder, im Falle meiner jüngsten Tochter, die im Vorkindergarten ist, besu-chen.

Insofern werde ich hier einzig versuchen, mit einigen grundsätzlichen Überle-gungen einen jüdischen Standpunkt deutlich zu machen, wie er sich mir aufgrund der Lektüre der vorgelegten Studie erschließt. Dabei denke ich, dass ein Punkt, der am Anfang der Studie erwähnt ist, besonders hervorzuheben bleibt: Was immer man zu interreligiösen Praktiken in Kitas plant, es sollte sich so weit wie möglich von einem theoretisch normativen Bereich bewegen.

Im Vordergrund steht für mich die Frage, was mit Interreligiosität bzw. Interkul-turalität erreicht werden soll und wofür diese beiden Begriffe, gerade auch in ihrer Differenzierung, stehen: Sollen Kinder verschiedener Herkunft in ihrer spezifischen religiösen Identität gefördert werden, oder soll die Kita insgesamt künftige Staats-bürgerinnen und Staatsbürger im Geiste der gegenseitigen Akzeptanz heranziehen? Wo hier die Priorität liegt, geht aus der Studie nicht wirklich schlüssig hervor, und ich denke, hier gilt es einzuhaken, wenn man sich darüber klar werden möchte, was Interreligiosität bzw. Interkulturalität im Kindergarten wirklich bedeutet. Ich möchte soweit gehen, eine eigene Begriffsdifferenzierung vorzunehmen: Die Stär-kung der jeweiligen *religiösen Identität* aller Kinder unterschiedlicher Herkünfte könnte man als inter*religiösen*, die Erziehung zur *gleichwertigen Akzeptanz* aller als inter*kulturellen* Ansatz beschreiben.

Um soviel deutlich zu machen: Ich halte die Kita für einen Ort und einen Zeit-punkt im Leben eines Menschen, in dem hinsichtlich der Identitätsbildung sehr viel erreicht werden kann. Ich sehe das an meinen eigenen Kindern und möchte

---

1   Vgl. in diesem Band, S. 29ff.

es an meiner zweitjüngsten Tochter demonstrieren, die zwar inzwischen die zweite
Klasse einer ebenfalls jüdischen Grundschule in Zürich besucht, aber nebst der
elterlichen Erziehung auch eine klar jüdisch orientierte Kindergartenerziehung
erhalten hat. Vor ein paar Monaten hat sie sich ein Geschichtsbuch für Kinder
angesehen, in dem es um das Thema des alten Ägypten ging. Darin kam auch ein
Bild vor, das Menschen bei der Arbeit am Bau der Pyramiden zeigt. Noch bevor
sie den Text dazu las (der den von der Bibel nahegelegten Schluss zu widerlegen
versucht, dass die Pyramiden mit Sklaven gebaut wurden, vielmehr auf freie Tag-
löhner und ähnliches verweist), zeigte sie das Bild meiner Frau, deutete auf die
Arbeiter und rief: „Das sind ja wir!" Wir, damit war in ihrem Bewusstsein das Volk
Israel in Ägypten gemeint, als dessen direkte Nachfahrin, ja als dessen unmittelbaren Teil sie sich versteht, wie ja der Exodus aus Ägypten von Juden nicht als uni-
versales, sondern als partikulares, auf sie gemünztes Befreiungsereignis verstanden
und gefeiert wird.

Eine vergleichbare Identitätsaffirmation jüdischer Kinder wird eine staatliche
oder christlich konfessionelle Kita nie erreichen oder auch nur anstreben können
oder wollen. Insofern stellt sich die Frage, wohin ein interreligiöser Ansatz zielen
kann. Interkulturalität kann meines Erachtens Menschen (auch Kindern) eher eine
Identität in der Gemengelage der Gesellschaft vermitteln als ein religiös fundier-
tes Zugehörigkeitsbewusstsein. Das gälte, konsequent gesehen, dann aber auch für
die christliche Identität der christlichen Kinder. Denn die einen mit fundiert christlichen Werten zu versehen und die anderen unter der Verbrämung von Interkulturalität mit Bröckchen vom christlichen Tische abzuspeisen wäre das Falscheste,
was interkulturell gedachte Erziehung generieren könnte. Interkulturalität ist, konsequent gedacht, ein Projekt, das keine Mehrheiten und Minderheiten kennt, sondern nur noch die Gesamtgesellschaft als interkulturell angelegte. Dies macht etwa
Mark Terkessidis' jüngstes Buch „Interkultur" bei allen Mängeln, die es, unter
anderem bezüglich des Eingehens auf die Frage des Religiösen, hat, deutlich.[2] Das
heißt dann aber, dass nicht mehr das Christkind die Norm ist und der Chanukka-
leuchter die kurz einmal gestreifte Ausnahme.

Dass ich das sage, steht nicht im Widerspruch dazu, dass ich meine Kinder in
jüdische Kindergärten schicke. Es ist für eine kleine Minderheit wie die jüdische,
die auf Schritt und Tritt den Normen und Ereignissen einer immer noch christlich geprägten Mehrheitskultur ausgesetzt ist, von hohem Interesse, Nischen zu
besitzen, wo die eigene Kultur konzentriert und mit hohem Engagement vermittelt
wird. Diese Nischen setzen aber auch voraus, dass der Code, den ich als Wir-Code
bezeichnen möchte, in dieser Gruppe gegeben ist. Das heißt, dass zumindest jene
Betreuerinnen, die die religiösen Fragen behandeln, selbst jüdisch sind und dass
auch die Kinder jüdisch sind. Es wäre in jeder Hinsicht sinnlos, christlichen oder
muslimischen Kindern beizubringen, dass Moses ihre Führerfigur, dass die Mak-
kabäer ihre Vorkämpfer, dass das Estherbuch der Bericht der Rettung ihres Volkes

2 *M. Terkessidis*, Interkultur, Berlin 2010.

sei, oder gar dass für sie der Unabhängigkeitstag Israels ebenfalls einen Freuden-
tag darstellen solle.

Handkehrum stellt sich eben die Frage, was eine christlich oder agnostisch orientierte Kindergarten-Lehrerin jüdischen Kindern mitgeben könnte, das wirklich
ihre Identität als jüdische Kinder stützt. Es ist eine Illusion zu glauben, dass biblische Geschichten aus dem (nach christlicher Benennung) Alten oder Ersten Testa-
ment für jüdische Kinder identitätsbildend seien, wenn sie aus einer anderen als der
spezifisch jüdischen Perspektive erzählt werden. Der Exodus aus Ägypten oder die
Bindung Isaaks sind zweifellos auch aus christlicher oder aus mythologischer Sicht
wichtige Erzählungen, doch die spezifische Identitätsvermittlung, die der jüdischen
Benennung Abrahams als „Awraham Awinu" (Abraham unser Vater) oder Moses'
als „Mosche Rabbenu" (Moses unser Lehrer) innewohnt, die für ein jüdisches Kind
erst den identitätsspezifischen und identitätsbildenden Inhalt ausmachen, wird die
Erzählung nicht bewirken. Das heißt, wie gesagt, nicht, dass die Geschichten der
nicht religiös einschlägig grundierten Erzählung nicht wert seien, aber in der religiösen Identitätsbildung liegt der Wert für jüdische Kinder nicht.

Ebenfalls problematisch schiene mir, wenn eine Kita-Lehrerin sich über die verschiedenen Eigenheiten und Feste einer anderen Religion aus Büchern und Lehr-
mitteln informiert, doch der Bezug zu diesen Darstellungen dem Kind, das dieser Kultur angehört, fehlt. Über Sabbatgesetze zu sprechen und damit ein jüdisches
Kind zu irritieren, das davon noch nie gehört, geschweige denn diese zuhause je
eingehalten hat, während es in der Kita damit identifiziert wird, wäre kontrapro-
duktiv. Im jüdischen, konfessionellen Kindergarten nehmen die Eltern in der Regel
in Kauf bzw. erwarten, dass ihre Kinder auf Feiertage eingestimmt werden, und im
Kindergarten wird explizit erwartet, dass die Eltern dabei kooperieren und die Kinder zuhause auf diese Dinge ansprechen, unabhängig davon, wie präsent die Ein-
haltung dieser Feiertage in ihrem Alltag ist. In einem nichtjüdischen Kindergarten könnten hier bei den Kindern wie bei den Eltern tiefe Irritationen entstehen.
Schließlich ist – dies deutet die Studie an – zu vermeiden, dass die Erwähnung der
Feiertage oder Besonderheiten das jüdische Kind zu einem Außenseiter machen,
der als einziger so „komische" Dinge einhält. Auch hier kann eine undifferenzierte
Behandlung noch zusätzlichen Schaden anrichten. Denn einfach zu erklären, die
Juden essen am Pessachfest Matzen statt Brot oder sitzen am Sukkotfest in Hüt-
ten mit Laubdächern, klingt zunächst unverständlich, wenn nicht der Hintergrund
geliefert wird, weshalb die Juden dies tun – und, wie gesagt, ohne vorherige Absi-
cherung, ob das spezifische jüdische Kind in der Kita das auch tut bzw. weiß, dass
es dies tun wird.

Es wäre auch ganz verfehlt zu glauben, das Singen hebräischer Lieder oder gar
von Psalmentexten in deutscher Sprache hätte für die jüdischen Kinder irgendeinen
zwangsläufigen Wiedererkennungs- oder Identitätseffekt. Es ist gut möglich oder
sogar wahrscheinlich, dass die Kinder die Texte und im Falle des Hebräischen auch
die Sprache überhaupt nicht erkennen. Denn woher soll ein Kind, das in einem
gänzlich nichtjüdischen Umfeld aufwächst und womöglich auch zuhause nicht in

Gebete oder andere Praktiken involviert wird, diese Texte oder diese Sprache kennen? Das Kind aber im Kindergarten mit Texten zu identifizieren, die ihm selbst vollkommen fremd sind, es jedoch zugleich gegenüber den anderen Kindern in irgendeiner Weise definieren und abgrenzen, kann keine vorteilhaften Konsequenzen haben. Hier muss darauf geachtet werden, dass jüdische Kinder nicht essentialistisch mit irgendwelchem, gewissermaßen naturgegeben vorausgesetztem Wissen verbunden werden, das ja letztlich auch nur ein gelerntes und vermitteltes ist, für das es die notwendigen Instanzen braucht.

Schwer vorstellbar erscheint mir auch – doch hier spricht nun wirklich der Fachlaie –, dass in einer Kita das Judentum ohne die Präsenz jüdischer Kinder behandelt werden kann. Um Vorschulkindern eine Sache wirklich nahezubringen, meine ich, muss sie einen Sitz im Leben dieser Kinder besitzen. Nichts wäre m.E. fataler, als jüdische Feste oder Besonderheiten darzustellen, indem man auf Standarderzählungen und vor allem auf die immergleichen Bilder von bärtigen Männern in schwarzen Kaftanen und Hüten zurückgreift, die auch für eine große Anzahl Erwachsener in Deutschland bis heute als Prototypen des Juden gelten. So würde das Judentum als etwas der eigenen Lebenswelt Fernes für die Kinder a priori in stereotypisierter Form dargeboten, die keinerlei Bezug zu dem hat, was ihr eigenes Leben ausmacht, etwas Fremdes, Unklares, von dem nur bekannt ist, dass es fremd und unklar ist.

Schließlich noch ein weiterer Punkt: Wichtiger als die Berücksichtigung jüdischer Bräuche in einem staatlichen oder konfessionellen Kindergarten ist m.E. eine Beachtung dessen, wie Juden in den christlichen Erzählungen dargestellt werden. Die Sensibilität, die Passionsgeschichte nicht so zu erzählen, dass nachher die anderen Kinder ihre jüdischen Kameraden scheel anschauen, ist Voraussetzung schlechthin einer partizipativen, respektvollen Kommunikation und Bildungsarbeit. Das Hinterfragen der zum Teil unbewusst diskriminierenden Elemente von Diskursen kommt vor jeder Ausrichtung auf Minderheitsreligionen. Hierbei ist ausdrücklich nicht am Gutdünken der Mehrheit, sondern an der Sensibilität der Minderheit Maß zu nehmen.

Der Normverzicht, den die Studie selbst voraussetzt, lässt jedoch konstruktive Lösungen zu. Eine solche wäre es etwa, mit den Eltern der ja meist vereinzelten jüdischen Kinder in Kontakt zu treten und mit ihnen abzusprechen, ob und in welcher Form jüdische Inhalte behandelt werden könnten. Das könnte allenfalls zum Problem werden, wenn mehrere jüdische Kinder mit Eltern unterschiedlicher Einstellung eine Kita besuchen, doch dies dürfte tatsächlich eher die Ausnahme sein – und auch dann könnte, gerade aus der Darstellung unterschiedlicher Modelle, auch auf die Heterogenität des Judentums hingewiesen werden. In jedem Fall erscheint es mir weit dienlicher und richtiger zu sagen: „Am Pessachfest isst unser Kollege Daniel kein Brot" als „am Pessachfest essen die Juden kein Brot". Auch muss sehr darauf geachtet werden, dass das jüdische Kind zwar Bezugs-, aber nicht Informationsperson für die Kolleginnen und Kollegen ist – damit wäre es überfordert und in eine Position gedrängt, die seine christlichen Kameraden nie ausfüllen müssen.

So marginal das Judentum in der vorgelegten Studie eigentlich ist (bzw. kommt es zwar im Befundbericht, aber nicht in der Studie selbst überhaupt vor), ließe sich der Schluss ziehen, dass, wenn eine religiöse Sozialisierung jüdischer Kinder intendiert und durch die öffentliche Hand befördert werden soll, die Einrichtung jüdischer Kindertagesstätten wo immer möglich zu befördern wäre und das Investment in solche oft günstiger und nachhaltiger wäre als in besonders prestigeträchtige neue Synagogen. In dem Bericht von Rachel Herweg aus ihrer Arbeit in einer jüdischen Kindertagesstätte in Berlin (worauf im Befundbericht auch verwiesen wird) wird deutlich, dass Interkulturalität durch unterschiedliche Herkünfte, Praktiken und religiöse Ausrichtungen der Elternhäuser in einem jüdischen Kontext auch, und für die Kinder weiterführend, erlebt werden kann und ihre jüdische Zugehörigkeit dadurch gefördert wird.[3] Ich halte es für sehr wichtig, Kindern in diesem Alter Identitätsanker zu vermitteln, die ihnen im späteren Umfeld, wo sie sich nolens volens in einer klaren Minderheitenposition wiederfinden werden, einen gewissen Halt geben.

Grundsätzlich gehe ich davon aus, dass in einer Umsetzung der Praktiken der konfessionelle Kindergarten eher interreligiös, der staatliche eher interkulturell agieren könnte. Worin liegen die Unterschiede?

Der konfessionelle, christliche Kindergarten geht a priori von einem christlichen Selbstverständnis aus. Eltern, die ihre Kinder in eine solche Kindertagesstätte schicken, erwarten bzw. nehmen in Kauf, dass christliche Werte, christliche Religionsbezüge etc. hochgehalten und betont werden. In einem solchen Kindergarten ist von den Erzieherinnen ein höheres Bewusstsein für religiöse Fragen insgesamt zu erwarten, also auch in Fällen von Kindern nichtchristlicher Herkunft. Während christliche Themen von den Erzieherinnen in der Regel, unter Zuhilfenahme der gängigen Lehrmittel, auf der Basis ihrer eigenen Sozialisation behandelt werden können und somit auch eine gewisse Autorität und Kompetenz der Erzieherin vorausgesetzt werden kann, gilt dies für andere Religionen eher weniger. Wird Interreligiosität hier ernst genommen, so ist stark darauf zu achten, dass ein Kind nicht das Gefühl bekommt, vom angelernten Wissen der Erzieherinnen gewissermaßen in dem ihm eigenen oder jedenfalls zugesprochenen Identitätsfeld überfahren und einerseits als Sonderling isoliert, andererseits von dem seinen Erfahrungen nicht entsprechenden religiösen Gehalt überwältigt zu werden. Hier ist ein enger Kontakt der Kindergartenleitung mit dem Elternhaus notwendig, um zu erfahren, ob und inwiefern die Eltern jüdische Stoffe im Unterricht wünschen und worauf dabei Wert gelegt werden soll, so dass eine Konvergenz zwischen Kindergarten und Heim für das Kind gewährleistet ist. Die Entnormativierung ist hier sehr ernst zu nehmen, und sie besteht weitgehend in der individuellen, dem Kind angepassten Planung solcher Ereignisse. Vergleichbares gilt, wenn hebräische Lieder gesungen

---

3   *R. Herweg*, Religiöse und kulturelle Unterschiedlichkeit als pädagogische Herausforderung im Elementarbereich. Eine jüdische Perspektive. In: *A. Edelbrock/F. Schweitzer/A. Biesinger* (Hg.), Wie viele Götter sind im Himmel? Religiöse Differenzwahrnehmung im Kindesalter, Münster 2010, 39-50.

oder biblische Geschichten erzählt werden. Ob und inwieweit das dem jüdischen Kind etwas anderes bedeutet oder bedeuten soll als anderen Kindern, ist ohne Kontakt zum Elternhaus oft schwer abschätzbar. Es ist z.B. auch denkbar, dass einem Kind aus israelischem säkularem Hintergrund zuhause die klassischen Feiertage kaum, der Unabhängigkeitstag Israels jedoch in hohem Maße nahegebracht wird. Dort wird je nachdem der engere Bereich des Religiösen ohnehin verlassen, und es muss entschieden werden, ob man das Judentum des Kindes dennoch durch die Erwähnung dieses Ereignisses achtet – wobei Erzieherinnen, wenn man den interreligiösen Erziehungsauftrag ernst nimmt, darauf vorbereitet sein müssen, dass Judentum eben auch etwas ganz anderes bedeuten kann als eine religiöse Zuschreibung, ohne dass es deshalb für das Kind weniger Bedeutung hätte.

Anders sehe ich den interkulturellen Auftrag einer staatlichen Kindertagesstätte. Hier würde m.E. die Chance bestehen, Kinder auf ein Leben in einem tatsächlich interkulturellen Kontext vorzubereiten, indem konsequent die Anteile der verschiedenen Kinder gleichberechtigt behandelt werden, ungeachtet der Anzahl.

Gerade Kindern wäre der unverkrampfte und nicht auf arithmetischen Verhältnissen beruhende Zugang zu den unterschiedlichen Kulturen zuzutrauen. Dabei sollte der Ansatz von Anfang an der sein, dass man eine Gesellschaft der vielen ist: Nimmt man Interkulturalität ernst, kann der staatliche Zugang nicht der verlängerte Arm einer christlichen Konsensgemeinschaft mit Duldungscharakter gegenüber den Minderheiten sein.

Dass dabei die religiöse Wertewelt in einem konzentrierten Sinne hinter der Beachtung der Vielseitigkeit zurückfällt, kann und muss in Kauf genommen werden. Wichtig ist das Verständnis der Kinder für die Differenz, innerhalb derer sie eine Gemeinschaft bilden.

Wie aus meinen Ausführungen hervorgeht, bin ich nicht notwendigerweise Verfechter einer eingleisigen Verfahrensweise hinsichtlich der Behandlung religiöser Minderheiten. Was das Judentum betrifft, würde ich konfessionelle jüdische Kindertagesstätten nach Möglichkeit bevorzugen. Besuchen Kinder kirchliche Tagesstätten, bin ich bereit, die christliche Dominanz, die ja letztlich auch Bedingung für die Aufrechterhaltung dieser Institutionen durch die Kirchen sind, zu akzeptieren, fordere aber interreligiöses Verständnis mit individuellem Zugang ein. Was die staatlichen Institutionen betrifft, schlage ich schließlich ein grundsätzliches Wegkommen von religiöser Grundfestlegung oder impliziter Priorisierung des Christentums vor, und zwar im Sinne der gezielten Förderung von Interkulturalität als idealerweise dominanzlose Form des Zusammenlebens.

Es ist mir bewusst, dass ich, indem ich nun, meinem Auftrag nachkommend, ausschließlich von jüdischen Kindern gesprochen habe, die Hauptfragen des Umgangs vor allem mit muslimischen Kindern ausgespart habe – obwohl er in vielerlei Hinsicht in das von mir Gesagte integrierbar wäre. Ich denke aber zugleich auch, man sollte es vermeiden, jüdische Kinder im Vergleich zu anderen Kindern aus kleineren Minoritätsgruppen besonders hervorgehoben zu behandeln. Wenn es auch unbezweifelbar ist, dass Normalität für jüdisches Leben in Deutschland für unsere Generationen angesichts des Holocaust nicht gegeben ist, so muss doch angestrebt werden, den jungen jüdischen Kindern von heute das Aufwachsen in der größtmöglichen Normalität zu gewährleisten, d.h. sie als eine unter anderen Minderheiten gleichwertig zu berücksichtigen. Gerade Kinder sind darauf angewiesen, ihre Situation als normale zu erfahren, und mit meinen Ausführungen verbinde ich nicht zuletzt die Hoffnung, jüdische wie andere Kinder bei einer solchen Erfahrung unterstützen zu können.

Georg Hohl

Interkulturelle und interreligiöse Bildung als Zukunftsthema par excellence

Stellungnahme für die Bundesvereinigung Evangelischer Tageseinrichtungen für Kinder

Wie das Tübinger Forschungsprojekt zur interkulturellen und interreligiösen Bildung in Kindertageseinrichtungen insgesamt, so ist die jetzt vorliegende Studie, in der Erzieherinnen zum Thema interkulturelle und interreligiöse Bildung Auskunft geben, äußerst verdienstvoll. Interkulturelle und interreligiöse Bildung ist aus der Sicht der Bundesvereinigung Evangelischer Tageseinrichtungen für Kinder und ihrer Mitgliedsverbände ein Zukunftsthema par excellence. In einer pluralistischen, zugleich säkularisierten wie von einer Vielzahl religiöser und weltanschaulicher Strömungen gekennzeichneten Gesellschaft kann die Frage, wie das Recht des Kindes auf religiöse Bildung eingelöst werden kann, immer nur in einer interreligiösen und interkulturellen Perspektive beantwortet werden. Konzeptionelle oder fachpolitische Impulse für religiöse und interreligiöse sowie interkulturelle Bildung können nicht abseits empirischer Befunde entwickelt werden. Die vorliegende Ist-Stand-Analyse, die die Sicht der pädagogischen Fachkräfte in Kindertageseinrichtungen widerspiegelt, ist dabei ein wichtiger Baustein.

Wir sind dem Tübinger Forschungsprojekt und der Stiftung Ravensburger Verlag für die bisher geleistete empirische Forschungsarbeit dankbar, ebenso für die Kooperationen der letzten Jahre (etwa bei der gemeinsamen bundesweiten Fachtagung zum Thema „Mein Gott – Dein Gott – Kein Gott" im Oktober 2008) sowie im Rahmen des jetzigen Projekts. Gerne nutze ich die Gelegenheit, zu den jetzt vorliegenden Befunden aus der Erzieherinnen-Befragung Stellung zu nehmen und beziehe mich dabei insbesondere auf die zusammenfassende Diskussion am Ende des Berichts.[1]

Liest man die vorliegenden Befunde, bei denen die Untersuchung in allen Punkten die Ergebnisse einer vorher durchgeführten Pilotstudie bestätigt, stellt sich in mancher Hinsicht der Eindruck ein, dass wir mit diesen Befunden aus der Sphäre gefühlter Gewissheiten in die Sphäre gesicherter Gewissheiten kommen. Etwa dann, wenn der deutliche Unterschied zwischen Einrichtungen in kirchlicher und kommunaler Trägerschaft hinsichtlich einer interreligiösen Praxis deutlich wird. Angesichts der wahrlich vielfältigen Bemühungen von Trägern und Einrichtungen, aber auch von Verbänden, das Thema religiöse und interreligiöse bzw. interkulturelle Bildung in den Kindertageseinrichtungen zu verankern, bedeuten die Befunde zugleich eine Ernüchterung und Desillusionierung. Wir stehen – so muss die Studie

---

1   Vgl. in diesem Band, S. 50ff.

interpretiert werden – erst am Anfang einer interreligiösen Praxis in unseren Einrichtungen. Die Feststellung, dass konfessionelle Einrichtungen bereits etwas weiter sind als kommunale, ist keine Beruhigung. So müssen uns die vorliegenden Ergebnisse in Wissenschaft, Trägerverbänden und Fachszene Anstoß sein, das Thema religiöse bzw. interreligiöse und interkulturelle Bildung fachpolitisch wie fachlich konzeptionell verstärkt voranzubringen.

Wir sehen es als Aufgabe der Trägerverbände auf Landes- und Bundesebene an, im bildungspolitischen Diskurs um die Weiterentwicklung der Kitas weiterhin für den Stellenwert religiöser sowie interreligiöser und interkultureller Bildung einzutreten. Hier sind nicht zuletzt Diskussionen mit Vertreterinnen und Vertretern der kommunalen Trägerformation zu führen. Ausdrücklich ist der Aussage zuzustimmen, die unter Punkt 6 der abschließenden Diskussion der Befunde zu lesen ist: „Da es bei der religiösen Begleitung und Bildung um ein Recht des Kindes geht, ist die Auffassung, dass die Wahrnehmung religionspädagogischer Aufgaben mit einer staatlichen, insofern weltanschaulich neutralen Trägerschaft von Kindertagesstätten prinzipiell nicht zu vereinbaren sei, nicht plausibel. Vielmehr sind ähnlich wie bei der staatlichen Schule Wege zu finden, wie beides miteinander vereinbart werden kann."

Im Blick auf die Plausibilität interreligiöser Bildung innerhalb des Bildungsauftrags der Kindertageseinrichtungen sind die Beschreibung und Verbreitung überzeugender Best-Practice-Modelle von großer Bedeutung. Die in den Befunden der Studie festgestellten Defizite rühren vermutlich nicht zuletzt aus einer weit verbreiteten Unsicherheit, die im Bereich interreligiöser Gestaltungsaufgaben noch stärker ins Gewicht fällt, als dies im religionspädagogischen Aufgabenfeld ohnehin der Fall ist. Mit Interesse sehe ich deshalb der für Dezember 2011 geplanten Tagung in Berlin entgegen, bei der die im Rahmen des Forschungsprojekts eruierten Best-Practice-Modelle vorgestellt werden.

Um interreligiöse bzw. interkulturelle Bildung in Kindertageseinrichtungen besser zu verankern, sind sicherlich verstärkte Bemühungen im Bereich der Aus- und Fortbildung wichtig. Den entsprechenden Ausführungen in der Studie ist zuzustimmen. Allerdings werden Aus- und Fortbildung nur dann zu einer wirklichen Veränderung im pädagogischen Alltag führen können, wenn entsprechende Beratungs- und Begleitungsangebote zur Verfügung stehen. Die Verankerung interreligiöser bzw. interkultureller Praxis auch auf der Basis der Orientierungs- und Bildungspläne macht eine konsequente Anwendung von Methoden des Qualitätsmanagement erforderlich. Weder der Appell zu mehr Fortbildung noch die Verankerung zentraler pädagogischer Inhalte in Bildungsplänen allein reichen aus. Qualitätsmanagement sichert bestimmte pädagogische Standards in Kindertageseinrichtungen auch über die personellen Wechsel im Team und beim Träger hinweg. Die Instrumente des Qualitätsmanagement tragen wesentlich zur Verankerung der verschiedenen Bildungsangebote in den Einrichtungen bei. Auf das Rahmenhandbuch zum Qualitätsmanagement der Bundesvereinigung Evangelischer Tageseinrichtungen für Kinder und des Diakonischen Instituts für Qualitätsentwicklung im Diakonischen

Werk der EKD mit dem BETA-Gütesiegel und dem Diakonie-Siegel Kita sei hier ausdrücklich verwiesen.

Ein besonderer Bereich der Qualitätssicherung in Sachen interreligiöser bzw. interkultureller Bildung betrifft die Rolle der Träger. Wenn die Studie hier eine mangelhafte Unterstützung der Träger im Blick auf diese Aufgabe feststellt, so ist zu fragen, welche Unterstützungsmöglichkeiten gegeben sind. Im Anschluss an den letztgenannten Gesichtspunkt ist zunächst auf die Arbeit anhand von Qualitätsmanagement-Handbüchern zu verweisen, die den Trägern und pädagogischen Fachkräften jeweils ihre spezifische Verantwortung zuweisen. Träger sind in besonderer Weise für grundlegende konzeptionelle Leitlinien und verbindliche Regelungen in der pädagogischen Arbeit verantwortlich. Die Gestaltung des pädagogischen Alltags gehört in die Verantwortung der pädagogischen Fachkräfte. Auch und gerade im Bereich der Religionspädagogik, der interreligiösen und interkulturellen Bildung ist eine sozial-räumliche Einbindung der Bildungsarbeit der Kindertageseinrichtung in die Vernetzung mit Partnern im Bereich der Kirchengemeinde und des Gemeinwesens erforderlich.

Mit Recht hebt die vorliegende Studie in der Interpretation der Befunde aus der Erzieherinnen-Befragung das Thema Islam in Kindertageseinrichtungen besonders hervor. Die sehr geringe Bedeutung islamischer Themen wird kritisch vermerkt. Gerade in dem auch in der Studie angeführten Vergleich zum schulischen Religionsunterricht ist jedoch zu fragen, was eine ausreichende Berücksichtigung islamischer Themen konkret bedeuten würde. Es ist ja ein Unterschied zu machen zwischen der religiösen Bildung christlicher Kinder in der Begleitung durch christliche Erzieherinnen und einer religiösen Begleitung von muslimischen Kindern in der Begleitung durch – in ihrer großen Mehrheit – christliche Erzieherinnen. Die Feststellung der Studie, dass eine am Islam ausgerichtete Begleitung der Kinder oder islamische Bildung von Erzieherinnen nur in Ausnahmefällen befürwortet bzw. praktiziert wird, verwundert in keiner Weise. Die in der Mehrheit christlichen Erzieherinnen sehen hier offensichtlich sachliche und professionelle Grenzen. In der Interpretation der Befunde und für die Weiterarbeit wäre hier Differenzierung dringend erforderlich: Ist bei einer am Islam ausgerichteten Begleitung der Kinder oder islamischer Bildung an Religionskunde gedacht oder aber an ein authentisches Religionserleben in der Begegnung mit Erzieherinnen, die für ihren eigenen Glauben einstehen und dies im Respekt und in der Achtung vor den Angehörigen einer anderen Religion, seien es Kinder oder Erwachsene? Gerade hier müsste die Beschreibung von Best-Practice-Modellen bzw. Konzeptionen ansetzen. Dies gilt auch im Blick auf Aus- und Fortbildung. Wenn es unter Punkt 9 der zusammenfassenden Perspektiven heißt: „Durch Ausbildung und Fortbildung fühlen sich die befragten Erzieherinnen besonders im Blick auf die Aufgaben der islamischen, aber auch der interreligiösen Bildung nur unzureichend vorbereitet", dann ist hier ebenso zu fragen, was islamische Bildung in der Verantwortung von nichtmuslimischen Erzieherinnen heißt.

Zu diskutieren wäre, wie unter dem Gesichtspunkt des authentischen Religionserlebens muslimische Bildung von muslimischen Kindern in kommunalen, aber auch in konfessionellen Einrichtungen zu gestalten ist. Das Modell interreligiöser Gastfreundschaft (Frieder Harz) ist aus meiner Sicht derzeit am ehesten geeignet, falsche Erwartungen zu begrenzen und realistische Formen interreligiöser Begegnung anzuregen. Doch wären auch weitere Schritte zu prüfen. Bereits heute gibt es in einigen Landeskirchen Versuche mit der Anstellung von muslimischen Erzieherinnen in evangelischen Kitas. Im Blick auf das interreligiöse Begegnungslernen könnten solche Modelle weiterführend sein. Sie müssten freilich begleitet und evaluiert werden – ein Forschungsprojekt eigener Wichtigkeit. Viele Gründe sprechen derzeit deutlich gegen die Einrichtung von Kindertageseinrichtungen in muslimischer Trägerschaft, insbesondere weil mit solchen Einrichtungen die Tendenz zur Segmentierung von Bevölkerungsgruppen und die Ausbildung von Parallelgesellschaften verbunden sein könnten. Wenn dies aber so ist, bedarf die Frage, was interreligiöse oder gar islamische Bildung in kommunalen und konfessionellen Kitas heißt, dringend einer Beantwortung.

Frank Jansen

Anderen Religionen begegnen als Bereicherung

Stellungnahme für den Verband Katholischer Tageseinrichtungen für Kinder (KTK) – Bundesverband e.V.

In Deutschland gibt es 9.200 katholische Kindertageseinrichtungen, in denen 70.000 pädagogische Fachkräfte arbeiten. Insgesamt werden in diesen Einrichtungen über 700.000 Plätze angeboten. Der Anteil der Kinder mit Migrationshintergrund in katholischen Kindertageseinrichtungen liegt bei 27 Prozent und ist damit vergleichsweise höher als in Kindertageseinrichtungen anderer Träger.

Vergegenwärtigen wir uns diese Zahlen, dann wird deutlich, dass katholische Kindertageseinrichtungen ein Spiegelbild unserer multikulturellen und multireligiösen Gesellschaft sind. Es gibt kaum noch eine Einrichtung, die nicht von Kindern unterschiedlicher Herkunft, Religion oder auch Nationalität besucht wird. Anders ausgedrückt: In nahezu allen katholischen Kindertageseinrichtungen prägen unterschiedliche ethnische Traditionen und religiöse Überzeugungen den pädagogischen Alltag.

Der KTK-Bundesverband bewertet diese Vielfalt als Bereicherung nicht nur für Kinder und Eltern, sondern ebenso für die pädagogischen Fachkräfte. Bereichernd ist diese multikulturelle und multireligiöse Struktur unserer Einrichtungen aber nur dann, wenn wir gemeinsam mit unseren Kindertageseinrichtungen mehr erreichen als ein bloßes Nebeneinander, ein Dulden oder ein Miteinanderauskommen der Menschen untereinander.

Bereichernd wirkt sich diese Situation dann aus, wenn in katholischen Kindertageseinrichtungen dauerhafte Beziehungen zwischen Menschen unterschiedlicher kultureller und religiöser Herkunft gefördert und interkulturelle Lebensformen entwickelt werden und wenn in katholischen Kindertageseinrichtungen der interreligiösen Bildung eine zentrale Bedeutung beigemessen wird. Interreligiöse Bildung bedeutet dabei für uns: Anderen Religionen zu begegnen, sich mit diesen durch die Begegnung vertraut zu machen und im vergleichenden Miteinander die eigenen religiösen Ansichten und Lebensformen zu vertiefen.

Gerade dieser Aspekt spielt mit Blick auf die Pluralität unserer Gesellschaft eine zentrale Rolle. Anders ausgedrückt:

Unsere Gesellschaft entwickelt sich unter den Paradigmen der Individualisierung und der Pluralisierung und ist zunehmend interkulturell und interreligiös geprägt. Das Zusammenleben der Menschen kann unter diesen Bedingungen nur funktionieren, wenn der einzelne Mensch pluralismusfähig ist und somit anderen Kulturen und Religionen respektvoll begegnen kann. Dies fällt uns umso leichter,

je gefestigter unsere eigene Wertebasis ist, deren Entwicklung durch eine wertge-
bundene und religiöse Bildung gefördert wird.

Interreligiöse Bildung ist für uns aber auch aus einem anderen Grund heraus unver-
zichtbar und gehört zum originären Auftrag unserer Kindertageseinrichtungen:
    Zum Bildungsverständnis und zur Bildungsarbeit von Kindertageseinrichtungen
gehört es, alle Lebensbezüge, Erfahrungen, Interessen und Fragen der Kinder einzubeziehen. Hierunter fallen auch Erfahrungen, die Kinder mit Religion machen,
und Antworten, die die Religionen auf die Fragen der Kinder anbieten können.
Eine pädagogische Praxis, die diese Aspekte ausspart, erfüllt das Recht des Kindes
auf Bildung nicht umfassend.

Auf diesem Hintergrund erhalten die Ergebnisse des Forschungsprojektes „Interkulturelle und Interreligiöse Bildung in Kindertagesstätten" einen ganz eigenen und
wichtigen Stellenwert. Um diesen hervorzuheben und um die Ergebnisse des Forschungsprojektes nutzbar zu machen, möchte ich einige Befunde aufgreifen und
diese aus unserer Sicht kurz kommentieren.

Befund[1]:
Die Bedeutung interreligiöser Bildung wird in den meisten Einrichtungen nicht
ausreichend wahrgenommen. Insofern stellt interreligiöse Bildung im Elementarbe-
reich eine Zukunftsaufgabe dar.

Als KTK-Bundesverband haben wir uns in den letzten Jahren auf vielfältige Weise
mit Fragen der interreligiösen Bildung in Kindertageseinrichtungen auseinandergesetzt und hierzu auch einschlägige Publikationen für unsere Kindertageseinrichtungen herausgegeben. Deswegen bin ich über das Ergebnis des Forschungsprojektes
etwas verwundert, auch wenn der Befund mit Blick auf kirchliche Kindertageseinrichtungen relativiert wird. Bevor wir den Befund abschließend bewerten, müssten
wir zunächst darüber diskutieren, welches Verständnis von interreligiöser Bildung
dem Projekt, und damit auch dem Erhebungsinstrument, zugrunde gelegt wurde.
Wir verstehen unter interreligiöser Bildung weniger die Vermittlung von Wissen
über andere Religionen durch pädagogische Programmeinheiten. Interreligiöse Bildung in katholischen Kindertageseinrichtungen vollzieht sich dort, wo es Kindern
möglich ist, anderen Religionen zu begegnen und die daraus resultierenden Fragen
gemeinsam mit den Kindern zu beantworten. Dieses Verständnis haben wir auch
in unserem Qualitätsmanagementsystem „KTK-Gütesiegel" zugrunde gelegt, nach
dem zwischenzeitlich die meisten unserer Kindertageseinrichtungen arbeiten.
    Wenn wir unter dem zuvor dargestellten Verständnis interreligiöser Bildung das
Gleiche verstehen, dann wären für unseren Verband Antworten auf folgende Fragen interessant:

---

1   Zu den im Folgenden genannten Befunden vgl. in diesem Band S. 50ff.

- Wie sind die Qualitätsstandards und Praxisindikatoren, die wir in unserem Qualitätsmanagementsystem zu Fragen der interreligiösen Bildung dokumentiert haben, zu bewerten?
- Wie würde das Ergebnis in katholischen Kindertageseinrichtungen ausfallen, die nach dem KTK-Gütesiegel arbeiten und auf dessen Grundlage zertifiziert sind?
- Wie kann es uns gelingen, gemeinsam ein Netzwerk „guter interreligiöser Praxis" aufzustellen, das für andere Kindertageseinrichtungen von Nutzen ist?

Befund:
In nicht-konfessionellen Kindertageseinrichtungen ist die Wahrscheinlichkeit, dass Kindern eine religiöse Begleitung geboten wird, auch für christliche Kinder eher gering.

Zur Bildungsarbeit von Kindertageseinrichtungen gehört es, alle Lebensbezüge, Erfahrungen, Interessen und Fragen der Kinder einzubeziehen. Hierunter fallen auch Erfahrungen, die Kinder mit Religion machen, und Antworten, die die Religionen auf die Fragen der Kinder anbieten können. Wenn in Kindertageseinrichtungen die Erfahrungen von Kindern mit Religion nicht aufgegriffen und wenn ihnen die Antworten der Religionen vorenthalten werden, dann handelt es sich in diesen Kindertageseinrichtungen um keine umfassende Bildungsarbeit. So gesehen haben Kinder ein Recht auf Religion, das auch in den Bildungsplänen der Bundesländer entsprechend dokumentiert sein muss. Da dieses Recht nicht in allen Bundesländern angemessen umgesetzt ist und da in der einen oder anderen Trägerstruktur die Devise gilt, religiöse Themen auszusparen, müssen wir auf der politischen Ebene gemeinsam agieren.

Befund:
Die pädagogischen Fachkräfte werden in der Aus- und Fortbildung zu wenig auf Fragen der interreligiösen Bildung vorbereitet.

Dieses Ergebnis des Forschungsprojektes sollten wir dringend und gemeinsam in unseren Strukturen diskutieren. Ein geeigneter Ort hierfür ist die in Kürze gebildete Arbeitsgruppe „Fortbildung", die wir als KTK-Bundesverband zusammen mit den zuständigen Referaten in den Diözesan Caritasverbänden gründen werden. Wir sollten mit dieser Fragestellung aber auch an die Bundesarbeitsgemeinschaft katholischer Ausbildungsstätten für Erzieherinnen/Erzieher herantreten. Vielleicht ist es ja möglich, dass Thema im Rahmen einer Mitgliederversammlung auf die Tagesordnung zu setzen.

Boris Palmer

Interreligiöse Bildung – trotz knapper Kassen?
Stellungnahme aus der Sicht eines kommunalen Trägers[1]

Es ist zurzeit nicht falsch, den künftigen Ministerpräsidenten des Landes Baden-Württemberg zu zitieren. In der FAZ hat er vor kurzem erklärt, warum es kein linker Gedanke sei, einen Ethikunterricht in den Schulen verbindlich einzuführen. Er hat nämlich die Frage des FAZ-Reporters: Was das denn solle, das sei ja doch irgendwie linkes, umstürzlerisches Gedankentum – damit beantwortet, dass ihn das überrascht. Denn er sei der Auffassung, dass es gerade unter einem konservativen und christlich geprägten Standpunkt elementar wichtig sei, Ethikunterricht einzuführen. Das hat er so begründet: Man kann doch nicht als Christ wollen, dass die Heidenkinder nur vom Hausmeister betreut werden!

Wertegebundene Bildung hat einen hohen Stellenwert, der sich aber noch nicht in Schulen und sicherlich auch nicht in Kindertagesstätten abbildet. Woher kommt das? Wie ist es zu erklären, dass es bis heute diesen Ethikunterricht noch nicht gibt? Warum wird erst jetzt eine Islam-Fakultät eingerichtet? Warum ist islamischer Unterricht, Unterricht in islamischer Religion bisher nicht möglich gewesen? Warum gibt es das nur beim Imam oder eben in der wie auch immer gearteten islamischen Religionsgemeinschaft? Bei der Beantwortung solcher Fragen wird man nicht daran vorbeikommen, dass unsere Gesellschaft, bei aller Toleranz und Säkularisierung, letztlich doch noch eine Überforderung kund tut. Diese Überforderung kann man diagnostizieren, als Überforderung durch Wandel, in dem Sinne, dass man eigentlich doch noch nicht bereit ist, die neuen Verhältnisse zu akzeptieren.

Das kann man auch anhand unserer Landesverfassung dokumentieren. Auch diese sollte sich ja eigentlich dem realen Leben anpassen. Es ist ja kein statisches Verfassungskonstrukt, sondern Verfassungen sollten sich mit den Lebensverhältnissen mitentwickeln. Wenn Sie aber Artikel 12 der Landesverfassung von Baden-Württemberg lesen, dann dürfte Ihnen auffallen, dass Sie ihn vermutlich heute, jedenfalls jüngere unter Ihnen, niemals so in die Verfassung schreiben würden. Denn dort steht: „Die Jugend" – ich erweitere das jetzt mal gedanklich auch um kleinere Kinder, nicht nur um 14jährige, nicht Jugendliche im Sinne von nicht ganz Adulten, sondern die Jugend, das sind alle unsere jungen Menschen – „Die Jugend ist in Ehrfurcht vor Gott" – da würde jetzt schon ein Drittel unserer Gesellschaft sagen: Wirklich? Aber Sie sagen: selbstverständlich – „Die Jugend ist in Ehrfurcht vor Gott" – und dann geht es weiter – „im Geiste christlicher Nächstenliebe" – und da würden jetzt manche vielleicht doch fragen: Vielleicht nicht auch

1 Der Beitrag wurde in der Redeform belassen und für den Druck nur geringfügig redigiert. Der letzte Textteil (S. 93) stammt aus der Diskussion.

in muslimischer Nächstenliebe? – „zur Brüderlichkeit aller Menschen und zur Frie-
densliebe, in der Liebe zu Volk und Heimat" – Heimat, was ist das? Ist das auch
die Türkei vielleicht? – „zu sittlicher und politischer Verantwortung, zu beruflicher,
sozialer Bewährung und zu freiheitlicher und demokratischer Gesinnung" – und
jetzt kommt es – „zu erziehen". Ich glaube nicht, dass wir diesen Verfassungsartikel eins zu eins, Wort für Wort heute so schreiben würden. Weil er das, was
Sie hier dargestellt haben, diese enorme Pluralisierung, diese Veränderung in der
Zusammensetzung unserer Gesellschaft und unter der Definition dessen, was Religion und Kultur und Heimat eigentlich sind, nicht mehr widerspiegelt. Dass der
Verfassungsartikel aber noch lange so bleiben wird, drückt sich darin aus, dass eine
Partei, die das C im Namen führt, sich immer geweigert hat, an diesem Verfas-
sungsartikel irgendetwas zu ändern. Sie wird es auch auf lange Sicht weiterhin tun.
Wir machen jetzt keine Parteipolitik und keinen Wahlkampf, sondern ich weise nur
darauf hin, dass es da keine Bereitschaft gibt, diese Veränderung nachzuvollziehen.
Oder dass es jedenfalls großen Widerstand dagegen gibt.

Die Ergebnisse, die Sie vorgestellt haben, kann man auch unter den Begriff
„verheerend" zusammenfassen. Jedenfalls ist die Acht-Punkte-Bewertung irgendwo
im Bereich zwischen 4, 5 und 6 angesiedelt, ausgedrückt in Schulnoten. Da ist nirgendwo etwas, das auch nur gut oder gar sehr gut bewertet wird. Nichts. Weder die
Ausbildung, noch die Bereitschaft, noch die Praxis, noch die Ergebnisse. Nichts
davon hat gute Noten erhalten. Wie kann man das erklären und bewerten? Neben
der fehlenden Offenheit, die ich schon genannt habe, die fehlende Offenheit, die
Veränderung in der Gesellschaft zu akzeptieren, gibt es auch die andere fehlende
Offenheit, nämlich die fehlende Offenheit der säkularisierten Gesellschaft, sich
eigentlich noch mit der Bedeutung von Religion zu befassen. Mit anderen Worten:
Wenn immer mehr Menschen Religion nicht für wichtig halten, dann ist es vielleicht auch nicht so erstaunlich, wenn in Freiburg irgendwann die Direktive herauskommt: Wir führen jetzt die Trennung von Staat und Kirche mal richtig durch und
Religion hat im Kindergarten nichts zu suchen. Kinder sollen sich in ihrem Privat-
leben damit beschäftigen. Das kann jedenfalls eine Reaktion sein, und ich würde
das als fehlende Offenheit beschreiben. Also fehlende Offenheit des säkularisierten Teils oder möglicherweise heidnischen Teils, um noch einmal den Begriff des
Heidenkinds aufzugreifen – die fehlende Offenheit dafür, die Bedeutung der Religion in der Erziehung und in den Kinderbetreuungseinrichtungen angemessen zu
berücksichtigen.

Einen weiterem Erklärungsgrund dafür, warum es solche Ergebnisse gibt,
warum dort so wenig geschieht, sehe ich schlicht darin, dass es andere Prioritäten
gibt. Diese Prioritäten teile ich sogar größtenteils. Ich werde es am Schluss noch
etwas provokant zuspitzen. Wenn gefragt wird, was derzeit im Bereich der Kinderbetreuung, also jetzt vor der Schule, prioritär ist, dann ist das aus meiner Sicht
die Ganztagesbetreuung, die Einführung und Ausweitung des Angebots für unter
3jährige und wahrscheinlich auch noch die Sprachförderung. All dies ist bedeutend
wichtiger als interreligiöse Bildung. So kann das Thema schon deswegen nicht

so gute Ergebnisse haben, weil wir auch bei den vorrangigen Themen noch keine guten Ergebnisse haben. Auch da sind wir noch nicht im Bereich von gut angekommen, sondern vieles ist weiterhin ungenügend bis schlecht. Je nachdem, wo Sie sind – in Tübingen ist es selbstverständlich besser, aber auch noch nicht gut.

Prioritäten setzen bei knappen Ressourcen an. Das führt zu anderen Ergebnissen als das Prioritätensetzen bei großzügigen Ressourcen. Das ist eine schlichte Ressourcenfrage. Ich will es verdeutlichen. Wenn man nur den Bildungs- und Orientierungsplan in Baden-Württemberg verbindlich machen würde, dann kostet es nach einer Schätzung des Baden-Württembergischen Städtetags jährlich mindestens 650 Millionen Euro zusätzlich. Millionenbeträge sind immer viel zu groß, da kann niemand was mit anfangen, bei Milliarden wird es beliebig, der Ausbau der U3-Betreuung wird nach Schätzungen des Baden-Württembergischen Städtetages 800 Millionen bis 1 Milliarde Euro kosten, bezogen auf den Zeitraum 2007 bis 2013, also bis zur Einführung des fiktiven Rechtsanspruches, sprich 34% Betreuungsquote. Sagen wir einmal 1 Milliarde Euro. Das bedeutet: Die Aufgabe, die Sie hier ansprechen, die Sie nebenbei hier mal als Forderungen in den Raum werfen, würde jetzt verbindlich gemacht. Der Bildungs- und Orientierungsplan ist nicht viel weniger teuer als die Einführung der U3-Betreuung. Und die Einführung der U3-Betreuung wiederum hat uns als Universitätsstadt Tübingen, die wir derzeit die Quote von etwa 45% erreichen und damit landesweit den absoluten Spitzenwert erreicht haben, in eine finanzielle Situation gebracht, die man schlicht nur als desasträs bezeichnen kann. Oder anders formuliert: Die Universitätsstadt Tübingen hätte mit den Ausgaben für Kleinkindbetreuung des Jahres 2004, auch im letzten Haushaltsjahr, das fiskalisch eine Katastrophe war, eine sehr gute Bilanz erzielt. Sie wäre im Plus gewesen. Ausschließlich der eine Faktor erklärt bereits die finanzielle Schieflage einer Kommune wie Tübingen, weil hier die Kosten in einem Maße explodiert sind, wie das in keinem anderen Bereich möglich ist; und damit macht die Kinderbetreuung mittlerweile 40% unseres kommunalen Budgets aus.

Wenn Sie sich verdeutlichen, um wie viel Geld es da geht, wird Ihnen vielleicht auch verständlich, warum wir uns im Rahmen der Maßnahmen zur Konsolidierung nach der großen Konjunkturkrise 2009 gezwungen gesehen haben, die sogenannten Verfügungszeiten, also die Zeiten, die unseren Erzieherinnen außerhalb der Kontaktzeit mit den Kindern zur Verfügung stehen, z.B. um an Themen wie dem Bildungs- und Orientierungsplan zu arbeiten, zu kürzen und nicht zu erhöhen. Wir haben sie von 9 auf 7,5 Stunden reduziert und liegen damit über dem Baden-Württembergischen Durchschnitt. Viele Städte haben nur 5 Stunden, die Kirchen sind mit 10 Stunden besser ausgestattet, haben aber auch mehr finanzielle Ressourcen, die sie in diesen Bereich stecken können. Ergebnis aber ist sicherlich nicht eine verbesserte Umsetzung des Bildungs- und Orientierungsplans, schon gar keine verbindliche.

Das sind also die finanziellen Rahmenbedingungen, von denen wir ausgehen müssen, so dass die klare Diagnose lautet: Wenn so viele es gar nicht wollen, wenn so viele es gar nicht für wichtig halten, aus unterschiedlichsten Gründen, wenn anderes so viel mehr von den Erzieherinnen und Erziehern und den Trägern verlangt und wenn insgesamt so wenig Ressourcen zur Verfügung stehen, dann ist es eigentlich nicht verwunderlich, dass das Ergebnis herauskommt, das Sie uns vorstellen, sondern eigentlich ist das sogar logisch und zwingend. Es wäre überraschend und erstaunlich, wenn es ein besseres Ergebnis geben würde. Ich wüsste gar nicht, wie das von den Erzieherinnen und Erziehern hätte erwartet werden können.

Die erste Schlussfolgerung ist für mich: Wenn man bei diesem Thema vorankommen will, dann kann das nur möglich sein, wenn man insgesamt mehr Ressourcen in den Kleinkind-Bereich steckt. Das schließe ich erstens aus Ihren Ergebnissen und zweitens aus der Prioritätenskala, die ich vorgestellt habe und die nach meiner Einschätzung auch schwer bestritten werden kann. Es ist ziemlich deutlich, dass zuerst die sprachliche Förderung der Kinder kommt und erst dann, wenn diese einigermaßen geglückt ist, die interreligiöse Bildung. Der umgekehrte Vorgang ist nämlich auch schwer zu bewerkstelligen. Wenn die Kinder nicht sprechen und verstehen können, wird man ihnen Religion nur auf der Basis von Riten und Bräuchen vermitteln können. Das ist sicherlich zu wenig für interreligiöse Bildung.

Also geht es nur um Ressourcen im Kleinkind-Bereich. Da wir aber mit der Forderung nach mehr Ressourcen meistens am Ende der Diskussion sind, weil es eben nicht mehr Ressourcen gibt, sondern nur eine bestimmte Menge an Ressourcen und vor allem an Geld verteilt werden kann, bedeutet das für mich auch, dass wir uns ganz harte Fragen stellen müssen, wie denn mehr Geld in den Kleinkindbetreuungsbereich kommen kann. Und da sage ich Ihnen ganz offen: Ich halte eine Prioritätensetzung, die Studiengebühren abschafft, dafür aber nicht die Ressourcen hat, um im Kleinkind-Bereich ordentlich zu investieren, nicht für richtig. Ich glaube, dass die OECD-Aussage, die uns immer wieder vorgetragen wird: Ihr müsst die Ressourcen von oben nach unten umschichten, richtig ist und dass das eben nicht nur bedeutet, unten mehr zu investieren, sondern oben wegzunehmen – und das sage ich wiederum ganz besonders gerne in der Anwesenheit von universitären Lehrerinnen und Lehrern.

Ob es an Schulen so gesehen wird, daran würde ich dann schon wieder ein Fragezeichen machen. Nach meiner Auffassung ist es angesichts beschränkter Ressourcen bemerkenswert, welchen Aufschrei wir vor 14 Tagen in der Öffentlichkeit erlebt haben – unisono alle Bildungsverbände, als die Regierung angedeutet hat, dass sie möglicherweise nicht alle 20.000 Stellen, die dadurch frei werden, dass es weniger Kinder an unseren Schulen gibt, an den Schulen belassen möchte. Nach meiner Auffassung ist das vollkommen illusorisch, das auch nur versuchen zu wollen, und es wird sich bis 2020 niemals so einstellen. Aber die Reaktion, die es darauf gegeben hat, zeigt, dass die Politik dazu eigentlich kaum ein Mandat aus der Bevölkerung hat. Hier steht eine sehr, sehr schwierige Diskussion bevor. Ich spitze es zu: Nach meiner Auffassung sollte der Klassenteiler bleiben, wo er ist, denn er ändert am Gymnasium nichts, außer dass die Lehrer weniger zu korrigieren haben. Es wird nichts besser dadurch, und was an Ressourcen frei wird, sollte in den Kleinkind-Bereich investiert werden. Das würde übrigens die 650 Millionen für den Bildungs- und Orientierungsplan erbringen.

Ich glaube allerdings nicht, dass Sie einen in der Verantwortung stehenden Politiker in Baden-Württemberg finden, also insbesondere kein Mitglied der Landesregierung, ob der alten oder neuen, das diesen Satz derzeit sagen wird, so dass also eine gewisse Tabuisierung notwendiger Schritte erkennbar ist. Solange mit solchen Tabus noch zu rechnen ist, werden wir vermutlich auch weiterhin so verheerende Diagnosen, wie Sie sie erarbeitet haben, hinnehmen müssen, jedenfalls zur Kenntnis nehmen müssen. Das heißt nicht, dass man sie auf Dauer ertragen sollte, sondern es gibt ganz eindeutig, das zeigen Ihre Resultate, Grund, sich Gedanken zu machen über die Verteilung von Ressourcen und über die Prioritäten in unserem Bildungssystem; und ich würde Ihre Studie gerne – das Lesen hat sich gelohnt – in Zukunft immer wieder mal dazu einsetzen, um darauf hinzuweisen, dass wir hier etwas vom Kopf auf die Füße stellen müssen.

*

Kommunalpolitik ist nicht unempfindlich gegenüber Druck von Gruppen in der eigenen Stadt, und wenn Sie massiv Druck bekommen, dass eine Einrichtung bitte nicht evangelisch werden soll, weil sie vorhat, morgens das Gebet durchzuführen, dann wird in einem Gebiet auch keine evangelische Einrichtung kommen, sondern bleibt dort eine städtische Trägerschaft oder wird dann da eingeführt. Solche Entwicklungen kann ich Ihnen in Tübingen an einem konkreten Beispiel schildern. Es gibt eine nicht geringe Anzahl von Menschen, gerade in Städten wie Tübingen und Freiburg, die von einer strikten Trennung von Staat und Kirche, nach dem französischen Vorbild, ausgehen und keine Religion, nirgendwo, in staatlichen Einrichtungen haben wollen. Die sagen, wer das haben möchte, kann ja in die kirchliche Einrichtung gehen. Dieser Laizismus ist in unserer Verfassung nicht abgebildet, aber er ist erst mal abstrakt logisch auch nicht zu verwerfen. Man muss ihn aber nicht teilen.

Bei den Finanzierungsfragen im Blick auf den Bildungs- und Orientierungsplan wird am Ende ein Kompromiss herauskommen. Ich weiß nicht, ob die Religion da als erstes rausfällt oder als zweites, aber möglicherweise ist sie nicht so verbindlich, wie Sie es im Moment vermuten, und andere Inhalte auch nicht. Wenn es verbindlich ist, dann kann es nur in dem Sinne verbindlich sein, wie es hier auch beschrieben wird: als Kennenlernen verschiedener Religionen, das findet die größte Akzeptanz in der Gesellschaft. Dafür gibt es auch in der Untersuchung große Zustimmung. Erstaunlicher Weise sagen aber nur 17% der Erzieherinnen, dass mit den Kindern auch etwas über den Islam gemacht wird. Da ist also keine sehr große Bereitschaft, d.h. die islamischen Kinder sollen die christliche Religion kennen lernen. So ist die Aussage in der Umfrage. Positiv andersherum noch nicht. Da muss man wohl noch Überzeugungsarbeit leisten. Aber dann kann es nur diese interreligiöse Bildung sein, die eben nicht den Vorwurf heraufbeschwört, dass man den Kindern die Religion womöglich einflöße.

Caroline Teschmer

Ethische und religiöse Bildung in der Kindertageseinrichtung – ein Forschungsprojekt

1. Einleitung

Einige Zeit stand auf meinem Schreibtisch eine Postkarte mit einem Comic. Zu sehen ist eine Garderobe, vermutlich in einer Kindertageseinrichtung. Die Mutter hängt den Mantel des Kindes an den Haken, blickt vorwurfsvoll auf das Kind herab und sagt: „In letzter Zeit bringst du gar nichts mehr mit heim aus dem Kindergarten..." Das Kind antwortet anscheinend erstaunt über diese mütterliche Klage: „Bring ich wohl!" Und stolz fügt es hinzu: „Autonomie und Kompetenz! Noch nicht gemerkt?!" Worauf die Mutter entsetzt schaut.

Der Comic spielt mit der kindlichen und mütterlichen Empörung gleichermaßen. Vielleicht aber auch mit einer Spur der Ironie, dass Kinder zwar aus dem Kindergarten gemalte Bilder oder ähnliches mit nach Hause bringen, damit aber lange noch nicht die Fähigkeit zur Autonomie und Kompetenz. Zugleich zeigt der Comic eine deutliche Kritik an der vorwiegenden Kompetenzorientierung auf. Doch passiert innerhalb des pädagogischen Alltags mehr an Bildung als das, was das menschliche Auge zu sehen vermag. Es sind nicht nur Bastelarbeiten oder Bilder, die Kinder zur Bildung befähigen; vor allem sind es emotionale und soziale Kompetenzen, die den pädagogischen Alltag bestimmen.

Kindern ist durchaus bewusst, dass man sich im Kindergarten um kleinere Kinder kümmern und traurige bzw. weinende Kinder trösten sollte, und wer würde bezweifeln, dass die Hinwendung zu hilfebedürftigen Menschen jeglicher Form ein zutiefst christliches Anliegen ist.

Wieder und wieder erzählen in allen denkbaren Facetten die Jesusgeschichten davon. Gerade Jesu Hinwendung zu gesellschaftlich marginalisierten Menschen wird in neutestamentlichen Texten hervorgehoben. Die biblischen Texte sind ein Beispiel dafür, dass Menschen sich für Fairness, Solidarität sowie für die Schwachen und Unterdrückten in der Gesellschaft einsetzen sollten.[1] Dieser christliche Hintergrund zeigt, dass Wertebildung mit religiöser Bildung zusammenhängt. Folgernd wird dieser Zusammenhang aus der christlichen Perspektive betrachtet. Dabei zeigt sich ein Ansatzpunkt bezüglich der Frage, was Kinder brauchen, um zu wachsen und sich vollständig entwickeln zu können. Benötigen Kinder dazu Religion? Dieser Fragestellung soll im Folgenden nachgegangen werden. Relevant

---

1 Vgl. *S. Schardien*, Das Himmelreich teilen. Impuls von Stefanie Schardien in der Andacht „Eine gute halbe Stunde. Worte zur Bergpredigt auf dem Weg zum Kirchentag 2011", http://www.kirchentag.de/aktuell/nachrichten/andachtsreihe-in-der-frauenkirche-stefanie-schardien/dokumentation-andachtsreihe-stefanie-schardien.html (15.05.2011), 1.

scheint dabei die Verknüpfung zwischen religiöser Bildung und Wertebildung. Dabei stellt sich die Frage, in wieweit religiöse und ethische Bildung mit Wertebildung zusammenhängen.

Bei dem Versuch der Beantwortung der Fragen geht es hier allerdings keineswegs um stichfeste Lösungen, sondern eher darum, sich der sachlichen Grundlage zu vergewissern.

Zunächst wird eine Annäherung an die Thematik der Wertebildung angestrebt, da die ethische und religiöse Bildung in den Bildungs- bzw. Orientierungsplänen für Kindertagesstätten der einzelnen Länder in den meisten Fällen in der Rubrik Wertebildung zu finden ist. Ausgehend von einer Verortung der Wertebildung wird eine Brücke zur religiösen und ethischen Bildung geschlagen. Relevant ist in diesem Zusammenhang auch ein Blick auf die frühkindliche Religiosität. Erst auf dieser Basis kann die Thematik des Mitgefühls als Teil der Empathie verständlich werden. Dabei spielt vor allem die theologische Perspektive zur Barmherzigkeit eine wichtige Rolle. Im Anschluss daran wird die kindliche Entwicklung von Mitgefühl betrachtet, um im Folgenden ein aktuelles Forschungsprojekt vorzustellen. Dieses Forschungsprojekt beruht auf der Habilitationsschrift von Elisabeth Naurath mit dem Titel „Mit Gefühl gegen Gewalt. Mitgefühl als Schlüssel ethischer Bildung im Religionsunterricht" auf. Am Thema Mitgefühl lässt sich der Zusammenhang von ethischer und religiöser Bildung aufzeigen.

2.   Wertebildung

Erich Kästner hat treffend formuliert: „Wer an die Zukunft glaubt, glaubt an die Jugend. Wer an die Jugend glaubt, glaubt an Erziehung. Wer an Erziehung glaubt, glaubt an Sinn und Wert der Vorbilder."

Anders formuliert: Die frühe Kindheit wird durch primäre (z.B. das Elternhaus) und sekundäre (z.B. die Kindertageseinrichtung) Sozialinstanzen geprägt und formt Wertvorstellungen. Wertvorstellungen fallen in Kindertageseinrichtungen und Elternhäusern sehr unterschiedlich aus und sind immer individuell von den Erziehenden bzw. Eltern abhängig. Der Pädagoge Armin Krenz formuliert in diesem Zusammenhang: „Keine pädagogische Richtung, kein pädagogischer Ansatz und kein pädagogisches Programm kann losgelöst von der Person betrachtet werden, die pädagogisch arbeitet. Menschen und ihr Tun sind miteinander verbunden."[2]

Der Begriff ‚Wert' taucht im Alltag in vielfältiger Weise auf. Beispielsweise werden persönliche Dinge als wertvoll betrachtet, Klausuren werden bewertet, Statistiken ausgewertet, in Wertanlagen wird investiert.[3] Der dabei verwendete Wertebegriff kann aber kaum eindeutig definiert werden.

In der gegenwärtigen stark pluralisierten Gesellschaft, in der es immer schwieriger ist, Werte zu vermitteln, zählt primär das, was angefasst oder gemessen

---

2   *A. Krenz*, Werteentwicklung in der frühkindlichen Bildung und Erziehung, Berlin u.a. 2007, 7.
3   Vgl. ebd., 12.

werden kann. Wertebildung scheint daher im Kontext einer an ökonomischen Kriterien ausgerichteten Bildungspolitik für den Vorschulbereich nur eine marginale
Rolle zu spielen. Ein Grundstein für die Entwicklung des Wertebewusstseins wird
aber schon dann gelegt, wenn explizit oder, wie es zumeist geschieht, implizit mit
Kindern Werte beachtet, vorgelebt und weitergegeben werden. Dabei spiegelt sich
der Wertepluralismus der Gesellschaft deutlich in Kindertageseinrichtungen wider,
wenn vielfältige Wertvorstellungen von Kindern, Eltern und Fachkräften aufeinan-
dertreffen. Vor allem im Team einer Kindertageseinrichtung zeigen sich diese Wert-
differenzen sehr deutlich und führen häufig zu kontroversen Diskussionen. Dabei
tauchen Fragen auf, inwieweit sich beispielsweise Kindertageseinrichtungen in
kommunaler Trägerschaft gegenüber religiösen Wertvorstellungen neutral zu verhalten haben (z.B. Beten beim Essen im Elternhaus, aber nicht in der Kindertageseinrichtung). Im Gegensatz dazu stehen Erzieherinnen und Erzieher konfessionell
gebundener Einrichtungen vor der Frage, wie der christliche Glaube in einem ange-
messenen Rahmen vermittelt werden kann – und dies vor allem vor dem Hintergrund einer interkulturellen und interreligiösen Vielfalt.[4] Margit Franz hebt in ihren
Forschungsergebnissen zur Werteerziehung im Kindergarten und im Hort deutlich
hervor, dass vor allem Leiterinnen und Leiter elementarpädagogischer Institutionen
immer weiterreichenden Erwartungen von Eltern und Primarschule, aber auch vom
Träger der jeweiligen Einrichtung ausgesetzt sind. Im Vordergrund stehen dabei vor
allem Erwartungen kognitiver Art wie effektive Schulvorbereitung, leistungsorien-
tierte Programme zum Erwerb früher Kompetenzen (z.B. Fremdsprachen), Projekte
mit naturwissenschaftlicher, technischer und mathematischer Ausrichtung. Im Zentrum steht der Wunsch nach schulischem und beruflichem Erfolg für das Kind. Es
zeigt sich eine schwerpunktmäßige Ausrichtung auf die kognitiven Bildungsbereiche, so dass es zu einer tendenziellen Vernachlässigung der emotionalen ethischen
und religiösen Persönlichkeitsbildung kommt.[5]

Im Folgenden möchte ich eine Brücke von der Wertebildung zur ethischen und
religiösen Bildung schlagen, um die Frage zu verfolgen, worum es bei der ethischen und religiösen Bildung geht und in wieweit beide mit einander zusammenhängen.

3. Ethische und religiöse Bildung

Wolfgang Lienemann definiert den Begriff der Ethik wie folgt: „Ethik ist Darstellung und Kritik des Ethos und der Moral einer Gemeinschaft von Menschen. Ethische Reflexion und Theoriebildung beziehen sich auf alle Grundla-

---

4 Vgl. *M. Franz*, Hauptsache Wertebildung. Mit Kindern Werte erleben und entwickeln, München 2010, 9.
5 Vgl. ebd., 9.

genfragen der Lebensführung, auf bestimmte gesellschaftliche Bereiche sittlicher Verantwortlichkeiten sowie auf individuelle und soziale Bildungsprozesse."[6]

Ethik und Moral werden gemeinsam genannt, doch müssen beide Begriffe differenziert voneinander betrachtet werden. Moral meint in den meisten Fällen gesellschaftliche Konventionen bezogen auf menschliche Einstellungen und Verhaltensweisen. Der Begriff Ethik stellt im Gegensatz zur Moral auf der Metaebene die Voraussetzungen sowie Kriterien von Normen und Verhaltensweisen dar. Demnach wird beim ethischen Lernen keine bestimmte Moral eingeübt, vielmehr geht es um eine friedvolle Auseinandersetzung mit konkreten Entscheidungen in komplexen Situationen.[7] Naurath macht in ihren Forschungsergebnissen zur ethischen Bildung deutlich, dass Bildung und Erziehung in der Religionspädagogik grundlegend zu differenzieren sind. „Betrachtet man die Struktur pädagogischer Vermittlung, so kann man immer von einer Begegnung zwischen Subjekt und Objekt, von innen nach außen sprechen. Entscheidend ist die Feststellung einer dominanten Struktur: Sind die von einer Gesellschaft, Kultur, Theologie u.a. vorgegebenen Inhalte als ‚objektive' Kriterien bestimmend, so ist das pädagogische Geschehen eher unter dem Begriff der Erziehung zu fassen. Steht jedoch das Subjekt im Mittelpunkt des pädagogischen Geschehens unter dem Anspruch der aktiven und selbst bestimmten Aneignung der Welt, haben wir es mit Bildung zu tun [...]."[8] Ethische Bildung muss nach Naurath als Chance zur Selbstbildung des Subjekts verstanden werden. Diese Selbstbildung basiert auf dem evangelischen Verständnis einer theologischen Anthropologie aufgrund der biblischen Offenbarung des Heilshandelns Gottes am Menschen.[9] Hier wird ganz bewusst die Verbindungslinie zwischen Ethik und Religion als Ansatzpunkt der Ethik hergestellt.

Auch Kinder fragen nach einem „bestimmten Ethos". Schon in der frühen Kindheit macht das Kind religiöse Erfahrungen, indem es nach einem höheren Wesen fragt – nach Gott. Ist Gott ein Mann oder eine Frau? Wann wurde Gott geboren? Kann Gott uns wirklich hören, wenn wir beten?

An dieser Stelle muss deutlich hervorgehoben werden, dass Religiosität und Glaube eine Differenzierung erfordern. Glaube als Beziehungsgeschehen zwischen Gott und Mensch meint: Gottes Nähe „geht uns unbedingt an, weil es der Grund unseres Seins ist".[10] Was uns unbedingt angeht, muss aber seinen konkreten Ort und seine Bedeutung in unseren spezifischen Lebenskontexten und Lebenssituationen wie auch in unseren lebensgeschichtlichen Phasen haben. Insofern ist also auch die Begegnung mit Gott ein Prozess[11], der als Beziehungsgeschehen an lebensgeschichtliche Entwicklungsphasen des Menschen geknüpft ist. Religiöse

---

6 *W. Lienemann*, Grundinformation Theologische Ethik, Göttingen 2008, 14.
7 Vgl. *E. Naurath*, Mit Gefühl gegen Gewalt. Mitgefühl als Schlüssel ethischer Bildung in der Religionspädagogik, Neukirchen-Vluyn ²2008, 164.
8 Ebd., 165.
9 Vgl. ebd., 166.
10 *P. Tillich*, Systematische Theologie. Bd. I, Stuttgart ³1956, 134.
11 *R. Mokrosch*, Läßt sich Glaubensentwicklung als Antwort auf Gottes Offenbarung verstehen? In: Schulfach Religion Sonderheft (1999), 305-315, 313.

Entwicklung und „Wachstum des Glaubens"[12] sind so zwar voneinander zu unterscheiden, aber nicht zu trennen.[13]

Vor allem Erzieherinnen und Erzieher, aber auch Eltern suchen nach einer Orientierung für religiöse, aber auch ethische Frage der Kinder im Alltag.[14]

Zu bedenken ist, dass die Weitergabe von religiösem Wissen und religiöser Praxis in der Familie beginnt, beispielsweise durch die Weitergabe religiöser Rituale (z.B. das Beten bei Tisch, das Vorlesen biblischer Geschichten).

Selbst wenn ein Kind als Säugling oder Kleinkind getauft wird, kann nicht davon ausgegangen werden, dass eine weitere religiöse Sozialisation selbstverständlich ist. Die gegenwärtige Krise der religiösen Bildung scheint gravierend mit ihrer veränderten Stellung in der Gesellschaft zusammenzuhängen. In den Blick rückt dabei vor allem der Rückgang konfessions- bzw. kirchengebundener Religiosität, verbunden mit einer Pluralisierung bzw. Transformierung religiöser Einstellungen. In dieser veränderten religiösen Landschaft wird beispielsweise die Taufe als Geburtsritus und als Segenshandlung gekoppelt mit der Aufnahme in die soziale Welt der Familie sowie dem Ritual der Namensgebung wahrgenommen.[15] Um bei dem Beispiel der Taufe zu bleiben, scheint es, dass die Säuglings- oder Kindertaufe in einem hohen Maß anthropologischen Bedürfnissen nach Ritualen entspricht, da bezüglich der Leiblichkeit des Menschen ein sakramentaler Ritus am Beginn des Lebens wichtig erscheint. Es darf nicht vergessen werden, dass die Vermittlung des Glaubens und die Eingliederung in die christliche Kirche über Personen geschieht, die sich in der unmittelbaren Umgebung des Kindes befinden.

Christliche Gemeinden sowie konfessionelle und kommunale Kindertageseinrichtungen sind Lernorte, die Aspekte einer interkulturellen und interreligiösen Vielfalt aufweisen und in denen sich Kinder schon früh mit Religion auseinandersetzen können. Frühe positive Zugänge und Erfahrungen sind bei Kindern bestimmend für das ganze Leben. In Anbetracht der Entwicklungspsychologie sammeln Kinder in den ersten 36 Lebensmonaten elementare Erfahrungen – auch religiöse. Dabei liegt der eigentliche Vollzug noch vor dem tatsächlichen Verstehen. Fulbert Steffensky spricht davon, dass Religion von außen nach innen gelernt wird.[16] Innerhalb der ersten Lebensjahre besteht die religiöse Erziehung nicht primär in der kognitiven Prägung, sondern darin, den Kindern ein weites Spektrum an Erfahrungen anzubieten, die auf den ersten Blick nicht nach religiösen Erfahrungen aussehen.[17] Es geht vielmehr um Erfahrungen wie Geborgenheit, Gemeinschaft,

---

12   Vgl. *K.E. Nipkow*, Wachstums des Glaubens – Stufen des Glaubens. Zu James W. Fowlers Konzept der Strukturstufen des Glaubens aus reformatorischem Hintergrund. In: *H.M. Müller/D. Rössler* (Hg.), Reformation und Praktische Theologie, Göttingen 1983, 161-189.

13   *E. Naurath*, Kindliche religiöse Entwicklung. In: *K. Bederna u.a.* (Hg.), Wohnt Gott in der Kita? Religionssensible Erziehung in Kindertageseinrichtungen, Berlin u.a. 2009, 41.

14   Vgl. *D. Hess-Maier*, Brauchen Kinder Religion? In: *A. Biesinger u.a.* (Hg.), Brauchen Kinder Religion? Neue Erkenntnisse – Praktische Perspektiven, Weinheim u.a. 2005, 7.

15   Vgl. *R. Messner*, Einführung in die Liturgiewissenschaft, Paderborn u.a. 2001, 145f.

16   Vgl. *F. Steffensky*, Der alltägliche Charme des Glaubens, Würzburg ³2003, 70.

17   Vgl. *M. Domsgen*, Familie und Religion. Grundlagen einer religionspädagogischen Theorie der Familie, Leipzig ²2006, 278ff.

Annahme, Vergebung, Nähe und Barmherzigkeit. Diese Tugenden machen Kinder für den Glauben ansprechbar.

In einer Zeit, in der es aufgrund gesellschaftlicher Veränderungen immer schwieriger geworden ist, die Einsicht zu vermitteln, dass Religion nicht nur eine Privatsache ist, sondern dieser eine soziale Dimension innewohnt, die darauf ausgerichtet ist, sich in konkreter Form im Leben zu manifestieren, sollte Religion daher auch im Elementarbereich einen festen Platz finden. Kinder stellen Fragen von sich aus und sind ständig auf der Suche nach Antworten. Sie sind an den sogenannten großen Fragen des Lebens interessiert.

Friedrich Schweitzer geht davon aus, dass Kinder automatisch religiösen Fragen und Religion begegnen, ganz gleich ob sie es wollen oder nicht. Er benennt fünf große Fragen:[18]
1. Wer bin ich und wer darf ich sein? Die Frage nach mir selbst.
2. Warum musst du sterben? Fragen nach dem Sinn des Ganzen.
3. Wo finde ich Schutz und Geborgenheit? Die Frage nach Gott.
4. Warum soll ich gerecht handeln? Die Frage nach dem Grund ethischen Handelns.
5. Die Frage nach der Religion der anderen.

Natürlich könnten diese Fragen auch religiös distanziert beantwortet werden, jedoch wäre dies insofern problematisch, als dann alle religiösen Deutungsversuche auf der Strecke blieben. Kinder dürfen nicht aus Vorsicht, Unsicherheit oder auch Gleichgültigkeit von den Eltern, Erzieherinnen und Erziehern religiös und spirituell allein gelassen werden. Schweitzer spricht diesbezüglich von einem „Kaspar-Hauser-Syndrom", das es zu vermeiden gelte, so dass Kinder eine angemessene Sprache für ihre Grunderfahrungen bilden können und religiös nicht sprachlos werden.

Religion muss im pädagogischen Alltag vergegenwärtigt werden, um Fragen und Orientierungsbedürfnisse der Kinder, Eltern, Erzieherinnen und Erzieher miteinander ins Gespräch zu bringen. Die Kindertageseinrichtung ist der erste Ort, an dem Kindern eine kulturelle und interreligiöse Vielfalt begegnet. Vor allem sollte die Kindertageseinrichtung die Aufgabe der interkulturellen und interreligiösen Bildung ernst nehmen und nicht vernachlässigen. Sie sollte sich als Begegnungsort der verschiedenen Religionen verstehen. Hervorzuheben ist an dieser Stelle, dass Religion nicht zwangsläufig mit der Institution Kirche gleichgesetzt werden kann. Schweitzer weist ebenfalls auf diese Gefahr einer solchen Gleichsetzung hin und stellt deutlich die Aussage in den Fokus, dass Religion etwas anderes bedeuten kann als Kirchlichkeit. Während sich Kirchlichkeit auf das institutionelle Handeln bezieht, geht es bei Religiosität vielmehr um Sinn- und Wertfragen, die in den Köpfen der Kinder und Erwachsenen manifest sind oder werden.[19] Fragen wie: Wo

---

18 Vgl. *F. Schweitzer*, Das Recht des Kindes auf Religion. Ermutigungen für Eltern und Erzieher, Gütersloh ²2005, 27-36.
19 Vgl. *F. Schweitzer*, Kindertagesstätten als Ort gelebter Religion? Das Recht des Kindes auf religiöse Begleitung und Orientierung in der Pluralität. In: Bibel und Liturgie 82 (2009), 130.

wohnt eigentlich Gott? Müssen alle Menschen sterben? – Sinn- und Wertfragen, die im pädagogischen Alltag immer wieder unverhofft auftauchen, müssen nach Ansicht Schweitzers bei der Ausgestaltung von Kindertageseinrichtungen berücksichtigt werden, so dass Religion als Gestaltungsaufgabe, aber auch als Gestaltungschance verstanden werden sollte. Die religiöse Begleitung muss sich an den Bedürfnissen der Kinder orientieren und zur stetigen Weiterentwicklung anregen.[20] „Religiöse Begleitung ist ebenso ein Recht jedes einzelnen Kindes – unabhängig von seiner Religionszugehörigkeit! – wie ein gesellschaftliches Erfordernis im Blick auf die Grundlagen von Frieden und Toleranz!"[21]

3.1 Ethische und religiöse Bildung in den Bildungsplänen der Länder

Innerhalb der Gesellschaft existiert nicht mehr nur die eine Religion, sondern ein vielfältiges Angebot religiöser und konfessioneller Richtungen. In den einzelnen Bildungs- bzw. Orientierungsplänen für den Elementarbereich wurde die Thematik der ethischen und religiösen Bildung in einigen Bundesländern explizit als Bildungsinhalt schriftlich fixiert. Dabei werden innerhalb der Bildungspläne ethische und religiöse Bildungsinhalte mit einander verknüpft. Hessen spricht von „Religiosität und Werteerziehung"[22], Schleswig-Holstein von „Ethik, Religion und Philosophie oder: Fragen nach dem Sinn stellen"[23], Bayern von „Werteorientierung und Religiosität"[24], Baden-Württemberg von „Sinn, Werte und Religion"[25], das Saarland von „Sozialer und kultureller Umwelt, Werteerziehung und religiöse Bildung"[26], Thüringen von „Soziokultureller, moralischer und religiösen Bildung"[27], Sachsen von „Religiösen Grunderfahrungen und Werteentwicklung"[28], Rheinland-Pfalz von „Religiöser Bildung"[29], und in Niedersachsen spricht man von „ethischen und religiösen Fragen, Grunderfahrungen menschlicher Existenz"[30]. In den übrigen Bundesländern findet keine explizite Verortung einer religiösen Erziehung

---

20 Vgl. ebd., 131.
21 Ebd., 134f.
22 Vgl. Bildung von Anfang an. Bildungs- und Erziehungsplan für Kinder von 0-10 Jahren in Hessen, Wiesbaden 2007, 79.
23 Vgl. Erfolgreich starten. Leitlinien zum Bildungsauftrag in Kindertageseinrichtungen, Kiel 2009, 41.
24 Vgl. Der Bayerische Bildungs- und Erziehungsplan für Kinder in Tageseinrichtungen bis zur Einschulung, München 2006, 173.
25 Vgl. Orientierungsplan für Bildung und Erziehung in baden-württembergischen Kindergärten und weiteren Kindertageseinrichtungen, Stuttgart 2006, 137.
26 Vgl. Handreichung für die Praxis zum Bildungsprogramm für saarländische Kindergärten, Saarbrücken 2004, 63.
27 Vgl. Thüringer Bildungsplan für Kinder bis 10 Jahre, Erfurt 2008, 136.
28 Vgl. Der Sächsische Bildungsplan – ein Leitfaden für pädagogische Fachkräfte in Krippen-, Kindergärten und Horten sowie für Kindertagespflege, Weimar u.a. 2006, 31.
29 Vgl. Bildungs- und Erziehungsempfehlungen für Kindertageseinrichtungen in Rheinland-Pfalz, Weinheim u.a. 2004, 27.
30 Vgl. Orientierungsplan für Bildung und Erziehung im Elementarbereich niedersächsischer Tageseinrichtungen für Kinder, Hannover 2005, 30.

statt. Religion wird in diesen Bundesländern zum Teil mit anderen Begriffen assoziiert. Nordrhein-Westfalen beispielsweise fixiert „Religion und Ethik" schriftlich im Entwurf zur Bildungsförderung für Kinder von 0-10 Jahren in Kindertageseinrichtungen und Schulen im Primarbereich.[31] Innerhalb der Bildungsvereinbarungen des Landes wird dieser Aspekt nicht explizit hervorgehoben. Des Weiteren existiert eine Schrift zum Bildungs- und Erziehungsauftrag katholischer Kindertageseinrichtungen.[32] Es zeigt sich deutlich, dass religiöse Bildung im Gegensatz zur sprachlichen oder naturwissenschaftlichen Bildung eher im Hintergrund steht. Schweitzer plädiert für Religion als Bildungsaufgabe und formuliert treffend: „Bildung in Kindertageseinrichtungen braucht Religion, weil religiöse Bildung eng mit allen anderen Bildungsaufgaben zusammenhängt und weil die pädagogische Ausgestaltung von Einrichtungen die Berücksichtigung von Religion erfordert."[33]

Innerhalb der Praxis zeigt sich eine deutliche Ausrichtung auf kognitive Bildungsbereiche, so dass es zu einer tendenziellen Vernachlässigung der emotional-sozial-ethischen und der religiösen Bildung kommt. Emotionale Intelligenz sollte stärker in den Blick genommen werden.

3.2 Religiöse Bildung im pädagogischen Alltag

Die Arbeit in Kindertageseinrichtungen orientiert sich zunehmend an einem vorschulischen Bildungs- und Leistungsaufbau. Der immer größer werdende gesellschaftliche Druck, vor allem ausgelöst durch PISA[34] und IGLU[35], hinterlässt deutliche Spuren in der pädagogischen Arbeit. Die Gesellschaft befindet sich auf dem Weg zu einer postmodernen, medial bestimmten Wissensgesellschaft, in der emotionale Intelligenz und ethisch-religiöses Handlungswissen nicht im Fokus stehen.[36]

Kinder machen innerhalb des pädagogischen Alltags immer wieder auf ihr Recht auf Religion aufmerksam. „Dabei geht es nicht darum, Kindern etwas von außen aufzudrängen, das ihnen selbst fremd ist. Stattdessen geht es um elementare Orientierungsbedürfnisse, auf die Kinder in ihrem eigenen Leben stoßen – im Blick auf ihre eigene Identitätsbildung, hinsichtlich ihrer ethischen Ausrichtung, aber auch auf die Frage nach Gott und Transzendenz."[37] Sie sind von dem fasziniert, was man nicht sehen kann, und machen so deutlich, „dass die Welt für sie

---

31 Vgl. Mehr Chancen zur Bildung von Anfang an – Entwurf – Grundsätze zur Bildungsförderung für Kinder von 0-10 Jahren in Kindertageseinrichtungen und Schulen im Primarbereich in Nordrhein-Westfalen, Bottrop 2010, 72.
32 Vgl. Welt entdecken, Glaube leben. Zum Bildungs- und Erziehungsauftrag katholischer Kindertageseinrichtungen, Bonn 2009.
33 *F. Schweitzer*, Wozu brauchen Kinder Religion? Zur Grundlegung der religiösen Bildung in Kindertageseinrichtungen. In: *M. Hugoth u.a.* (Hg.), Religion im Kindergarten. Begleitung und Unterstützung für Erzieherinnen, München 2008, 18.
34 Programme for International Student Assessment.
35 Internationale Grundschul-Lese-Untersuchung.
36 Vgl. *M. Franz*, Hauptsache Wertebildung. Mit Kindern Werte erleben und entwickeln, München 2010, 9f.
37 *F. Schweitzer*, Kindertagesstätten als Ort gelebter Religion?, 130.

weiter reicht als unsere alltägliche Realität."[38] Kinder stellen Fragen spontan mitten im Alltag. Für Erzieherinnen und Erzieher kommen diese Fragen häufig sehr unverhofft.

Ich möchte im Folgenden ein Gespräch aus einer nicht-konfessionellen Einrichtung beschreiben. Drei Kinder, zwei Mädchen und ein Junge im Alter von 5 Jahren, saßen mit mir gemeinsam am Mittagstisch und unterhielten sich darüber, wer der älteste am Tisch ist. Ihnen wurde schnell klar, dass ich es war. Doch fügte das eine Mädchen hinzu: „So alt wie Gott ist Caroline aber nicht." Der Junge erwiderte: „Caroline ist ja auch noch nicht tot. Gott ist tot und im Himmel." Das zweite Mädchen legte die Gabel mit dem abgeschnittenen Stück der Käseschnitte, die es zum Mittagessen gab, auf den Teller und sagte: „Wenn wir sterben, kommen wir in den Himmel zu Gott und dem Christkind und dem Weihnachtsmann (schaut auf ihren Teller, nimmt die Gabel in die Hand). Und da esse ich dann auch ganz viele Käseschnitten." Der Junge fügte schnell hinzu: „Im Himmel kannst du nichts essen. Da gibt es nichts." Das Mädchen unterbrach den Jungen mit vollem Mund und sagte: „Wohl, alle Menschen müssen was essen und trinken, auch im Himmel. Ich kann ja was mitbringen. Dann freut sich Gott bestimmt."

Das Gesprächsbeispiel stellt ein spontanes Gespräch dar, das nicht durch eine gezielte Thematik angebahnt wurde. Bei den drei Kindern findet im Elternhaus keine explizite religiöse Erziehung statt. Trotz der religiösen Unerfahrenheit setzten sich die Kinder mit dem Thema ‚Gott' auseinander und versuchten, ihre Vorstellungen zu verbalisieren. Die Kinder konnten den abstrakten Begriff ‚Gott' in Worte fassen, zugleich schafften sie eine Verbindung zu bereits bekannten Charakteren wie dem Weihnachtsmann und dem Christkind. Des Weiteren zeigt sich, dass der Himmel als räumlicher Ort (sky) nicht vom Himmel als religiöse Vorstellung (heaven) unterschieden werden kann. Die Kinder haben versucht, für die Spannung zwischen Möglichkeit und Wirklichkeit eine Lösung zu finden.[39]

Gerade durch Gespräche mit Kindern werden Einblicke in die kindliche Vorstellungswelt offenkundig. Gemeinsam mit ihnen in den Dialog zu treten heißt, von ihnen zu lernen. Kinder setzen sich mit ihren eigenen Fragen auseinander, lernen diese zu verbalisieren, zu reflektieren und zu verstärken. Sie sind ständig auf der Suche, für sich die Welt zu erklären, genau nach Hintergründen und Zusammenhängen zu schauen.

Hierbei fällt auf, dass Kinder anders denken als Erwachsene, deshalb ist es von großer Wichtigkeit, welche Haltung Erzieherinnen und Erzieher gegenüber Kindern einnehmen, um gemeinsam zu kommunizieren und nicht die Ohren vor Fragen zu verschließen.

Keineswegs sollte außer Acht gelassen werden, dass Kindern ein Diskurs zugetraut werden kann, der ihnen ermöglicht, Antworten zu erproben und zu modifizieren. Innerhalb theologischer Gespräche geht es keineswegs um die Vermittlung eines bestimmten Glaubensgutes. Das Augenmerk liegt eher darauf, hermeneutische

---

38 *F. Schweitzer*, Wozu brauchen Kinder Religion?, 19.
39 Vgl. *E. Naurath*, Kindliche religiöse Entwicklung, 39.

Kompetenzen ins Zentrum zu stellen und dabei die Fähigkeit aufzubauen, theologisch sprechen zu können. Nur so kann den Kindern die Möglichkeit gegeben werden, ihr Gottesbild weiterzuentwickeln, sich mit existentiellen Fragen zu beschäftigen, und nur so ist es möglich, eine religiöse Werteorientierung zu vermitteln.

Fragen der religiösen Entwicklung stehen an der Schnittstelle zwischen Entwicklungs- und Religionspsychologie. Gerade neuere psychologische Studien greifen die Frage nach der Entwicklung des kindlichen Wirklichkeitsverständnisses in den ersten Lebensjahren auf, so dass die frühkindliche Religiosität nicht außer Acht gelassen werden darf.

3.3 Frühkindliche Religiosität

Kinder leben im Alltag stets mit der Herausforderung, zwischen Fantasie und Realität zu unterscheiden. Existiert wirklich das Monster in der Toilettenschüssel? Gibt es das Christkind in Wirklichkeit? Kommt die Zahnfee zu mir, wenn ich schlafe? Vor allem in neueren psychologischen Untersuchungen wird belegt, dass bereits Vorschulkinder eine ‚theory of mind‘ entwickeln, um verschiedenen Deutungsebenen hinsichtlich des Wirklichkeitsgehalts voneinander zu unterscheiden. Naurath schreibt: „Wenn man in anderen Personen Gefühle, Absichten oder Meinungen vermuten kann, hat man die Fähigkeit einer ‚theory of mind‘ entwickelt. Interessant ist folgender Versuch: Vor dem Kind liegt eine Keksdose. Als der Deckel der Keksdose geöffnet wird, erkennt das Kind, dass darin nicht die vermeintlichen Kekse, sondern etwas anderes liegt. Hat das Kind eine ‚theory of mind‘ entwickelt, kann es antworten, dass auch die Mutter denkt, in der Dose seien Kekse. Das heißt: Obwohl es offensichtlich falsch ist, kann sich das Kind vorstellen, dass auch die Mutter die Meinung haben wird, es seien Kekse in der Keksdose. Allerdings konnten Kinder im Blick auf die Frage nach Gott bereits mit vier Jahren antworten, dass Gott dies nicht falsch vermuten würde, da er ja alles wisse."[40]

Einen weiteren wichtigen Aspekt bezüglich der Religiosität stellt die emotionale Dimension dar. Ohne deren Einbezug kann Religiosität nicht verstanden werden. Die Erforschung der frühkindlichen religiösen Entwicklung muss weiterführend die Erkenntnisse der Gefühlsentwicklung untersuchen. „Denn die fundamental bedeutsame Lebensphase der Säuglings-, Kleinkind- und Vorschulzeit ist vor aller denkerischen und sprachlichen Genese insbesondere durch emotionale Gehalte bestimmt. Die für kleine Kinder typischen Gefühle von Verbundensein mit der Natur (Pflanzen, Tiere, Steine etc.), mit den frühen Bezugspersonen, aber auch mit himmlischen Wesen und Mächten (Christkind, Schutzengelglaube etc.) sind Ausdruck einer frühkindlichen Religiosität, der man sich vielleicht eher mit dem Begriff der Spiritualität nähern kann. Die Beziehungsdimension tritt hier als entscheidender Faktor in den Vordergrund und relativiert die rationale Dimension als Entwicklungsbau-

---

40 Ebd., 49.

stein für Religiosität."[41] In den letzten Jahren zeigt sich eine deutliche Zunahme der Spiritualitätsforschung, die sich gewinnbringend und zukunftsweisend präsentiert, indem sie das Kind als religiöses Subjekt in den Vordergrund stellt.

Zusammenfassend ergibt sich, dass ethische, religiöse und emotionale Bildung eng zusammenhängen und sich gegenseitig bedingen. Die Wahrnehmung der eigenen Gefühle, positive wie negative, und die Kompetenz, diese in angemessener Form zu verbalisieren und zu reflektieren, setzt gewisse Bildungsprozesse in Gang, die von ethischer Bedeutsamkeit sind. Religiöse Gefühle sind nicht davon zu trennen.[42] „Die integrative Wahrnehmung und Reflexion macht Glaubens- zur Lebenserfahrung und Lebens- zur Glaubenserfahrung. Dies eben führt ethisches Denken und Urteilen mit ethischem Fühlen und Handeln zusammen."[43]

Die Darstellung klingt noch sehr pauschal, doch möchte ich im Folgenden auf eine Schlüsselstellung in der Empathieentwicklung eingehen und dabei das Augenmerk auf den Parameter des Mitgefühls richten.

4.   Mitgefühl als Teil der Empathie

P. bekam an einem Vormittag in der Kindertageseinrichtung plötzlich Bauchschmerzen. Ihre Freundin T. bekam dieses mit, nahm P. an die Hand und ging mit ihr in die Puppenwohnung, rückte eine Matratze zurecht, legte ein Kissen darauf und sorgte dafür, dass P. sich hinlegen konnte. Anschließend lief sie zur Garderobe und holte ihre Puppe, um sie P. zu geben. Sie setzte sich neben ihre Freundin, nahm ihre Hand und begann leise eine Geschichte zu erzählen.

Mitgefühl ist ein Thema für den pädagogischen Alltag im Elementarbereich. Doch was ist Mitgefühl genau? Wie entwickelt es sich und welche pädagogischen Impulse braucht die Entwicklung?

Mitgefühl ist ein Teil der Empathie. „Unter Empathie wird [...] die *übergeordnete* Kategorie des Sich-Einfühlens in einen anderen verstanden; ein Prozeß, aus dem sich so unterschiedliche Gefühle wie Mitgefühl, aber auch Schadenfreude oder der sogenannte ‚personal distress' entwickeln können."[44] Demnach findet eine Trennung zwischen Empathie auf der einen Seite und verschiedenen Gefühlen wie Mitgefühl (sympathy), eigenem Unbehagen (personal distress) oder Schadenfreude auf der anderen Seite statt. „Mitgefühl oder mitfühlende Empathie (sympathy) beschreibt [...] einen engeren Begriff von Empathie: gemeint sind in erster Linie affektive Reaktionen, die im Beobachten einer misslichen Situation zugunsten des/

---

41 Ebd., 49.
42 Vgl. *E. Naurath*, Mit Gefühl gegen Gewalt, XVI.
43 Ebd.
44 *J. Kienbaum*, Entwicklungsbedingungen prosozialer Responsivität in der Kindheit. Eine Analyse der Rolle von kindlichem Temperament und der Sozialisation innerhalb und außerhalb der Familie. In: *F. Wilkening u.a.* (Hg.), Psychologia Universalis 31, Lengerich 2003, 9.

der Notleidenden hervorgerufen werden."[45] Im Gegensatz zum Mitleid – womit der Terminus des Mitgefühls häufig gleichgesetzt wird – begünstigt das Mitgefühl kein hierarchisch bestimmtes Beziehungsgefälle, sondern wahrt deutlich eine Subjektivität der Partner. Bezüglich theologischer und moralischer Diskurse dominiert vor allem der Begriff des Mitleids. Doch wird dieser theologische Gefühlsbegriff an sich abgewertet, da Gefühl und Handlung voneinander getrennt betrachtet werden. Eine dualistische Sichtweise wird offenkundig, die Tun und Sein, Handlung und Identität voneinander trennt.[46] Des Weiteren darf der Terminus Mitgefühl auch nicht als Mitleiden verstanden werden, vielmehr geht es um ein Mitfühlen, das an eigene Schmerzen erinnern kann oder aber in der gefühlten Identifizierung das Schmerzerleben vorstellbar macht. Zu beachten ist, dass das Mitgefühl immer nur komplementär verstehbar ist: Identität und Differenz auf der einen Seite, Nähe und Distanz auf der anderen Seite.[47] „Mitgefühl meint also: Ich habe nicht deine Schmerzen, ich bin nicht du, ich bleibe also ‚bei mir selbst' und doch so, dass ich mich auf emotionaler Ebene mit dir identifiziere."[48] Es muss von einem Mitfühlen ausgegangen werden und nicht von einem Mitleiden.

Im Hinblick auf einen theologischen Diskurs kommt der Begriff der Barmherzigkeit dem Mitgefühl am nächsten, so dass im Folgenden der Fokus auf die theologische Perspektive des Mitgefühls gerichtet wird.

4.1 Barmherzigkeit und Mitgefühl

Biblisch-theologisch betrachtet wird Gott den Menschen in beiden Testamenten als mitfühlender und leidenschaftlicher Gott offenbart. Dabei kommt der biblische Begriff der Barmherzigkeit dem Begriff Mitgefühl am nächsten. Nach Lk 6,36 hat die Barmherzigkeit für Jesus die höchste theologische und ethische Priorität. So heißt es: „Werdet barmherzig, wie auch euer Vater barmherzig ist." In der Bibel in gerechter Sprache wird der Begriff der Barmherzigkeit mit Mitgefühl übersetzt, so z.B. in Röm 12,1: „Ich ermutige euch, Geschwister: Verlasst euch auf Gottes Mitgefühl und bringt eure Körper als lebendige und heilige Gabe dar, an der Gott Freude hat. Das ist euer vernunftgemäßer Gottesdienst." „Wie ein roter Faden setzt sich in der Bibel das Thema Barmherzigkeit Gottes als Gabe und für den Menschen als Aufgabe fort, indem die Evangelien Jesu Hinwendung zu gesellschaftlich marginalisierten Menschen in den Vordergrund stellen. Sowohl inkarnationstheologisch (Gott wie Mensch) als auch kreuzestheologisch (Gott stirbt am Kreuz) ist eine christliche Gottesbezeichnung nicht apathisch vorstellbar. Das aber heißt: Gottes leidenschaftliche Liebe zum Menschen wählt den ‚menschlichen',

---

45 *E. Naurath,* Mit Gefühl gegen Gewalt, 122.

46 Vgl. *E. Naurath,* Die emotionale Entwicklung von Beziehungsfähigkeit fördern. Religionspädagogische Ziele in der Begegnung und im Zusammenleben mit Kindern. In: Bibel und Liturgie 82 (2009), 109.

47 Vgl. ebd., 108f.

48 Ebd., 108.

den leiblichen, emotionalen und mitfühlenden Weg zum Menschen."[49] Bezogen auf das christliche Verständnis liegt demnach der Anfang jeder Ethik in dem von Gott begründeten Beziehungsgeschehen. Vor allem im ersten Gebot des Dekalogs findet die Gottesbezeichnung explizit ihren Ausdruck: „Ich bin der Herr, dein Gott, der ich dich aus der Ägyptenland, aus der Knechtschaft, geführt habe. Du sollst keine anderen Götter haben neben mir" (Ex 20, 2f.). Es kann demnach von einem Beziehungsgeschehen zwischen Gott und Mensch ausgegangen werden. „Liebe und Fürsorge übersteigt grundsätzlich die Dimension von Gegenseitigkeit. Gerechtigkeit vor Gott bleibt eingebettet in das zugrunde liegende ‚pro nobis' (Gott ist aus Liebe auf unserer Seite!)."[50]

Zusammenfassend lässt sich sagen, dass bezogen auf das christliche Verständnis der Anfang jeder Ethik in dem von Gott begründeten Beziehungsgeschehen liegt. Die Religionspsychologie betont, dass das Gottvertrauen sich an der frühen emotionalen Bindung der ersten Bezugsperson konstituiert, so dass im Weiteren das Augenmerk auf die kindliche Entwicklung von Mitgefühl gelegt wird.

4.2 Die kindliche Entwicklung von Mitgefühl

Die Eltern sind in der Regel die erste Interaktions- und Beziehungsinstanz des Kindes und legen demnach den Grundstein für eine Beziehungsfähigkeit. Ein Kind kann zwar noch keine Beziehungsmuster und -strukturen rational wahrnehmen, doch kann es bereits fühlen, ob ihm mitfühlendes Handeln zuteil wird oder nicht. Emotionale Eigenschaften bestimmen demnach die Entwicklung von Beziehungsfähigkeit. Innerhalb des Beziehungsgeschehens entsteht ein affektives Band zwischen Bezogenheit und Autonomie (Bindung und Freiheit).[51] Ganz nach dem Motto „halt mich fest und lass mich los". Bereits im frühkindlichen Alter führen Kinder prosoziale Handlungen aus, obwohl ihnen die Fähigkeit der Perspektivenübernahme noch nicht zuteil geworden ist. Erst im Alter von 8-9 Jahren sind Kinder in der Lage, sich gedanklich in einen anderen Menschen hineinzuversetzen. Kinder können für mitfühlendes Handeln sensibilisiert werden, auch wenn nach Angaben Jutta Kienbaums Eltern, wie auch Erzieherinnen und Erzieher Kinder zu wenig darin bestärken, mitfühlendes Verhalten zu zeigen, obwohl Naurath betont, dass Kindern Mitgefühl bereits in die Wiege gelegt wird. „Das Kleinkind weint, wenn es ein anders Kind schreien hört, der Zweijährige bringt der älteren Schwester ein Kuscheltier, als sie heulend auf dem Bett liegt. Doch für diese mitfühlenden Gesten haben Erwachsene meist den Blick verloren."[52]

Ein wichtiges und zentrales Merkmal mitfühlenden Handelns ist immer die Freiwilligkeit einer Person, wobei das Handlungsmuster stark intrinsisch motiviert

---

49 E. *Naurath*, Mit Gefühl gegen Gewalt, 47f.
50 Ebd., 80.
51 Vgl. ebd., 47f.
52 E. *Naurath*, Die emotionale Entwicklung von Beziehungsfähigkeit fördern, 109.

ist. Kinder lernen in der Regel im Elternhaus oder in der Kindertageseinrichtung tröstendes und helfendes Verhalten kennen. Doch delegieren sie in den meisten Fällen die mitfühlende Tätigkeit an Bezugspersonen. Dieses Phänomen ist ebenfalls bei Unfallsituationen zu beobachten. Umher stehende Personen warten häufig auf das Eintreffen der Einsatzkräfte wie Notarzt oder Polizei. Nur eine explizite Förderung und Sensibilisierung mitfühlenden Handelns kann die Verantwortungsbereitschaft und Prosozialität langfristig stärken.[53] In den Vordergrund rückt die Aufgabe, ein emotionspsychologisches Wissen bezüglich des Mitgefühls und der Beziehungsfähigkeit, verbunden mit einer theologischen Fundierung, zu vermitteln, um praktische Umsetzungen konkret diskutieren zu können. Erzieherinnen und Erzieher können für lobende und bestärkende Reaktionen sowie für mitfühlende Interaktionen sensibilisiert werden. Ein erster Schritt in diese Richtung ist durch das Forschungsprojekt im Rahmen des Niedersächsischen Instituts für frühkindliche Bildung und Entwicklung (NIFBE) mit dem Arbeitsthema „Mitgefühl als Weg zur Werte-Bildung. Elementarpädagogische Forschung zur Beziehungsfähigkeit als emotional-soziale Kompetenzentwicklung im Kontext religiöser Bildungsprozesse" gelegt. Dieses möchte ich im Weiteren kurz beschreiben.

5.   „Mitgefühl als Weg zur Werte-Bildung" – ein Forschungsprojekt

Das Forschungsprojekt baut auf der Habilitationsschrift „Mit Gefühl gegen Gewalt. Mitgefühl als Schlüssel ethischer Bildung" von Elisabeth Naurath auf. Ziel des Forschungsprojektes ist die Erarbeitung eines Konzepts zur Grundlagenforschung zur kindlichen Entwicklung von Mitgefühl auf der Basis einer Vernetzung ethischer, religiöser und emotionaler Bildungsprozesse. Als exemplarische Arbeitsgrundlage fungiert dabei die grundlegende elementarpädagogische Forschung, die zum Einen den pädagogischen sowie religionspädagogischen Diskurs beleben und zum Anderen das praxisrelevante Instrumentarium erweitern soll, um somit eine Professionalisierung von Erzieherinnen und Erziehern unterstützen zu können. Dabei ist der akzentuierte Zusammenhang zwischen Theorie und Praxis in den Gesamtkontext integriert. Basierend auf theologisch, pädagogisch und psychologisch fundierter Theorie werden impulsgesteuerte Spiel- und Verhaltensbeobachtungen (Beobachtungsprotokolle verbaler und nonverbaler Kommunikationsmuster) von Kindern in Kindertageseinrichtungen erarbeitet. Die Kompetenzen von Erzieherinnen und Erziehern werden hinsichtlich mitfühlender Interaktionen protokolliert, gesichert und reflektiert. Aufbauend auf diesen zuvor gesicherten, wissenschaftlich reflektierten Erkenntnissen werden Module zur zielgerichteten Kompetenzerweiterung von Erzieherinnen und Erziehern in einer praxisnahen Konkretion entwickelt. Intendiert ist vor allem eine effektive Erweiterung der Aus- und Weiterbildung bezüglich der mitfühlenden Kompetenz im Umgang mit Eltern und Kindern sowie die zielgerichtete religionspädagogische Interaktion bzw. Intervention

---

53 Vgl. ebd., 108f.

zur Genese mitfühlenden Verhaltens als Voraussetzung emotionaler und prosozialer Entwicklungsförderung.

Die Forschungslage für den frühkindlichen Bereich bezogen auf die Aus- und Weiterbildung ist insgesamt defizitär. Hinsichtlich der Aus- und Weiterbildung von Erzieherinnen und Erziehern zeigt sich viel Entwicklungspotential, das angesichts der gegenwärtigen Diskussionen zur Ermöglichung vorschulischer Werte-Bildung ein deutliches Forschungsdesiderat aufzeigt. Der Ansatz einer Förderung der Genese von Mitgefühl bietet eine evidente Chance für ein subjekt- und zugleich bildungsorientiertes Konzept, das anknüpfend an die Kompetenzen der Vorschulkinder gezielte Fördermöglichkeiten implementieren kann. Im Rahmen einer Fortbildung für Erzieherinnen und Erzieher zur Förderung mitfühlender Kompetenzen in der Akademie Loccum wurden Anfang des letzten Jahres ca. 200 standardisierte Fragebögen bearbeitet. Die Fragebögen unterstützen die mehrdimensionale methodische Vorgehensweise des Projekts. Zunächst sollte in Anknüpfung an die Erfahrungen und das Vorwissen der Erzieherinnen und Erzieher eine systematische Auseinandersetzung mit der wissenschaftlichen Fundierung des Themas initiiert werden, um die Praxistauglichkeit theoretischer Konzepte zu eruieren bzw. von hier aus Kompetenzmodelle in Modulen für die Aus- und Weiterbildung zu konzipieren. Die Vorgehensweise ist nach dem Gegenstromprinzip entwickelt worden, so dass es zu einem aktiven Austausch zwischen Praxis und Forschung kommt. Der Wissenstransfer muss demnach in beide Richtungen erfolgen. Das vorhandene Wissen muss verbalisiert, koordiniert und zum gemeinsamen Nutzen weiterentwickelt werden. Dieser Prozess schließt sowohl die praktischen als auch die theoretischen Erfahrungen mit ein. Dabei soll Mitgefühl als Schlüssel zur Kompetenzentwicklung von Beziehungsfähigkeit verstanden werden.

6. Schluss/Ausblick

Festzuhalten bleibt, dass Religiosität „auf einer gefühlten, reflektierten und gelebten Struktur von Beziehungsfähigkeit (zu Gott, zum Mitmenschen, zur Umwelt, zur Natur etc.) aufgebaut ist sowohl inhaltlich als auch lebensgeschichtlich [...]."[54] Die Liebe Gottes zum Menschen wählt einen leidenschaftlichen, mitfühlenden Weg, so dass nach christlichem Verständnis der Anfang aller Ethik in dem von Gott begründeten Beziehungsgeschehen manifestiert ist. „Es geht um das ‚Ich‘, das sich zu Gott, aber auch zum Anderen als Fremden und zur Welt schlechthin in Beziehung setzt und vor die Frage der Gestaltung dieser Beziehungsebene stellt. Dieses ‚Sich-in Beziehung-setzen‘ umfasst den Menschen in seiner leibseelischen Einheit, das heißt eben auch in seiner Emotionalität."[55] Demnach geht es um eine „Gottesbeziehung als Ich-Du-Beziehung".[56]

---

54 Ebd., 111.
55 Ebd., 110.
56 Vgl. ebd., 111.

Wie sich in der Religionspsychologie gezeigt hat, knüpft das Gottvertrauen an das Urvertrauen an. Kindern kann die Kompetenz auf der Basis mitfühlender Interaktionen zugetraut werden. Schlussfolgernd kann festgehalten werden, dass für die Entwicklung der religiösen Bildung eine stabile Primärbeziehung von Wichtigkeit ist. Damit einher gehen die Erfahrungen bedingungslosen Angenommen- und Geliebt-seins. Diese Erfahrungen bilden den Nährboden für die Entwicklung einer stabilen Persönlichkeit in jegliche Richtung. Innerhalb der Gesellschaft ist ein zunehmender Zuwachs eines außerfamiliären Einflusses durch Erzieherinnen zu beobachten, so dass Erzieherinnen und Erzieher einen großen Einfluss auf die Entwicklung der Kinder haben. Aus diesem Grund muss den Fachkräften eine bessere Aus- und Weiterbildung ermöglicht werden.[57]

Erzieherinnen und Erzieher sollten in ihrem pädagogischen Alltag Kindern immer wieder mit Wärme und Zuwendung entgegenkommen, ihnen Mitgefühl und Hilfsbreitschaft zeigen, die Kinder in ihrem Tun nicht einschränken, sondern sie loben und ermutigen in ihren bereits vorhandenen emotionalen wie prosozialen Kompetenzen. Pädagogische Fachkräfte können dahingehend sensibilisiert werden, dass sie Kinder aktiv begleiten, gemeinsam mit ihnen Regeln des Tröstens und Helfens aus der Situation heraus entwickeln und sich Zeit zum Handeln und Entscheiden lassen, um mit dem einzelnen Kind nach Lösungswegen zu suchen.[58] Für das Wahrnehmen und Verbalisieren eigener Gefühle bieten die biblischen Geschichten eine Möglichkeit und gehen mit einer religiösen und ethischen Bildung einher. Biblische Geschichten sind dazu geeignet, Emotionen aufzugreifen und zu reflektieren. Dabei geht es etwa um eine kindgerechte Vermittlung des Gleichnisses vom verlorenen Sohn oder um das Nachspielen der Legende von Sankt Martin. Durch die mitfühlende Erarbeitung können diese Erzählungen zu subjektiven Mitgefühl-Geschichten werden.

Aus meiner Sicht ist die Förderung von Mitgefühl ein zukunftsweisender Ansatzpunkt, so dass es zu einer wachsenden Sensibilität für die emotionale, religiöse und ethische Dimension kommt.

---

57 Vgl. ebd., 111ff.
58 Vgl. *E. Naurath*, Werte bilden mit Gefühl. Die Förderung von Mitgefühl in der Elementarpädagogik. In: *A.A. Bucher u.a.* (Hg.), „In der Mitte ist ein Kreuz". Kindertheologische Zugänge im Elementarbereich. Jahrbuch für Kindertheologie Bd. 9, Stuttgart 2010, 52f.

Arniika Kuusisto

Worldviews in a Multi-Faith Day Care Context: Remarks Based on Empirical Research in Finland*

1. Background

In the late 1990s, when I first started working on educational research, and again in the early 2000s, as a teacher in an international primary school in Helsinki, what particularly drew my attention was the intergenerational transmission of values. In particular, I wanted to examine the process of growing up in a family and community with a defined value system on the one hand, but in relation to a pluralistic Western society on the other. These questions became the focus of my PhD dissertation which was on the socialization experiences of Seventh-day Adventist young people in Finland, examining their construction of religious social identity and personal worldview. The findings of the study illustrate that the children and young people sometimes face difficult negotiations, when the values of the home background and those of majority social context collide (Kuusisto 2011).

More recently, my research focus has been more targeted on the pre-school age group. Besides now also having my own children – which has taught me immensely on the very pointed thinking of really young children – I have also been carrying out a research project on multicultural kindergartens. This research and development project 'Multicultural Children and Adults in Day Care' (MUCCA, www.mucca.fi) was established in co-operation between the City of Helsinki Social Services Department (Development Manager Eija Bergman) and the University of Helsinki, Research Centre for Early Childhood and Elementary Education (Professor Mikko Ojala). The MUCCA project aimed to bring together and further develop functioning practices for the day-to-day running of multicultural kindergartens (for ages 0-6), thereby supporting the development of new communities of practice that would better serve the needs of the children, families and staff members (Kuusisto 2009; 2010).

The present paper is based on the findings of both of these studies, acknowledging the perspective of minority families and the negotiations on values and identities that the children sometimes inevitably face between the different social contexts, such as the values of the parent(s) and those of the school or peer group. An underlying recognition, also illustrated by my minority socialization study (Kuusisto 2011), is that due to the immense diversity both within the minorities and within the so-called 'majority', as well as the personal characteristics and agency of that particular child or adult, every individual presents a unique 'home

---

* Die zitierte Literatur zu diesem Beitrag, zumeist in finnischer Sprache, findet sich S. 123ff.

culture' in the kindergarten context. After all, besides the personal characteristics and agency of the individual, the influences affecting the growing up process of a child are in many ways funnelled by the particular society, community, and family; thus, in a way, forming a child-specific socialization context (see Figure 1) (Kuusisto 2011). Thereby, perceiving 'multiculturalism' as something that 'starts' from the entrance of the first immigrant background child in the kindergarten misses an important point in understanding 'diversity'. Additionally, the discussion on diversity and multiculturalism very often disregards the diversity of religions and other worldviews and traditions that form a core part of a culture. Furthermore, it is often not fully recognized that every individual holds a worldview – as a personal, value-laden way of perceiving the world (Riitaoja/Poulter/Kuusisto 2010) – be that religious or non-religious.

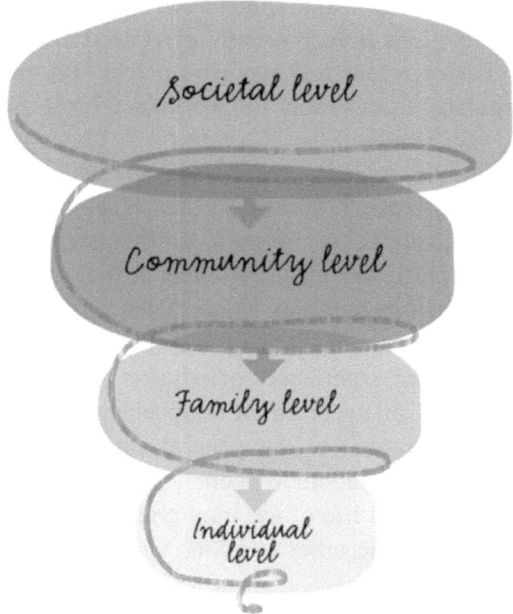

Figure 1:   Socialization-in-Context (Kuusisto 2011)

2.   Encountering Pluralism in Multicultural Society

This paper investigates the position of religions and worldviews in the increasingly multicultural and pluralistic educational context of Finnish kindergartens. Both the informal visibility of religions and other worldviews and the implemented religious education were examined, through a multi-method (*mixed methods*; Teddlie/ Tashakkori/Johnson 2008) action research project carried out in four multicultural kindergartens in Helsinki. The overall data included curriculum guiding documents, focus group discussions and surveys with the staff, participatory observation in the kindergartens, and parental interviews. The present analysis approaches these data in the examination on the position of worldviews and worldview education in a multi-faith day care context. More precisely, it was examined how the operational environment (e.g. educational practices) in multicultural Finnish day care centers responds to plurality, and, as a part of that, to the diversity of religions and other worldviews.

The discussion on multiculturalism is very timely in different countries. In Germany, Chancellor Angela Merkel has stated that the attempts to build a multicultural society have 'utterly failed' (BBC News, 17th Oct 2010), a statement that was analyzed to 'stir the anti-immigration debate' (Guardian, 17th Oct 2010). And in Finland, in the April 2011 elections, the gains made by the Nationalist True Finns Party have caused discussion (BBC News, 18th April 2011). At least in Finland, not only is the society relatively secularized and fragmented in terms of values and traditions, but the position of religions is increasingly privatized also in terms of the everyday life in schools, kindergartens and working places. Personal religious experiences are thus not regularly discussed at the workplace break time coffee tables.

Furthermore, although many Western societies are increasingly pluralistic, also partly due to immigration and multiculturalism, the way in which religion and religious traditions are presented in the media is very limited. It often seems that only the extremes get media attention, in particular those reported in the yellow press. The paedophiliac cases within religious communities; the celebrities who turn their lives upside down by starting a religious way of life; or the cults that limit the everyday life of their members. The personal experiences of religion providing meaningfulness and sense of direction to life, or the sense of togetherness that religious community can give, are mainly disregarded in the general societal discussion. Thereby, it seems that for many of the postmodern Western 'natives', it is impossible to really understand the religious way of life of the immigrants, or of those fellow 'natives' for whom Christianity or some other religious worldview constructs personal meaning in life.

As a result, the diversity of worldviews is often disregarded in the societal discussion on multiculturalism and multicultural education. This is detectable both in terms of the ignorance in not recognizing worldview traditions as a vital part of cultures in a pluralistic educational context as well as in categorizing and stereotyping individuals, groups and traditions. About the latter, Sotkasiira/Harinen/ Ronkainen (2011, 6) write pointedly that whereas a racist generalizes in issues regarding citizenship, ethnicity or religion, a non-racist does not generalize and strives for regarding every person as an individual, rather than as a stereotypical representative of a particular group. Moreover, Honkasalo (2011) asserts that while 'anti-racism' is often publicly stated by individuals or organizations, people seldom ponder what this actually means in practice. Does it mean that an individual commits to a particular way of behaving? And if not, what is the use of being 'an anti-racist', if one closes one's eyes and ears when witnessing racism in practice, in the street or in the workplace? Honkasalo states that, in particular, there is a critical lack of tools for implementing an actively anti-racist educational approach in practice (Honkasalo 2011).

Young children already come to the kindergarten with a multifaceted worldview. They are already very sensitive to detecting the educators' values in their tone of voice. Already non-responsiveness can work as an answer, passing on the message that this topic is not to be discussed here (Holm 2005). Therefore, 'value-free education' as an ideal is simply not feasible. Adults should be very cautious of what they say and how they say it when children are present. Furthermore, the children growing up in these multicultural pockets of the city are used to the multiplicity in their environment – that some of their friends are Muslims or Jehova's Witnesses. However, they may not be aware of their own religious (or other) memberships. The diversity emphasizes the child's need for an own identity as well as the knowledge of other worldviews present in their everyday environment (Kallioniemi 2005; 2008; Komulainen 2008). On the other hand, young children already construct distinctions according to appearance, sometimes leading to social exclusion and bullying (Rastas 2007). It is essential that all violence and exclusion is brought to an end immediately – the staff need to be very sensitive to such issues and the tools for preventing exclusion need to be mutually agreed on.

3. Finnish Society as Research Context

As a context for examining religious education and plurality, the societal education in Finland offers an interesting example, as its value basis can be characterized as a mix of Lutheran-based secularized Christian values that are also strongly tied with national values (Riitaoja/Poulter/Kuusisto forthcoming). Finland, in particular the capital Helsinki area, has become increasingly multicultural due to increased migration during the past few decades. In addition to immigration, the society is increasingly pluralistic due to secularization as well as the privatization of religion and interest in new religious movements among the native Finnish population (Komulainen/Vähäkangas 2009). Although Finland is an increasingly pluralistic society, the diversity has only recently been recognized, and Lutheranism remains closely intertwined with the constructions of nationality in its pre-schools (Lappalainen 2006; 2009). Furthermore, although cultural diversity is being acknowledged, the diversity of worldviews – also among the 'native' Finns – is still very often disregarded (e.g., Kuusisto 2011). The diversity of home backgrounds among both the children and staff members in the educational context sets new challenges in terms of the presence of religions and worldviews in the kindergarten. In particular, there is a lot of uncertainty on how – if at all – religious education should be organized.

In order not to marginalize the children who differ from the Lutheran-based secularized Christian majority (Riitaoja/Poulter/Kuusisto 2010) and to promote social inclusion and cohesion in day care as well as to provide children with sufficient knowledge of the worldviews that they encounter in their everyday environment, finding new perspectives and directions for developing the teaching of religions and other worldviews in the pluralistic context is essential. Thus, new empirical research in this field is needed urgently. In the following, I will briefly introduce the main concepts as used in this article, together with their theoretical underpinnings, followed by the operationalization of these in the empirical research. Finally, I will present the completion of the empirical data gathering process and the findings applicable to the present analysis.

4. Terminology and Operationalization of Key Concepts

The educational setting under focus in this study is the context of Finnish *kindergarten* or *day care center* (here used as synonyms), providing Early Years Education and Care (ECEC) for the children of ages 0-6. Pre-school for 6-year-olds is commonly integrated with the kindergarten rather than with the school; this is also the case of the four day care centers studied. Besides postponing the transition between kindergarten and school by one more year, this also provides the educational staff with additional flexibility in organizing the structure of child groups; by this means, the pre-school groups often hold a wider grouping of ages 5-6.

Values are seen as people's views of what is good and preferable; as general aims for actions that are stable from situation to situation, however altered in significance, and by which people evaluate both their own actions and the world around them (Ahokas et al. 2005, 7; Rokeach 1973; Schwartz 2005, 217). *Religion* is here understood as a way or a special mode of believing, as a part of which the individual's *beliefs* are the 'supreme objects of individual and collective convictions' finding their expression in the 'body of practices, behaviour and institutions' (Hervieu-Léger 2000, 3).

Thereby, *diversity* here refers to the multitude of individual characteristics and backgrounds, in particular the multitude of religions and other worldviews, which are present in the day care context. Furthermore, *pluralistic* here refers to the diversity of values, whereas *'multi-faith'* refers more generally to the presence of various traditions, religious and non-religious, in the educational context. It is also acknowledged that besides the diversity stemming from different faith backgrounds, the values and beliefs vary significantly also both within the 'majority' and the 'minorities' in society, which is also visible in the kindergarten.

When it came to the operationalization of the above key terms, these were approached in the data gathering, for example, through the following questions. In the focus group discussion with day care staff (four discussions arranged, one for every kindergarten), the research problem was approached, among others, by asking: "How are the different faith backgrounds of staff members, children and their families taken into consideration in the day-to-day running of the kindergarten?" In the individual survey questionnaire, e.g., by asking "What makes a kindergarten multicultural (e.g., how are the different cultural and religious backgrounds apparent in the everyday life in the kindergarten)?" The survey that was completed by educational 'teams' of three staff members, responsible together for each group of children, the questionnaire stated: (a) "How is religious or worldview education implemented in your multicultural child group?", (b) "How do you think the religions and other worldviews influential in children's home backgrounds should be dealt with in the educational activities of the child group?", (c) "How could a child's religious and cultural identity be supported in a multicultural kindergarten?" and (d) "How are the parental wishes regarding cultures or religions taken into account in the child group?"

5. Research and Development Process

The project was completed as a multi-method action research in four multicultural, municipal Helsinki day care centers functioning as case study settings. These kindergartens are located in multicultural 'pockets' of the city (Koskela 2002; Riitaoja 2010). These city parts have hosted culturally diverse residency for a couple of decades, and thus the day care staff hold a relatively long experience of working in a diverse educational setting. The staff of the kindergartens in question volunteered to join the project. After discussing the issue with their staff, the directors contacted the researcher in person, following an advertisement circulated to the Helsinki municipal kindergartens with a culturally diverse intake.

The action research and development process (see Figure 2) was based on the findings of previous projects and the research literature on multicultural day care, which were guiding the development of the focus group interview outline. Focus group discussions were then arranged in each kindergarten for the whole staff (resources were available for hiring supply teachers for the day). These discussions had several aims. Firstly, they aimed to make detectable some of the underlying questions regarding attitudes and practices related to diversity. Also the staff members had particularly hoped for a forum in which to discuss and reflect on the handling of multiculturalism in their working environment – arranging this in the hectic day of the kindergarten is not always simple. Secondly, the setting made possible the questioning and discussing some of the presently utilized practices together, and for the staff to outline target areas for developing these together. Finally, the discussions aimed at gathering good practices, their further development and dissemination for use in other day care centers striving with similar issues.

Alongside focus group data, survey data were gathered from the kindergarten staff. The first questionnaires were completed individually in order to be able to also obtain the more sensitive data, such as personal views and fears that were

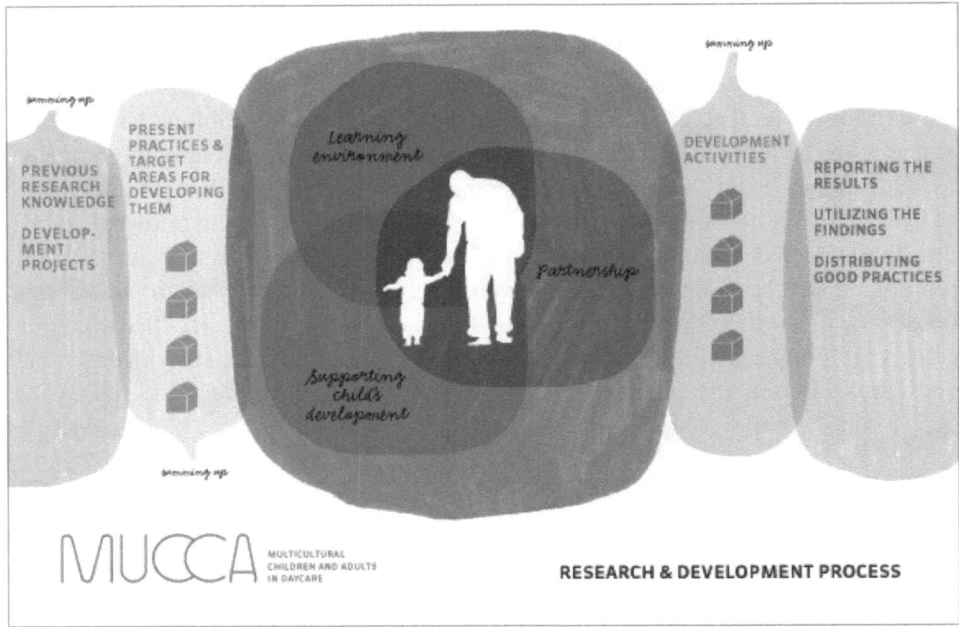

Figure 2:   Multicultural Children and Adults in Day Care Research and Development Process

perhaps not voiced in group and would thus otherwise be left out. Later on, when the development process was well established in the kindergartens, another set of survey data was also gathered so that the questionnaires were completed in teams of three, each responsible for one group of children. Data was also gathered from the children (n=80;[1] observation, informal discussions, story crafting) and their parents (n=10, individual in-depth interviews).

The MUCCA development process was targeted so that it would be as deeply-rooted in the everyday practices as possible. All too often, the influence of such relatively short-term developmental projects is left visible merely in the documents produced. In order to avoid this and to actually improve the practices related to diversity, a lot of effort was put into encouraging the development of the planning, implementing and reflecting on the everyday work of kindergarten teachers. Thereby, with the support and active participation of the kindergarten heads, also the educational planning of the day-to-day educational activities was more intensively focused on encountering diversity in the developmental target areas (see below).

The focus group discussions were arranged for each day care center separately. The discussions took place in the meeting room or hall during children's nap time, occupying some 1.5–2.5 hours each (the four discussions resulting in data of some 8 hours recording altogether). Supply staff was available for the day in order to

---

1   Approximate figure: the number of children present varied each day, and some observed activities took place in small groups supporting language skills or social skills, etc.

enable the personnel to participate in the discussions; however, not all the famil-iar staff can be absent from the groups at the same time, in particular from the younger age groups, which meant that some of the educators came later or left earlier in order to be there for the children when they go to sleep and wake up. Thereby also the number of participants (n=45) only is approximate. The discus-sions were recorded and later transcribed by a professional transliterator. When it came to the surveys, these included the following: (1) a start-up survey for indi-vidual staff members of the four day care centers, answered by 35 people; (2) a wider-scope survey administered for the participants of a staff development sem-inar on multicultural kindergartens, gaining responses from 40 people; and (3) a wrapping-up survey for the ECEC teams of three, each responsible for a group of children (n=45 individuals).

As a part of the process, three staff development and training seminars were organized – custom-made for the needs pointed out by the educational staff – bringing together some of the leading professionals in the field in Finland. Sur-vey data on multicultural day care was also gathered from the seminar participants. Also fieldwork data on the everyday life of the children and adults in the multicul-tural day care centers was gathered by the researcher. Altogether, the data includes the national, municipal and kindergarten-specific documents guiding the education in these kindergartens; focus group interviews with the staff (n=45); questionnaires (two surveys for individuals: n=35, n=40, and one for teams of three, compris-ing n=45 individuals); parental interviews (n=10); as well as participant observa-tion during four weeks of more intense fieldwork in the pre-school groups, includ-ing story crafting and discussions with children (n=80). The data gathering process is presented in Table 1.

The data were analysed with the Atlas.TI programme, and the results were later reported, in a research report format (Kuusisto 2010), as well as in a practical level booklet targeted for the use of educators working in kindergartens (Kuusisto 2009). The colourfully illustrated (by children's book illustrator Kristiina Louhi) hand-book-style booklet focuses in particular on distributing the good practices regard-ing multicultural kindergartens. The diversity of worldviews is recognized through-out the booklet as part of the inclusive intercultural educational approach. The following analysis focuses mainly on the findings gained from staff focus group discussions, surveys and fieldwork observation data.

Table 1:   Research participants and sets of data

	Staff focus group interviews	Interviews with parents	Observation of preschool groups	Interviews, discussions, storycrafting	Surveys with educational practitioners	Survey with educational teams of three	Textual data
Time of data gathering	Nov-Dec 2008	Dec 2009 - Feb 2010	March-April 2009 (1 week / kinder-garten)	March-April 2009	Dec 2008, May 2009	Aug-Sept 2009	2008-2010
Research partici-pants	Personnel of four day care centers (n=45)	10 parents (between ages 28–55; eight women and two men)	Some 80 children and ECEC personnel	80 children (5-6-year-olds)	(1) The staff members of the four day care centers (n=35) (2) Educa-tional practitioners participating in staff development seminar on multicultural kindergarten (n=40)	ECEC teams (n=45 indivi-duals), each responsible for a group of children	(1) National curriculum guiding documents; (2) Municipal curriculum guiding documents; (3) Kinder-garten-specific documents; (4) ECEC teams' plans targeting diversity
Form(s) of data	Tran-scribed focus group dis-cussions (1.5-2.5h each, 8h alto-gether)	Tran-scribed interviews (20–60 min each)	Field notes; photo-graphs	Field notes, recorded discussions	Question-naires	Question-naires	Documents

6.   Response to Diversity in Multicultural Day Care Centers

In the examined kindergartens, at the time of the data gathering 42.5% of the children came from other than native Finnish home backgrounds. The data illustrate that, in general, diversity is appreciated by the parents and staff members particularly from the perspective of providing the children opportunities to familiarize themselves with diversity of languages and cultures, and for getting on with peers from a variety of home backgrounds. This was seen to offer the children valuable tools for operating in a globalized society. In the staff focus group data, diversity is also addressed as richness for both, children and staff, in the everyday life of the kindergarten. This was visible and very well organized in activities and events: an art project with water colour painting for the whole family, a multi-language theatre piece, dancing and drumming workshops, potluck dinners; often arranged for the whole families, with the help of the children's parents – bringing together the whole kindergarten community in a very positive way.

Educational structures for supporting the Special Educational Needs and Finnish as a Second Language learning are also well established. Even home languages are supported in some kindergarten units, where some of the staff members are competent in arranging activities for children in one of their own home languages. Home languages are also recognized in the whole group activities, for example, by learning so say "Guten Appetit" together in all the home languages of the children during the year. This way, the home languages are positively established in the kindergarten, and the children's additional language skills are recognized also in the peer group as a positive skill. Although a small educational input from the staff, this can be very important for the child's linguistic identity, self-esteem and the motivation to maintain the language skills.

However, when it comes to the individual worldviews that are similarly present in the group, the situation appears to be in many ways more complex and challenging. As worldviews are often regarded as 'one's own business' in Finnish culture, providing positive recognition to these in the societal educational context does not happen naturally – and is generally not even sought after. It seems that, instead of what is outlined in the National Curriculum Guidelines as: "Insights are gained into the customs of various religions and beliefs close to the child" (Vasu in English – National Curriculum Guidelines on ECEC in Finland 2003, 26), in practice the increase of pluralism in the educational context rather seems to have worked towards the contrary direction. This is also acknowledged in the municipal Curriculum Guidelines of Helsinki, stating: "In multicultural Helsinki, where there are many religions, worldviews, habits and customs, the main emphasis is on ethical education" (Helsingin Vasu 2007, 8 /translation AK). Thus, the response to diversity in the educational context among many practitioners seems to be well in line with the municipal level documents guiding the ECEC. As a result of the variety of religions and worldviews present in the group through the children's home backgrounds and the parental wishes deriving from these, the staff has become exceedingly sensitive to any hints of religion 'in order not to offend anyone'.

As a result, the elements related to religions both in the educational contents and in the physical surroundings are more or less omitted. The elements that are regarded as 'unsuitable' for someone in the group to see, hear, eat, or do, were omitted from the educational activities and the pictures present in the educational environment. This comes close to what Kalliala (2001; 2005) has called 'the culture of cutting off' (see also Kuusisto/Lamminmäki-Vartia 2010a, 2010b). At the same time, such 'scentless and tasteless' approach meant that the educational contents were thinning for all the children in the group. Thus, also the Lutheran 'mainstream' children had less and less opportunities for learning about their (besides others') religion. This was particularly so in regard to the traditional festivities relating to Christmas and Easter where the opportunities to use religious-based symbols, songs and games were restricted due to the plurality. These issues also caused a lot of uncertainty. For example, when a child started singing a religious Christmas Carol in the hallway – should he have been silenced because there were peers present from families that do not celebrate Christmas? 'Then what, when there are others present; how to deal with that? Is it appropriate or not?'(staff member, focus group discussion)

Consequently, the more diversity of worldviews present in the group, the more limitations these are perceived to imply for the visibility of religious symbols and religion-related activities. Among the staff, both those responsible for education and care of the children and those caring for the meals and maintenance, the increasingly multicultural, multi-faith home backgrounds of both the children and the staff members are regarded to cause additional work for the everyday running of the kindergarten. In a particular way, although diversity in general is perceived positively, the diversity of *worldviews* is regarded to bring about a multitude of challenges. The variety of diets to attend to, activities 'suitable' for each child needs to be remembered. Religions, thus, are often viewed through the demands and limitations these are perceived to cause for the staff. Furthermore, while some knowledge of and familiarity with the 'exotic' 'other' religions is perceived as interesting and functional, and thus presentation of the Koran or a visit to the Mosque with the children could be considered as part of the group activities, introducing the Church or the Bible to the whole group (i.e., also non-Lutherans) would in many people's opinion be out of the question due to the 'multiculturalism' of the group.

Thus, it seems that there is a general lack of religious identity or even some sort of 'surface touch' to the potential meaningfulness that religion can provide in an individual's life. In such a setting, implementing religious / worldview education for the group is regarded as very challenging. Thereby, 'religious education' may in practice merely stand for the bi-annual church visit on Christmas and Easter, attended by those who belong to the Evangelical Lutheran Church and by others with parental consent. Others had alternative, often 'non-religious', programmes at the kindergarten. One of the reasons why religious education is essentially not implemented in some kindergartens or groups at all or only infrequently, could be that religious education may often still be seen through the old (1980) guidelines, as more or less confessional familiarizing with Lutheranism as one's 'own' religion (Kuusisto/Lamminmäki-Vartia 2010a; 2010b).

Besides educational contents, the multi-faith context sometimes causes social exclusion and marginalization based on worldview, both between members of different faith groups and within the same group. This is sometimes also true in regard to educational activities in terms of exclusion of minority children from group activities by merely placing them in another room 'to draw something' when the group activities are not 'suitable' for them. This also leads to inequality in the gaining of well-planned worldview education (Kuusisto/Lamminmäki-Vartia 2010a; 2010b).

7. Conclusion and Discussion

The target of the paper was to investigate in what way religions and other worldviews are present in multicultural day care centers. More precisely, it was asked how multicultural Finnish day care centers respond to plurality in terms of the visibility of religions and other worldviews, and how religious education is implemented in such contexts.

Based on the focus group discussion data, three target areas for further developing the operational environment of multicultural day care were identified (see Figure 3): (1) Learning environment (e.g., constructing a more inclusive physical environment with pictures, books, puzzles and so on from different cultures and of children other than merely the blond, blue-eyed Finnish stereotype), (2) educational partnership between kindergarten and home (e.g., special considerations for building trust with the parents with whom the staff members have no mutual language), and (3) supporting the child's development (e.g., ways in which to support the diverse identities of every child in a big group). The value basis of each educator as an individual, as well as the mutually shared value basis in the operational culture, was perceived to lie behind these three main concerns, as these affect every educational act and encounter taking place in the day care context (Kuusisto 2009; 2010).

The findings illustrate that religious diversity is often seen in terms of the limitations that religions are perceived to bring to the everyday running of the kindergarten and to the customary ways of organizing educational activities. In order to provide education 'suitable' to everyone, religion-based elements are more or less omitted from the multi-faith kindergartens. It is argued in this paper that what should be aimed for is to develop multi-faith worldview education better suited for the pluralistic kindergarten context, in order to better support the competences and identities of the children.

Although diversity is, in general, referred to as a positive phenomenon in the data, the diversity of *worldviews* is perceived to cause additional work for the personnel. In particular, religions are often seen in a negative light because of the additional workload or as limitations that children's ideological family backgrounds bring to the customary practices and educational activities. The diversity, in this light, was seen to result into cutting off the elements that were not regarded suitable for everyone in the group (see also Kuusisto/Lamminmäki-Vartia 2010a; 2010b). Thereby, although for example language support is clearly very well organized in these multicultural kindergartens, the response to the plurality of religions and worldviews has meant that the educational contents have narrowed and become thinner for all the children. There is some concern about the lack of instruction on children's 'own' tradition in the kindergartens, but most of all there is an increasing uncertainty concerning the means and contents of religious education in a multicultural, multi-faith context.

Arniika Kuusisto

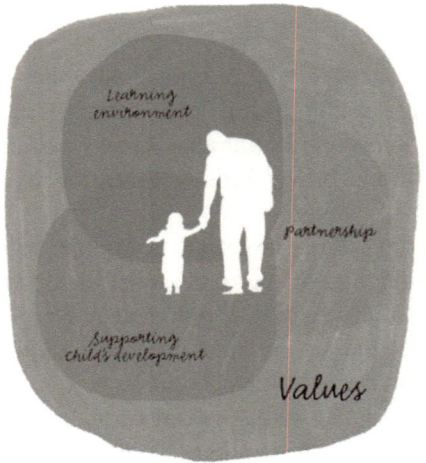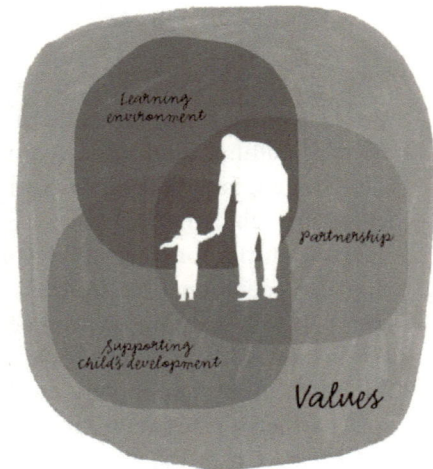

Figure 3:   The Effect of Value Basis on Educational Practice

The study illustrates that diverse backgrounds of the children and staff members do not automatically make the community of practice 'intercultural' in terms of its values and practices. Rather, the educational approach could still be rather mono-cultural, merely cutting off from it the elements that, for some reason, are not regarded as suitable. If the diversity is not actively taken into consideration, the 'other' cultures, languages and worldviews are left in the margins, thereby also creating experiences of exclusion for those children and adults that are outside of the 'norm'. As a consequence, the educational contents and methods may become increasingly thin. At the same time, the children's opportunities for strengthening their identities and building tools for intercultural and interfaith dialogue are restricted, and their experiences of other cultures and worldviews become limited as well – just when the diversity in the educational environment, better utilized, would naturally support these as well as the children's need for knowledge on worldviews, both that of their own and those present in their everyday environment.

The findings illustrate the need for better equipping the children for the pluralistic context. Consequently, there is a need for a new approach that would recognize children's needs for support in their worldview and identity construction, as well as providing them with more knowledge and tools for encountering other worldviews. Furthermore, for developing a more inclusive operational environment for the kindergartens, the values of educators and other staff members play an essential role. After all, the sensitivity for encountering cultures, worldviews and languages and thereby the ability to support the children's identities based on these does not develop automatically. An educational approach that is responsive to and positively appreciative of the diverse worldviews, and that is actively anti-discriminatory, demands sensitivity for detecting and accepting the differences between cultures and worldviews without ranking them.

References

Ahokas, M., Lähteenoja, S., Myllyniemi, R., Myyry, L., & Pirttilä-Backman, A-M. (2005). Johdanto: Arvojen, moraalin ja muutosten yhteiskunta. [Introduction: Values, morals and the society of changes]. In: Pirttilä-Backman, A-M., Ahokas, M., Myyry, L. & Lähteenoja, S. *Arvot, moraali ja yhteiskunta: sosiaalipsykologisia näkökulmia yhteiskunnan muutokseen.* Helsinki: Gaudeamus, 7–12.

Convention on the Rights of the Child (1989). United Nations High Commissioner for Human Rights. http://www2.ohchr.org/english/law/crc.htm (Site visited 25.2.2011)

Hervieu-Léger, D. (2000). *Religion as a chain of memory.* Cambridge: Polity Press.

Esiopetuksen opetussuunnitelman perusteet. (2000). [National guidelines for pre-school in Finland, 2000]. Helsinki: Opetushallitus.

Esiopetuksen opetussuunnitelman perusteet. (2010). [National guidelines for pre-school in Finland, 2010]., Määräykset ja ohjeet 2010:27, Helsinki: Opetushallitus.

Freedom of Religion Act (2003). National Board of Patents and Registration of Finland. No. 453 of 6 June 2003. (Site visited 25.2.2011) http://www.prh.fi/en/yhdistysrekisteri/ uskonnolliset_yhdyskunnat/lyhennysote_uskonnonvapauslaista.html

Helsingin esiopetuksen opetussuunnitelma (2005) [Helsinki municipal guidelines for preschool education] (revised edition) http://www.hel.fi/wps/wcm/connect/51bd498 04a177ca3b4c4fc3d8d1d4668/Helsingin+esiopetuksen+opetussuunnitelma+2005. pdf?MOD=AJPERES

Helsingin varhaiskasvatussuunnitelma (2007). [Helsinki municipal guidelines for Early Years Education and Care]. Oppaita ja työkirjoja 2007: 2. Helsinki: Helsingin kaupungin sosiaalivirasto.

Holm, N. G. (2005). Kehityspsykologisia näkemyksiä uskontokasvatukseen. In P. Hilska, A. Kallioniemi & J. Luodeslampi (Eds.). Uskontokasvatus monikulttuurisessa maailmassa. Helsinki: Kirjapaja, 141-176.

Honkasalo, V. (2011). Miten voin vastustaa rasismia käytännössä? [How can I combat racism in practice?] *Kommentti – Nuorisotutkimuksen verkkokanava [Comment – Youth Research Network Internet Site]*, 18.5.2011. http://www.kommentti.fi/kolumnit/miten-voin-vastustaa-rasismia-käytännössä (Site visited 18.5.2011).

Kalliala, M. (2001). Sanoista tekoihin ja tekemättömyyteen – uskontokasvatuksen arki päiväkodissa. Teoksessa Salminen, J. (toim.). *Varhaiskasvatuksen uskontokasvatus.* Studia Paedagogica 24. Helsingin yliopiston opettajankoulutuslaitos. Helsinki: Hakapaino, 163–191.

Kalliala, M. (2005). Varhaiskasvatuksen uskontokasvatuksen mahdollisuudet moniuskontoisessa yhteiskunnassa. Teoksessa Hilska, P. et al. (toim.). *Uskontokasvatus monikulttuurisessa maailmassa.* Helsinki: Kirjapaja, 141–176.

Kallioniemi, A. (2005). Varhaiskasvatuksen uskontokasvatus monikulttuuristuvassa maailmassa. Teoksessa: P. Hilska, A. Kallioniemi & J. Luodeslampi (toim.), *Uskontokasvatus monikulttuurisessa maailmassa.* Helsinki: Kirjapaja. 11–38.

Kallioniemi, A. (2008). Uskontokasvatus varhaiskasvatuksessa. Teoksessa: T. Kangasmaa et al. (toim.), *Lapsenkaltainen. Uskonnollis-katsomuksellinen orientaatio varhaiskasvatuksessa,* 9–23. Helsinki: Lasten Keskus.

Kuusisto, A. (2011). *Growing up in Affiliation with a Religious community: A Case Study of Seventh-day Adventist Youth in Finland.* Research on Religious and Spiritual Education, Vol. 3. Münster: Waxmann.

Kuusisto, A. (2010). *Kulttuurinen, kielellinen ja katsomuksellinen monimuotoisuus päiväkodissa: haasteita ja mahdollisuuksia* [Diversity of Cultures, Languages and Worldviews in the Kindergarten: Challenges and Opportunities]. Helsingin kaupungin sosiaalivirasto. Tutkimuksia 2010:3, Helsinki: Kopio Niini.

Kuusisto, A. (2009). *Homma hanskassa! Päiväkodin monimuotoisuus rikkautena*. [Handling it! Diversity as an Asset in the Kindergarten]. Helsingin kaupungin sosiaalivirasto. Oppaita ja työkirjoja 2009:3. Helsinki: Kopio Niini.

Kuusisto, A. & Lamminmäki-Vartia, S. (2010a). Moniuskontoinen päiväkoti – ongelma vai voimavara? [Multi-faith kindergarten – problem or an asset?] In K. Jääskeläinen (Ed.) *Väkivallalla et tahdo hallita. Puheenvuoroja lapsiin kohdistuvasta väkivallasta uskontonäkökulmasta*. Helsinki: Kirkkohallitus.

Kuusisto, A. & Lamminmäki-Vartia, S. (2010b). Katsomusten kohtaaminen päiväkodissa – Kohti uskontosensitiivistä kasvatusotetta. [Worldviews encountering in kindergarten: Towards religiously sensitive educational approach]. In M. Ubani , A. Kallioniemi & J. Luodeslampi (Eds.). *Kokonaisvaltainen kasvatus, lapsi ja uskonto*. Helsinki: Lasten Keskus, 132–153.

Komulainen, J. (2008). Mihin uskontokasvatusta tarvitaan? In T. Kangasmaa et al. (Eds.), *Lapsenkaltainen. Uskonnollis-katsomuksellinen orientaatio varhaiskasvatuksessa*. Helsinki: Lasten Keskus, 29–33.

Komulainen, J. & Vähäkangas, M. (2009). *Luterilaisen Suomen loppu? Kirkko ja monet uskonnot*. [The End of Lutheran Finland? Church and numerous religions]. Helsinki: Edita.

Koskela, H. (2002). Lola Odusoga – sukupolvi ja värisokeat lapset. Helsingin 'monikulttuurisuustaskut' metropolin rakennuspaikkoina [The multicultural 'pockets' of Helsinki as the metropolis construction venues]. Teoksessa V. Keskinen & M. Tuominen (toim.). *Helsinki – pohjoinen metropoli*. Helsingin kaupungin tietokeskus.

Lappalainen, S. (2009). Making differences and reflecting on diversities: embodied nationality among preschool children. *International Journal of Inclusive Education, Vol. 13, No. 1*, 63–78.

Lappalainen, S. (2006). Liberal multiculturalism and national pedagogy in a Finnish preschool context: inclusion or nation-making? *Pedagogy, Culture & Society, Vol. 14, No. 1*, 99–112.

Riitaoja, A-L. & Poulter, S. & Kuusisto, A. (2010). Worldviews and Multicultural Education in the Finnish Context – A Critical Philosophical Approach to Theory and Practices. *Finnish Journal of Ethnicity and Migration (FJEM), Vol. 5, No. 3*, 87-95.

Rokeach, M. (1973). *The nature of human values*. New York: Free Press.

Schwartz, S.H. (2005). Universalismiarvot ja moraalisen universumimme laajuus [Universal values and the extent of our moral universe]. In Pirttilä-Bakcman, A-M., Ahokas, M., Myyry, L. & Lähteenoja, S. *Arvot, moraali ja yhteiskunta: sosiaalipsykologisia näkökulmia yhteiskunnan muutokseen*. Helsinki: Gaudeamus, 216–236.

Sotkasiira, T., Harinen, P. & Ronkainen, J. (2011). Johdanto [Introduction]. In Sotkasiira, T., Harinen, P. & Ronkainen, J. (Eds.). *Meille saa tulla [Welcome to our place]*. University of Eastern Finland, Joensuu: The Academy of Finland Project *Muuttuva kansalaisyhteiskunta – monikulttuurisuus, nuoret ja kulttuurinen kansalaisuus Suomessa*.

Teddlie, C., Tashakkori, A. & Johnson, B. (2008). Emergent techniques in the gathering and analysis of mixed methods data. In S. N. Hesse-Biber & P. Leavy (Eds.). *Handbook of Emergent Methods*. New York: Guilford Press, 389–413.

The National Curriculum Guidelines on Early Childhood Education and Care in Finland. (2003). [Varhaiskasvatussuunnitelman perusteet in Engl.]. Helsinki: Stakes.

Varhaiskasvatussuunnitelman perusteet (2005) (2nd revised ed). Oppaita 56. Helsinki: Stakes.

Graphic Design of the figures presented in the article: Arja Karhumaa, Ama Design, Helsinki, Finland (www.amadesign.fi).

Julia Ipgrave

Trends in Religious Education with Young Children in England's Multi-Faith Society*

Public education in England began with the Church and religion and throughout the last 200 year religious education (RE) has retained its place in the school curriculum, its current status being a compulsory subject to be provided in all schools for all pupils[1]. Clearly there have been enormous changes in two centuries both in the religious profile of English society and in the nature of education. With a changing society and a compulsory subject the question has been asked repeatedly 'what is religious education for?' and over the years the varying answers have contributed to the multiple interpretations of the subject and diverse RE pedagogies found in English classrooms today. In 2004 national guidelines (the National Framework for Religious Education) were produced[2] but they remain non-statutory, the basic outline and content of syllabuses being determined at local level by locally-appointed agreed syllabus conferences[3]. Even then classroom teachers are afforded considerable freedom in the interpretation of these diverse syllabuses. The 2010 government inspection (OfSTED[4]) report describes the situation that results in negative terms:

> Lack of *clarity about the core purpose of RE* provides the basis for stimulating and lively debate within the subject community but inhibits the effectiveness of classroom practice[5]

This paper sets out to engage with both subject community debates and classroom practice. For the former I refer to theoretical literature and RE pedagogies, to the 2004 National Framework and some locally agreed RE syllabuses. For the latter I use some examples of practice from schools in which I have undertaken research in recent years as part of the Warwick Religions and Education Research Unit (WRERU)[6], and some findings from the 2010 OfSTED report cited above. The instances of practice shared are exemplary rather than representative, nevertheless

---

* Die englische Zitierweise der Autorin wurde belassen.
1 Although since the 1820s parents have been able to withdraw their children from religious education should they feel it compromises the integrity of their own religious position.
2 With an update in 2010.
3 In each authority there is a Standing Advisory Council on Religious Education (SACRE) with representatives from the local council, teachers, the Church of England, other churches and faiths who are responsible for monitoring RE and Collective Worship in local schools and in appointing a working party to produce and periodically revise the Agreed RE Syllabus for local community schools.
4 Office for Standards in Education.
5 OfSTED 2010, 41.
6 http://www2.warwick.ac.uk/fac/soc/wie/research/wreru/

they give an indication of several current trends in the subject and demonstrate some of the issues raised and teaching methods used.

The subject of the paper is on the teaching of children between the ages of three and seven. This focus emerges from the English education system where compulsory education begins at five years old, but where most children experience pre-compulsory education from the age of three, often in the Foundation Stage Unit of the same school they will attend on reaching the age of five. The Foundation Stage thus caters for children aged three and four and is followed by Key Stage 1 consisting of Year 1 (age five and six) and Year 2 (age six and seven). Although religious education is not legally required as part of Foundation Stage education, it is usually provided as part of the children's continuous learning throughout their school career.

I begin with the historical context in order to identify elements that have had continuing influence on the theory and practice of English religious education. I will then focus on RE theory examining different understandings of the nature and purposes of religious education for children between the ages of three and seven, how different RE pedagogies have developed from these understandings and how these pedagogies relate to the current religious context of English society. Finally I will move into Foundation Stage and Key Stage 1 classrooms, giving examples of strategies employed by teachers as they respond to the age-related needs and learning of their pupils, to the content of the subject and to the religious plurality of the society for which they are preparing these children.

1. History and Legacy

The story begins in 1811 when the Church of England founded *The National Society for the Education of the Poor* in the *Principles of the Established Church throughout England and Wales,* with the aim of planting a school in every parish in the land. The purpose of education was the good of society[7]; religion, specifically the Christian religion, was seen as the foundation of that good society and so religious education was viewed as making an essential contribution to the social good[8]. Over the century the public school movement grew supported by various government grants and local funding in addition to the Church of England initiatives, until in 1870 an act of parliament established the principles of compulsory universal primary education. In this, and in subsequent education acts, the state adopted a partnership approach with the Church, both working together to

---

7   See the address by Henry Newland (one of the leading figures of this movement) to assembled teachers of the Diocese of Oxford 1856: 'When you have manufactured a steady, God-fearing, Church going population then you have done your duty as schoolmasters' (in Knight 1999:191).

8   There was some recognition of religious plurality in the pupil population however as from the 1820s secular and Jewish pupils were allowed to withdraw from RE, a principle that later became enshrined in law in 1870.

ensure primary education provision for all the nation's children. Religious education[9] remained a key (though not yet statutory) element of education in schools whether or not they were Church schools. Also in 1870 the important principle was established that, outside Church Schools, "no religious catechism or religious formulary which is distinctive of any religious denomination shall be taught"[10]. It was viewed as a way of protecting non-conformity from the established church and so constituted recognition of religious plurality in society and in schools. Gradually, a non-denominational religious education was developed based on the Bible as the shared foundation of all Christian denominations and giving preference to none. Religious education was not about Christian confession, though the promotion of Christian morality was deemed a worthy aim. The response to religious plurality was to adopt a lowest common denominator approach.

The status of religious education was reaffirmed in the Butler Education Act of 1944, where it was made compulsory in state-funded schools – a legal position that was reconfirmed in the 1988 Education Reform Act and that persists to this day. Also compulsory was a daily act of collective worship, an event that originally entailed hymns, prayers and scripture readings but nowadays has usually been adapted to suit a more religiously plural or more secular population. The 1944 legal underpinning of religion's role in schools was largely motivated by a desire to strengthen the Christian heritage and principles of society in response to the experience of totalitarianism in Europe and the horrors of World War II. Again the purpose of the subject was linked to the good of society associated with Christian morality, but as the century progressed, secularising trends brought this association into question. These changes, coupled with developments in educational philosophy, meant that the thinking behind the RE clauses of the 1944 Act soon appeared rather outdated and other reasons for the teaching of religious education were found. Nevertheless amid many changes there are legacies from this history which have had a profound effect on the development of religious education to this day.

Firstly the English state-maintained school system is a mixed economy including schools which have a designated religious character which constitute about a third of the total, and schools without this religious designation most of these being what are known as 'community schools'. The diversity of 'faith schools' has increased in response to an increasing religious plurality in society. The sector was expanded in the nineteenth century to include Roman Catholic Schools and Jewish schools and more recently, in the 1990s, to include schools of other denominations and faiths (notably Islam). Secondly, to this day all schools are legally required to provide RE and collective worship for all pupils. Thirdly, English religious education (outside 'faith schools'[11]) is non-denominational a fact that has been

---

9   At the time called religious instruction.
10 The Cowper-Temple clause.
11 And even in many Church of England schools particularly where the school population is multi-faith.

tremendously important in the development of the subject. One consequence is that it has proved relatively straight forward to incorporate non-Christian religions into religious education alongside Christianity. This started happening in a number of local education authorities (notably in Birmingham) in the 1970s and 1980s before the 1988 Education Reform Act stipulated that RE syllabuses must reflect the fact that the religious traditions in Great Britain are, in the main, broadly Christian, whilst taking account of the teaching and practices of the other principal religions represented in Great Britain[12].

The non-denominational nature of the subject has not only led to a dissociation of religious education from a particular religious tradition but has enabled a high degree of independence of the subject from the guiding influence of organised religion in general. Although the Church of England, other churches and (from 1988) other faiths, have an advisory and monitoring role in the development and teaching of local RE syllabuses[13], they do not ultimately have much control over the subject content or teaching or training of RE teachers. Educationalists and teachers have in reality been in a position to develop pedagogies, curriculum content, teaching approaches and indeed definitions of religion, with little reference to the churches or other faith leaders. Government moves to give faith communities more influence through their contribution to the national model syllabuses of 1994[14], were strongly resisted from within the subject community[15]. This defence of the subject's independence was described by prominent RE theorist and teacher trainer, Michael Grimmitt, as 'the liberation of Religious Education' from 'its captivity by self-interested politicians and religionists'[16]. John Hull (also prominent in the field) has boasted of the independence of the RE profession, subject and aims from the religious communities, describing it as the strength of English RE, and has written of the 'blessings of secularity'[17]. This dissociation from organised religion the development of the subject has raised problems as well as possibilities.

2. Subject Community

RE without religion

The independence of English RE from faith communities has enabled the development towards the end of the last century of approaches to religious education for young children that are not specific to any religion and indeed may appear to bear little relation to religion (as commonly understood) at all. Advocates of

---

12 ERA 1988 Section 8 (3).
13 Through their participation in SACREs.
14 Schools Curriculum and Assessment Authority (1994) *Model Syllabuses* (London, SCAA).
15 Although there was also some support from within the community from Trevor Cooling for example.
16 Grimmitt M. (ed) (2000), *Pedagogies of Religious Education* (Great Wakering: McCrimmons Publishing), 15.
17 Hull J. (2003), The Blessings of Secularity: Religious Education in England and Wales. In: Journal of Religious Education [Australian Catholic University] vol. 51 no. 3, 2003, 51-58.

such pedagogies could claim that, as they are based on human universals, they are equally applicable to all children, and so in retrospect these developments could be interpreted as responses to the increasing plurality of religious and secular positions in English society, a logical progression in the search for the common denominator. However, a number of other reasons have also been given for the suitability of these approaches for young children including arguments from cognitive psychology, liberal theology and educational philosophy.

To begin with cognitive psychology, back in the 1960s Ronald Goldman applied Piagetian theory to the field and famously concluded that young children were not 'ready' for religion[18]. His research among primary school children appeared to show that they had very limited understanding of Biblical material (the staple diet of religious education at that time) which prompted him to suggest that early childhood was a pre-religious stage. In response to these findings he advocated the use of concrete life-themes, such as 'homes' and 'bread', in RE lessons, hoping that exploration of these themes would eventually lead to an understanding of imagery in the Bible. Goldman was seeking to create a bridge between a pre-religious and religious stage of development rather than propose a new definition of religion, but his conclusions discouraged the use of explicit religious material with young children in many classrooms. Although traditional RE based on Bible stories did not die out Goldman's ideas fed a new trend in RE that used universal themes based on mundane human experience instead. It is an approach which John Hull characterised as a 'flight from religion'[19] in RE, and caricatured as one that advised teachers 'to plant bulbs or keep guinea pigs'.[20]

This 'flight from religion' was not just a consequence of applying cognitive psychology to religious education for young children. It was also a product of certain liberal theologies and conceptualisations of the relationship between religion, faith and spirituality. According to these, organised religion is viewed as a constraint on the natural spirituality of the child and faith communities' and faith leaders' contributions to religious education are to be distrusted as ideologically bound and restricting. Grimmitt's views on the need to keep 'religionists' out of religious education have already been noted; Clive Erricker expressed similar distrust of organised religion when he wrote of religious traditions imposing 'meta-narratives' upon young children in a way that restricts their own individual faith narratives. He argued that 'it is by releasing the grip religion has on faith that the subject can achieve its pedagogical potential'[21]. Such understandings of religious education swing between the universal (what is natural to all humans) and the individual

18 Goldman, R. (1965), *Readiness for Religion: Basis for Developmental Religious Education* London: Routledge and Kegan Paul.
19 Hull J. (2000), Religion in the Service of the Child Project: The Gift Approach to Religious Education. In: Grimmitt, M. (ed) (2000), *Pedagogies of Religious Education* Great Wakering: McCrimmons Publishing, 112.
20 Ibid., 113.
21 Erricker C. & J. (2000), The Children and Worldviews Project: A Narrative Pedagogy of Religious Education. In: Grimmitt M. (ed), *Pedagogies of Religious Education* Great Wakering: McCrimmons Publishing, 203.

(what is particular to each child) and leave little space for religious tradition or faith community in between.

Alistair Hardy's concept of spiritual awareness as an innate human universal has been influential in the world of RE. It was channelled into RE pedagogy by David Hay whose research report '*The Spirit of the Child*[22]' and teachers' hand-book '*New Methods in RE Teaching*[23]' are seminal texts for so-called 'experiential approaches' to RE. These experiential approaches prioritise children's exploration of their own 'inner space', using guided meditation and stilling exercises to help them develop their own individual responses to a universal spiritual dimension. This is often done by manufacturing experiences to stimulate spiritual responses, for example through the use of images and music, of recordings of natural sounds, ritualistic actions such as the lighting of candles, and times of quiet reflection. Hay intended this pedagogy to be implemented in RE classes in secondary as well as primary schools. The logical conclusion from his argument, however, is that expe-riential RE is particularly suited to young children whose natural spirituality, Hay would say, has not yet been 'obscured, overlaid or even repressed' by the three 'socially constructed processes' he identifies: religion, 'conventionalised' language and rational thought[24]. This form of RE has been deemed particularly appropriate for the youngest age groups. The 2010 RE inspection report commended its use with children in the Foundation Stage:

> Where RE was effective, young children developed the ability to respond to structured opportunities for quiet reflection and to express their ideas through play, art, music and other media.[25]

It has been included in several local Agreed Syllabuses for this age group, for example in the Norfolk Agreed Syllabus it is suggested that RE in the Foundation Stage include activities where the children

> Sit quietly or listen to music, using 'stilling exercises' to experience tranquillity and relaxation and talk about how it feels

And

> Experience stillness and quiet (e.g. lying still outside to look at trees or the sky).

Michael Grimmitt adopted a slightly different approach to the experience of the child when in the 1970s he developed another significant trend in RE for young children[26]. Influenced by Paul Tillich, Grimmitt started with the concept that

---

22 Hay D./Nye R. (1998), *The Spirit of the Child* London: Harper Collins.
23 Hammond J./Hay D./Moxon J./Netto B./Raban K./Straugheir G./Williams C. (1990), *New Methods in RE Teaching: An Experiential Approach* London, Oliver & Boyd/Longman.
24 Hay/Nye 1998, 151.
25 OfSTED 2010, 12.
26 See Grimmitt M. (1973), *What can I do in RE?* Great Wakering, Essex: Mayhew-McCrimmon.

religion and everyday human experience are inextricably connected, to argue that religious education is grounded in the day-to-day life of the children, and that the structure of the RE curriculum, choice of content and teaching methods should be designed or chosen to apply religious insights to the children's own situations and experiences and own self-concept. Autobiographical questions such as 'who am I?' and 'is there purpose in life?' were important to his method, and the fact that these arise from experience of the mundane means that thematic topics for children such as 'friends', 'hands', 'home', being about selfhood and relationships, were religious topics by Grimmitt's reckoning. He employed the distinction between the *implicit* religion of these themes and *explicit* religion that related to specific religious traditions. *Explicit* religious material should only be brought into RE lessons when it was natural and not dragged in artificially – it was secondary to the purpose of the subject. This approach has been very influential in RE for young children, particularly through the Schools Council RE projects[27] in the 1970s which advocated implicit approaches (among other strategies) and influenced the design of local syllabuses so that in the 1980s most of them followed such approaches. These approaches were well received by many teachers pleased to find that they could fulfil RE obligations through themes they were covering in class anyway (friendship, caring etc) without engaging with religious material sometimes viewed as irrelevant or problematic in an increasingly secular and religiously plural society. There are still elements of this approach in RE guidance today. In the 2004 national framework for Key Stage 1 (5 to 7 year olds) suggested topics include:

> Belonging: where and how people belong and why belonging is important ...

> Myself: who I am and my uniqueness as a person in a family and community ...[28]

Experiential approaches, as we have seen, were grounded in theories of spirituality and religion, while Goldman's approach was more concerned with practical pedagogies. Generic educational philosophy has also had a powerful influence on religious education. In the twentieth century there was a shift not just in ways of educating but in the very purpose of education. Primary education became more naturalistic, psychological and developmental; there was a move from the social to the individual. The standard education manual of the mid twentieth century (Peter Nunn's *Education: Its Data and First Principles*) claimed:

> there can be no universal aim of education if that aim is to include the assertion of any particular ideal of life ... Educational efforts must

---

27 The Schools Council was established in 1970 as an independent body financed in equal parts by government and local education authorities. A wide range of educational bodies, including teachers' organisations, were represented on the Council. It was a non-directive body intended to provide leadership in curriculum, examination and assessment development.

28 QCA (2004), *Religious Education: the non-statutory National Framework* London: QCA.

... be limited to securing for everyone the conditions under which Individuality is most completely developed[29].

Concern for the development of the individual human being (whether spiritual, moral, social or cultural) is the guiding principle behind RE pedagogies that allow children's own subjectivities rather than the religious content of learning to determine the direction and focus. The name of John Hull's RE project for young children, *'The Gift to the Child'*, is indicative of the philosophy behind it; religious material is used but it is used instrumentally to support the development of each child rather than to increase the child's understanding of the beliefs and practices of religion. As Hull writes:

> The end was the development of the child; the means was the study of religion. Religion was instrumentalised to religious education, and religious education was instrumentalised in the interest of the children.[30].

Hull did not share Hay's suspicion of the 'conventionalised' language of religion nor did he suggest that religious education for young children should start with *implicit* religion. Unlike Goldman, he did think that young children were developmentally able to cope with religious phenomena (religious stories, artefacts etc.), and advocated their use in class. However his approach can still be characterised as 'non-religious' RE. Although he presented religious materials (a Christian rosary, a Muslim call to prayer, a Hindu *murti*) to the children as stimulus for learning, he did not expect children to receive as the primary 'gift' from these items, the religious significance given to them by the faith tradition to which they belonged. Instead he stressed a variety of secular gifts that might be received and which respond to the developmental needs of the child. For example, to introduce a model of the elephant-headed deity Ganesha to a class of young children, Hull suggests, might offer a stimulus to their *curiosity*, challenge their *values*, clarify their *sense of identity* (do they 'belong to Ganesha' or not?), and impart *empathy* for others (those who do 'belong' to him). He was not so interested in the children learning *about* religion, its content and role in society, but in learning *from* religion, the benefits ('gifts') engagement with religious material could bring to each.

Grimmitt coined the distinction between *learning about* religion and *learning from* religion which was written into the 2004 National Framework and is now used widely in many RE syllabuses across the country. The *learning from* religion element allows for the incorporation of religious content into religious education and its use for secular, human development ends. Indeed Grimmitt's later pedagogy entailed greater use of explicit religious material than his earlier writing advocated. The criteria for the selection of religious material for use in lessons may

---

29 Cited in Rogers Berner A. (2006), 'Is English Education Secular?' In: Garnett J./Grimley M./ Harris A./Whyte W./Williams S. (2006), *Redefining Christian Britain: post 1945 Perspectives* London: SCM.
30 Hull 2000, 114.

have little to do with the internal logic of the faith tradition from which they come, but more with the aspects of human development they are expected to support. As Hull writes, 'educational requirements take precedence over the preferences and self-understanding of religious communities'[31]. It is not surprising that there has been some resistance to these trends in RE by those[32] concerned that instrumental selection and use of religious material might distort and confuse understanding of religion and of specific religious traditions; *'learning from'* if understood in these human development ways can conflict with *'learning about'* and this is a major dilemma in English religious education. Despite such objections, the de-religionising and secularising trends in RE have been powerful.

RE with a diversity of religions
It could be argued that the pedagogical approaches outlined above are well suited to a complex society that is both secular and religiously plural. By focussing on universals (natural spirituality, human experience, human development) rather than on the particularities of the religions, and on the individual rather than on distinct communities, these approaches could be viewed as fully inclusive. Every child, of whatever religious background, is equally involved, the individual experiences and needs of each is recognised. But such arguments ignore the weaknesses of these approaches and their limited value to education for a multi faith society. One criticism is that they are not ideologically neutral but are themselves propagating a particular understanding of religion. As Trevor Cooling has argued, these approaches to RE teaching are grounded in the distinctive theological heritage of 'radical Christian liberalism', a culture that is not entirely inclusive but is, Cooling claims from his evangelical Christian perspective, antagonistic to those who believe in authoritative revelation, to exclusive truth claims, to the importance of nurture, and an absolute commitment to God (or Christ) in daily life[33]. They undervalue the religious perspectives of many children whose interpretations of their experiences, their relationships and their world are determined by such religious understandings. Another related criticism is that the approaches are bound up with what increasingly appear to be outdated predictions of the inexorable decline of religion in the West (or at least the drift away from organised religion into a private individualised spirituality) or with the belief that the only form of religion that would survive was a demythologised one. The reality has proved far more complicated and the current situation is very different from the expected disappearance of religion from the public sphere. Perhaps these approaches are misunderstanding both the world from which the young people come and that for which they are being prepared.

To a large extent the failure of such predictions is a consequence of half a century of migration into England of groups of people for whom their faith (Islam,

---

31 Hull 2000, 124.
32 Cooling T. (2000), The Stapleford Project: Theology as a Basis for Religious Education. In: Grimmitt (ed) (2000).
33 Cooling T. (1994), *A Christian Vision for State Education* London: SPCK, 65.

Hinduism Sikhism, Christianity) is of vital importance to their lives, their communal identity and often to their interface with wider society[34]. In addition global affairs and national events have given prominence to Islam in particular, and generated much media and public discussion about religious beliefs and practices. Even in the case of indigenous Christianity the story of decline in church-going is offset by signs of growth in some churches, and not those of liberal theologies but rather evangelical congregations or traditional forms of worship in cathedrals and city centre churches. Big public events such as the 2010 papal visit and 2011 royal wedding, and controversies about church schools and equality legislation, all keep English Christianity in the news. Divergent trends of secularisation and religious resurgence make the situation immensely complex. Leading sociologist of religion, Grace Davie, argues that England finds itself in the position where on the one hand, 'religion has re-entered the public square and demands a response', and on the other, the wider population has difficulty dealing with these issues as they are 'rapidly losing the concepts, knowledge and vocabulary that are necessary to talk about religion'[35]. This last comment is to some degree an indictment of English religious education. Why after so many years of compulsory RE is such a large sector of the population so little prepared for encounter with religion?

There are implications for the future direction of English religious education here starting with the very youngest of the learners with whom the groundwork for later learning is carried out. Ability to make an intelligent response to religion in the public sphere and to religion in the lives of one's neighbours is something to be desired. After decades of concentration on the development of the individual, concern for the good of wider society has come back into education with discourse of education for citizenship and (more recently) for community cohesion. This latter has been given particular attention in religious education and RE delivery is both inspected and researched[36] for the contribution it makes to the promotion of good relations between people of different faiths. While nineteenth century education sought the future good of society in the encouragement of Christian morality, a current trend is to see the future good of society in terms of inter-communal harmony with a particular focus on interreligious harmony. The 'key theme' of the national Early Years Foundation Stage Curriculum 'positive relationships' has been translated for religious education as 'developing respect and sensitivity to others, particularly those who have different faiths and beliefs'; in the Foundation Stage, the National Framework advises, children should be introduced to religious diversity, 'listening and responding to a wide range of religious and ethnic

34 On this see Davie G. (2006), Religion in Europe in the 21st century: The factors to take into account In: Archives européennes de sociologie/ European Journal of Sociology/ Europäisches Archiv für Soziologie, *XLVII/2, 2006, 271-296.*

35 Davie G. (2010), *The Religious Life of Modern Europe: Understanding Relevant Factors http://www.patheos.com/Resources/Additional-Resources/Religious-Life-of-Modern-Europe-Understanding-Relevant-Factors.html?print=1 accessed 3/5/11.*

36 As in the 2010 OfSTED report and the DCSF funded project *Materials used to Teach about World Religions in English Schools* carried out by WRERU where a prescribed focus was on the contribution of RE resources to community cohesion.

groups'[37]; in Key Stage 1 are expected to develop empathy for others by identifying 'the importance for some people of belonging to a religion and the difference it makes to their lives'.[38] At this stage of their education, then, young children are to be introduced both to the fact of religious diversity and to the importance of religion in people's lives.

In relation to these new emphases, it is interesting to note how RE pedagogy and guidance for young children has shifted from implicit religious themes, such as those advocated in Grimmitt's earlier work[39], to engagement with explicitly religious material. The content of religion has been given greater prominence[40] and at the Foundation Stage and Key Stage 1 the use of religious artefacts brings together age-appropriate concrete learning and religious content. The use of religious artefacts in religious education with young children has been given quasi-official status, the 2004 National Framework recommends the exploration of religious artefacts as a key element of learning in the Foundation Stage and the 2010 inspection report recorded how in some of the best Foundation Stage lessons:

> Teachers gave [children] good opportunities for first-hand experience of artefacts, stories, places of worship and visitors, they quickly learnt to ask their own questions, recognise diversity and respect the special nature of religious material.[41]

Many other syllabuses follow the national framework recommendations for Key Stage 1 that religious stories, celebrations, places of worship, rituals and symbols are all part of the curriculum content[42], in other words that the phenomena of religion are introduced in the varied forms they take across a number of religions. What is proposed here is a rich diet with much to interest and stimulate. It does, however, revive some concerns that were expressed in the 1980s when the stipulation about the recognition of the variety of religions in Britain was included in the 1988 Education Act. If these young children are to be introduced to all of these aspects for several religions, they might suffer from cognitive overload, resulting in a rather incoherent 'mishmash of religious language and symbol'[43] that gives a vague and generic idea of what constitutes religion but little sense of the distinctiveness of the different religious traditions and their truth claims.

Ethnographic approaches for young children have been developed to promote awareness not so much of religious diversity as of the difference religion makes in

---

37 QCA (2004), 24.
38 Ibid., 23.
39 In fact Grimmitt himself makes the shift, see Grimmitt (2000), Constructivist Pedagogies of Religious Education Project: Re-thinking Knowledge, Teaching and Learning in Religious Education. In: Grimmitt (ed) (2000).
40 Ibid., 207.
41 OfSTED 2010, 12.
42 QCA 2004, 24f.
43 Wright A. (1997), Mishmash, Religionism and Theological Literacy: An Appreciation and Critique of Trevor Cooling's Hermeneutical Programme. In: British Journal of Religious Education *Vol. 19:3 Summer 1997,* 145.

the lives of others. They encourage children to engage with a wider religious tradition through the life and experiences of one person, almost always a child, within that tradition. Publishers have produced several series of books for classroom use (including titles such as 'My Buddhist Faith, 'I am a Sikh') through which pupils can follow the lives and experiences of children from different faiths. An increasingly popular development for this age group has been the use of Persona Dolls. The Agreed Syllabus used in schools in the city of Bristol[44], for example, has built up its RE scheme of work for Key Stage 1 around five dolls (a Hindu, Muslim, Christian, Jewish and Sikh child) each of which has been given a 'persona' (a family, favourite foods and hobbies, likes and dislikes etc.) so that the children can identify with him or her. The relevant doll is brought into each RE lesson, some aspect of his or her life described and linked to the beliefs and practices of the religious community to which the doll child belongs. Thus children learn that Malkit, the Sikh boy, looks after his younger sister and takes good care of his cat and that he has learnt it is important to help others at his Gurdwara; that Elizabeth, the Christian girl, has a palm cross in her bag which she carried in the Palm Sunday parade at her church and which relates to the story of Jesus' entry to Jerusalem; that the Muslim boy Hassan has a new sister and that his father whispered the words of the Adhan in her ear so that Allah's name would be the first thing she heard. Each doll is used as a marker of their particular religious tradition through a series of lessons throughout the first years of RE in an attempt to maintain the distinctive identity of each tradition in the mind of the child. This approach seeks to address concerns about confusion of religious language and symbol mentioned above. By following the stories of the persona doll through a number of family and community events it gives clear messages about the way religion is interwoven with the fabric of the lives of the believer. This teaching strategy is appealing and popular but is not without issues, for example, the method is that it tends towards a fairly comprehensive 'othering' of religious material, so that everything related belongs to someone else even down to the religious stories that are carefully allocated to the different dolls, kept as books in the doll's personal bags; the story of Rama and Sita belongs to the doll Rita, that of Jesus, his birth, death and resurrection to the doll Elizabeth. And the suggestion that, for example, Jesus belongs to Elizabeth rather than Elizabeth belongs to Jesus constitutes a reversal of the relationship as religiously understood.

---

44 Key Stages 1 & 2 Scheme of Work to support the Delivery of Bristol's Agreed Syllabus for Religious Education http://www.bristol-cyps.org.uk/teaching/primary/re/scheme-ks1-2.html accessed 2/5/11.

3. School Level

Teacher perspectives

Having presented a variety of theories and pedagogies that have influenced Eng-lish religious education, I now come to the classroom, the views of the teach-ers and the strategies they use to teach their subject. In a small-scale survey car-ried out by WRERU with RE co-ordinators[45] in 356 primary schools[46] the teachers were asked about the priorities they gave to different aspects of religious educa-tion within their school and the answers showed the continued strong influence of the non-religious, experiential and human development approaches. Interest in reli-gion or religions scored very low. Only 34% felt 'learning about a specific religion' was 'very important' and only 38% 'learning from a specific religion'; only 28% rated 'learning about religions of the world' as very important and 31% 'learning from religions of the world'. Instead teachers gave high priority to developmen-tal aspects: to good personal values (74%), good social values (69%), moral living (68%), spiritual development (67%). The teachers also showed a concern for the interests of wider society with 66% viewing the development of good citizens as a high priority, though the figures suggest that for many learning about or from reli-gion was not seen as an important part of this. Although there were some dominant trends in the teachers' answers, there was also considerable variation in the teach-ers' choice of priorities indicating a lack of certainty about the real purposes of the subject. This is something that the 2010 RE inspection picked up. Across a number of schools it found that:

> There is uncertainty among many teachers of RE about what they are trying to achieve in the subject.[47]

and

> Many teachers remain unclear how to prioritise [RE objectives] and organise them within a coherent RE curriculum and the teaching of the subject. As a result much of the work observed in the RE visits lacked a clear focus and structure.[48]

It was noted how teachers often made fairly random selections of materials and lessons from a mixture of published resources according to their understandings of what the children would respond to rather than to a concept of systematic pro-gression of subject learning[49]. The teachers who participated in my school-based

---

45 A subject 'co-ordinator' is usually a classroom teacher who also has responsibility within the school for promoting a particular subject, monitoring its delivery and offering guidance to col-leagues in the teaching of that subject.
46 DCSF research project 2008/2009.
47 OfSTED (2010), *Transforming religious education: religious education in schools 2006-2009*. Office for Standards in Education, 6.
48 Ibid., 42.
49 Ibid., 27.

research appeared more secure in general purposes and strategies for the education of young children. They were able to speak confidently about concrete 'hands-on' learning, about relating learning to their pupils' experience, about 'developing thinking skills', about 'developing communication skills'. Sometimes there appeared to be a good fit between the capabilities and needs of young learners and the content of religious education, so one teacher was able to say of Judaism:

> Judaism is definitely very Key Stage 1 friendly because of all the artefacts, the celebrations are quite child and family centred ... I've just found it quite fun to plan lots of these practical and creative activities.

But there can also be tensions when the age-related pedagogies dominate and too little attention is given to the nature and integrity of the religious content. So the 2010 inspection report noted:

> In many of the primary RE lessons seen, the arts and other practical activities were used to stimulate thinking, but too often these experiences had only a tenuous link to the subject's key concept and ideas[50].

and

> While these tasks were often well planned and imaginative in terms of developing pupils' expressive skills, they did not advance their understanding of the religious material[51].

One example of a mismatch[52] between educationally valid activity and religious learning found in this report is a Key Stage 1 lesson where, as part of their learning about the Torah and the 10 Commandments, children were asked to devise their own rules for living and write them down with great care on their own scrolls. This formulation of one's own rules to live by is far removed from the concept of obedience to God-given law and would hardly enhance children's understanding of believers' motivations and actions or help them engage with the relationship between autonomy and heteronomy important in the religious lives of so many.

Relating RE to Early Years Pedagogies
The view from the classroom presents a mixed picture with some examples of good, thoughtful practice and others of a confusion that is perhaps unsurprising given the conflicting nature of the theories of religious education. The possibility of tensions between pedagogies and religious content has already been noted. I shall consider three aspects of learning where there is potential for conflict (concrete learning, constructivist pedagogies and capacity for comprehending diversity) and provide examples of ways they have been handled by teachers.

---

50 OfSTED 2010, 23.
51 Ibid.
52 This lesson was actually presented as an example of good practice in the 2010 inspection report.

Concrete learning

There has been frequent mention of the use of religious artefacts with young children and observation of school lessons has shown both the problems and the benefits of this approach. The pedagogical value of employing a variety of senses (sight, touch, sometimes hearing, smell and even taste) to engage with lesson content is well established, as is the importance of learning through exploration and discovery. At the same time there is need to show respect for the sacred significance of the religious artefacts being used otherwise children's understanding of religion and religious meaning will be hindered rather than enhanced. The teacher of a Year 1 class in a Jewish primary school I visited addressed this issue by using a 'soft toy' synagogue learning kit, consisting of a padded fabric model of a synagogue containing little cloth detachable figures of various people and items (torah scrolls, menorah, perpetual lamp etc) that might be found in a real synagogue. This allowed the children to touch and feel the objects without risking disrespect or damage because they were toy versions. It did lack the directness and excitement of the real thing, however.

A lesson in a community school with a largely Muslim population, showed the kind of confusion that can ensue when pedagogies and religious content clash. The teacher of a class of seven year olds was giving a lesson comparing Muslim and Christian birth stories of Isa/Jesus. The lesson began with hushed reverence as a copy of the Qur'an was brought out and placed on a stand. The teacher (of Christian heritage) was careful to wash her hands 'because it had Allah's name in it'. The story of Isa's birth was shared without using pictures of animate objects because to draw the prophet was, as one child observed, 'very rude'. Yet in the second half of the lesson the children were able to handle and play with knitted crib figures representing different characters of the Christian Nativity. The teacher explained, 'I want them to be able to touch it and feel it and experience it'. Sound theological reasons could be given for the marked difference in the treatment of the Muslim and Christian elements, but they would be at a level of sophistication beyond the teaching of this lesson. Instead the children received confusing mixed messages and this example serves to illustrate the challenges involved, and degree of religious knowledge and sensitivity required in the handling of religious artefacts in class.

My third example comes from a community school in a small town where pupils have little experience of religion. The Year 2 children were learning about Jewish Shabbat. The lesson began with the children sitting in a circle on the carpet before a display of Shabbat artefacts. They recalled a video they had seen last week of Shabbat in a Jewish home. As the teacher then uncovered the *challah* bread, passed it and the *havdalah* spice box round the circle for the children to taste and smell, the whole ceremony had an element of ritual and reverence. The lesson enabled children to engage at the most concrete of levels ('when you smell the bread it's sweet but when you taste it it's not ...', 'I think this is delicious'), it evoked the special nature of the ceremony ('it smells like Shabbat!') and linked the activity to its religious meaning ('they believe God created the world in six days and on the seventh God rested'). The teacher's choices were careful, cognisant of the learning needs of the children and respectful of the faith tradition. This was shown in another lesson with the same class where she introduced the school's version of the Torah but this time did not allow them to handle it. The very fact that they could not touch this object inspired wonder among the young children and encouraged their expression of religious meaning. As the teacher said:

The Torah provoked an enormous amount of language and some of the words that were used were just outstanding – that was another thing that just inspired a lot of awe and wonder – really it was so special that you mustn't touch it. Again the sensitivity and knowledge of the teacher was the key.

Constructivist pedagogies
Foundation Stage and Key Stage 1 teachers frequently seek to build on and relate back to the children's own experience according to accepted principles of constructivist learning. The subjective nature of such learning means that it accords with the experiential and human development models of Grimmitt and Hull. Often the aim seems to be to keep the learning within the bounds of the children's comprehension and to make it relevant to them. Personal experience, personal feelings and guides for moral behaviour become the focus, sometimes to the detriment of religious understanding. The teaching of Christianity in particular seems to suffer from this distortion as the 2010 inspection report found:

> The primary schools ... were often uncertain about whether Christian material should be investigated in its own right as part of understanding the religion, or whether it should be used to consider moral or social themes out of the context of the religion. For example, it was common for teachers to use Jesus' parables to explore personal feelings or to decide how people should behave and not make any reference to their religious significance. As a result they lost the opportunity to extend pupils' understanding of Christian beliefs[53].

This comment indicates that there is a danger of *learning about* religion being lost in the *learning from*.

Similar patterns were found in some of the lessons in my research, for example in a series of lessons where Year 1 children were learning about Jesus' parables. In these the interpretation focused not on teachings about God or the Kingdom but on generalised moral messages seen as relevant to the children's everyday lives: the parable of *The Pearl of Great Price* is about 'things precious to me'; that of *The Lost Sheep* teaches 'never give up'. The teacher explained that in a school that was not a church school and where many parents were not practising Christians she felt she could not be too explicit about the Christian teaching in the stories, thus her lesson was limited by, rather than compensating for, the lack of knowledge and

53 OfSTED 2010, 33.

experience of her pupils. This contrasts with the community infant[54] school head teacher who said that her staff *did* bring reference to God and to Christ into her school (though 'we aren't evangelical in any way') for the very reason that the children *do not* have that experience outside school. It is attempting to address the religious literacy gap on which Grace Davie has commented.

Capacity to comprehend diversity

Another issue for teachers that has already been touched upon is how they might convey to their pupils the diversity of religious traditions in society without risking cognitive overload. For those teaching in faith schools there is a particular concern that learning about other faiths should not confuse children's learning of their own. In some cases (for example in one Church school and one Islamic school where I carried out research) this means leaving teaching about other religions to Year 5 when pupils were nine years old, so that, with a secure grounding in their own faith, they will be able to make comparisons and to note similarities and differences. In both cases the teachers claimed that pupils' enthusiasm for their own faith made them particularly interested in learning about the faith of others.

In some 'faith schools' a clear distinction is made between lessons in the children's own faith and those where they study other religions, so in an Islamic primary school where I have undertaken research there is a programme of Islamic Studies lessons and a separate programme of multi-faith religious education, and in a Jewish school, Jewish Studies lessons and multi-faith religious education. In the latter case the head teacher made the following distinction between Jewish Studies and RE:

We celebrate what it means to be Jewish and we learn about other faiths.

The issue is not just own faith and other faiths, however, but the challenge of teaching about a number of faiths without instilling confusion in the minds of young children. Different schools adopt different strategies, but several find ways of bringing a variety of religions into other parts of the life and learning of the school (the inclusion of material on Hindu culture in a Geography topic on Indian village life, for example) so that in RE lessons they can focus on just one or two traditions in a more systematic way. At one school the teacher explained why in religious education she had chosen to teach just one religion, Judaism, in addition to Christianity by saying she preferred to cover 'one in depth rather than darting in and out of several'. At this same school, however, a variety of religions and cultures were still recognised throughout the year in celebrations of festivals, such as Chinese New Year or Diwali. In each case the celebration involved whole school celebration in the school hall, story and music, sometimes drama and dance and a variety of art work, cooking and sharing food. The marking of the festivals of various religions is common across many primary schools and evident in those with which I have been working. In the Jewish primary school the Hindu festival of

---

54 An infant school is one with Foundation Stage and Key Stage 1 children only.

Diwali had been marked with the chalking of large brightly-coloured *rangoli* patterns on the playground and at a third school the imaginative play corner in the Foundation Stage classroom had been converted into an Indian family home complete with saris for dressing up. Such practices involving the whole school community, are part of the long standing tradition of multi-cultural education in English schools, they also have a civic element as they echo the practice in several English towns and cities[55] whereby religious festivals of different faith communities are part of the civic calendar, recognised by the council which sponsors appropriate festival decorations and allows street parades and parties, and where people of different faith communities and none share in each other's fun. It is evident in these cases that in the life of the primary school the celebration of cultural and religious diversity can be separated from religious education to become part of the general ethos of the school community, while enabling RE lessons to be the context for more focussed and progressive learning.

Over the years English religious education has taken a number of different directions and it remains fluid and contested to this day. It does not present a strong model that can be recommended to others, but rather a history of experimentation and debate that might inform discussion. With young children we find that over its history the subject's independence from organised religion combined with liberal theologies and early years pedagogies to produce a religious education that seemed comfortable for many teachers and that still has an impact on their interpretation of the subject today. However, the nature and increased public profile of religion in England, as well as a renewed interest in the contribution of education – and RE in particular – to the future good of society, has recently encouraged the use of more explicit religious material within Foundation Stage and Key Stage 1 learning. This move presents challenges to pupils and teachers because of the special nature of the material and the plurality of religions involved. The importance of wise and knowledgeable teaching has been highlighted. Two needs have been identified in response to the continuing presence of religion in society: for children to recognise the diversity of religions involved and for them to understand better what it is for someone to live one's life in the light of religious belief and commitment. It has been suggested that these two learning needs might be in conflict with each other, the width leading to superficiality and confusion that compromises deeper understanding. This is a question that needs more research. Nevertheless the practice of some schools that distinguish between the communal appreciation and enjoyment of the broad religious and cultural diversity of society on the one hand, and in depth engagement (confessional or non-confessional) with the inspirations and experiences of just one or two religions on the other, is worth investigating further as a possible way forward through this complex yet vitally important territory.

---

55 The city of Leicester with its large scale Diwali celebrations, Vaisakhi procession and Holy Week mystery plays being a prime example.

References

Cooling, T. (1994) *A Christian Vision for State Education* London: SPCK

Cooling, T. (2000) The Stapleford Project: Theology as a Basis for Religious Education in Grimmitt, M. (ed) (2000) *Pedagogies of Religious Education* Great Wakering: McCrimmons Publishing

Davie, G. (2006) Religion in Europe in the 21st century: The factors to take into account, *in Archives européennes de sociologie/ European Journal of Sociology/ Europaeisches Archiv für Soziologie, XLVII/2, 2006: 271-96*

Davie, G. (2010) *The Religious Life of Modern Europe: Understanding Relevant Factors* *http://www.patheos.com/Resources/Additional-Resources/Religious-Life-of-Modern-Europe-Understanding-Relevant-Factors.html?print=1* accessed 3/5/11

Erricker, C. & J. (2000) The Children and Worldviews Project: A Narrative Pedagogy of Religious Education in Grimmitt, M. (ed) *Pedagogies of Religious Education* Great Wakering: McCrimmons Publishing

Goldman, R. (1965) *Readiness for Religion: Basis for Developmental Religious Education* London: Routledge and Kegan Paul

Grimmitt, M. (1973) *What can I do in RE?* Great Wakering, Essex: Mayhew-McCrimmon

Grimmitt, M. (ed) (2000) *Pedagogies of Religious Education* Great Wakering: McCrimmons Publishing

Grimmitt, M. (2000) Constructivist Pedagogies of Religious Education Project: Re-thinking Knowledge, Teaching and Learning in Religious Education in Grimmitt, M. (ed) (2000) *Pedagogies of Religious Education* Great Wakering: McCrimmons Publishing

Hammond, J., Hay, D., Moxon, J., Netto, B., Raban, K., Straugheir, G., and Williams, C. (1990) *New Methods in RE Teaching: An Experiential Approach* London, Oliver & Boyd/Longman

Hay, D. and Nye, R. (1998) *The Spirit of the Child* London: Harper Collins

Hull, J. (2000) Religion in the Service of the Child Project: The Gift Approach to Religious Education, in Grimmitt, M. (ed) *Pedagogies of Religious Education* Great Wakering: McCrimmons Publishing

Hull, J. (2003) 'The Blessings of Secularity: Religious Education in England and Wales' *Journal of Religious Education* [Australian Catholic University] vol. 51 no. 3, 2003, pp. 51-58

Jackson, R., Ipgrave, J., Hayward, M., Hopkins, P., Fancourt, N., Robbins, M., Francis, L. (2010) *Materials used to Teach about World Religions in English Schools* DCSF

Knight, F. (1995) *The Nineteenth Century Church and English Society* (Cambridge: Cambridge University Press)

Ofsted (2010) *Transforming religious education: religious education in schools 2006-2009.* Office for Standards in Education

QCA (2004) *Religious Education: the non-statutory National Framework* London: Qualifications and Curriculum Authority

Rogers Berner, A. (2006) 'Is English Education Secular?' in Garnett, J., Grimley, M., Harris, A, Whyte, W. and Williams, S. (2006) *Redefining Christian Britain: post 1945 Perspectives* London: SCM

Wright, A. (1997) Mishmash, Religionism and Theological Literacy: An Appreciation and Critique of Trevor Cooling's Hermeneutical Programme in *British Journal of Religious Education Vol. 19:3 Summer 1997*

Teil 2:
Weitere Befunde der Tübinger Studie

Hans-Peter Blaicher, Annette Haußmann, Golde Wissner, Wolfgang Ilg, Murat Kaplan, Albert Biesinger, Anke Edelbrock, Friedrich Schweitzer

Interreligiöse Bildung in Kindertagesstätten in empirischer Perspektive

Vertiefte Auswertungen zur Tübinger Studie[1]

Im Folgenden stehen vertiefte Auswertungen zu den Befunden zur interreligiösen und interkulturellen Bildung in Kindertagesstätten im Zentrum. Grundlage ist die Befragung von Erzieherinnen im Rahmen einer Repräsentativuntersuchung. Eine zusammenfassende Darstellung der Studie sowie ausgewählter Ergebnisse findet sich in einem eigenen Kapitel im vorliegenden Band.[2] Das dort Gesagte soll an dieser Stelle nicht wiederholt werden, auch wenn sich einzelne Überschneidungen aus Gründen der Verständlichkeit nicht ganz ausschließen lassen.

Insgesamt geht es um die Frage, wie die Aufgabe vor allem der interreligiösen Bildung in der Praxis von Kindertagesstätten in Deutschland heute aufgenommen wird. Auf diese Frage beziehen sich die vertiefenden Auswertungen, die teils zusätzliche Informationen zu Einzelfragen bieten, auf die in dem genannten zusammenfassenden Beitrag nur in knapper Form eingegangen wird, und die teils weitere Aspekte aufnehmen, insbesondere im Blick auf die Erzieherinnen. Vorab soll noch auf das Verhältnis zur Pilotstudie eingegangen und soll die für die Hauptstudie leitende Fragestellung im Horizont interreligiöser und interkultureller Bildung beschrieben werden.

1. Bezug zur Pilotstudie

Die Pilotstudie, deren Ergebnisse 2008 vorgelegt werden konnten[3], war – abgesehen von kleineren und zeitlich weiter zurückliegenden Untersuchungen – die erste Studie in Deutschland, die sich auf die Praxis interkultureller und interreligiöser Bildung in Kindertagesstätten bezieht. Um dieser Forschungssituation und dem weitreichenden Fehlen entsprechender empirischer Befunde gerecht zu werden, wurde der quantitativen Untersuchung ein qualitativer Teil vorangestellt, in

---

1 Der Text wurde im Team gemeinsam erarbeitet. Die Erhebungen und Auswertungen wurden in psychologischer Hinsicht von Hans-Peter Blaicher, Annette Haußmann und Golde Wissner entwickelt und durchgeführt, unter Beratung und Begleitung von Wolfgang Ilg. Murat Kaplan war als muslimischer Berater an allen Arbeitsschritten beteiligt. Die Leitung sowie die Begleitung der Arbeitsschritte des Projekts lagen bei Albert Biesinger, Anke Edelbrock und Friedrich Schweitzer.

2 Vgl. oben, S. 29ff.

3 Vgl. *F. Schweitzer/A. Biesinger/A. Edelbrock* (Hg.), Mein Gott – Dein Gott. Interkulturelle und interreligiöse Bildung in Kindertagesstätten, Weinheim/Basel [2]2009.

dem die Fragestellung in offener Weise exploriert werden konnte. Die qualitative Untersuchung stellte so gesehen zunächst eine Vorstudie dar, die der Vorbereitung der quantitativen Untersuchung dienen und deren Validität verbessern sollte. Sie erbrachte aber zugleich Ergebnisse von eigenem Wert, die deshalb im Sinne eines eigenen Zugangs auch ausführlich dargestellt wurden.[4] Auf dieser Grundlage konnte dann ein Instrument zur quantitativen Befragung von Erzieherinnen entwickelt werden. Der Fragebogen war zwar schon im Rahmen des Pilotprojekts im gesamten Bundesgebiet im Einsatz, aber doch nur an ausgewählten Orten – vor allem solchen mit einem hohen Migrantenanteil.

Das Pilotprojekt stellt insbesondere mit seinen qualitativen Anteilen auch eine Voraussetzung des Hauptprojekts dar. Die entsprechenden Befunde bildeten den Ausgangspunkt für unsere Zugangsweise und bieten einen wichtigen Kontext für die Interpretation auch der quantitativen Befunde. Weiterhin erbrachte das Pilotprojekt wichtige methodische Aufschlüsse. So bewährte sich der Zugang zur pädagogischen Praxis der Einrichtungen über eine Erzieherinnenbefragung. Zugleich zeigte sich aber auch, dass ergänzend bzw. als weitere Zugänge Befragungen der Kinder selbst sowie der Eltern unerlässlich sind. Beide Erweiterungen konnten im Hauptprojekt mit eigenen Studien realisiert werden.[5]

Der im Pilotprojekt eingesetzte Fragebogen erwies sich schon bei der Evaluation der Befunde aus dem Pilotprojekt als in manchen Hinsichten verbesserungsbedürftig. Deshalb wurde er zu Beginn des Hauptprojekts noch einmal grundlegend überarbeitet und im Blick auf die inzwischen präziseren Fragestellungen modifiziert. Dies bedeutet, dass zwar eine grundsätzliche Vergleichbarkeit der Befunde aus dem Pilotprojekt und dem Hauptprojekt gegeben ist, aber eben doch nur in indirekter Weise. Weder das Sample noch das Erhebungsinstrument blieben über die Projekte hinweg völlig gleich. Aus diesem Grund wurde der Weg eines Vergleichs über Hypothesen gewählt, nach deren Bestätigung oder Nicht-Bestätigung dann im Hauptprojekt gefragt werden konnte. Die Ergebnisse dieses Vergleichs wurden ebenfalls bereits in diesem Band vorgestellt[6], so dass sie im Folgenden vorausgesetzt werden können.

---

4 Vgl. ebd.
5 Vgl. *A. Edelbrock/F. Schweitzer/A. Biesinger* (Hg.), Wie viele Götter sind im Himmel? Religiöse Differenzwahrnehmung im Kindesalter, Münster u.a. 2010; *A. Biesinger/A. Edelbrock/F. Schweitzer* (Hg.), Auf die Eltern kommt es an! Interreligiöse und interkulturelle Bildung in der Kita, Münster 2011.
6 Vgl. oben, S. 36ff.

2. Zum Fragebogen

Der bei der Erzieherinnenbefragung eingesetzte Fragebogen findet sich im Anhang.[7] Informationen zu seiner Erstellung (Pretest usw.) finden sich ebenfalls an anderer Stelle im vorliegenden Band.[8]

3. Zur Fragestellung des Vorhabens im Horizont interreligiöser und interkultureller Bildung

Interkulturelle und interreligiöse Bildung wird gegenwärtig in unterschiedlichsten Zusammenhängen diskutiert. Im vorliegenden Band ist zum einen die Frage von Interesse, wie interkulturelle und interreligiöse Bildung in Pädagogik und Theologie thematisiert wird. Zum anderen werden im Folgenden Ansätze der interkulturellen und interreligiösen Bildung in der Elementarpädagogik vorgestellt. Dabei sollen – in Anschluss und Fortsetzung früherer Veröffentlichungen[9] – unser eigenes Verständnis besonders der interreligiösen Bildung weiter geklärt sowie vor allem eine Einordnung in die weitere pädagogische und religionspädagogische Diskussion ermöglicht werden.

Interkulturelle und interreligiöse Bildung in Pädagogik, Religionspädagogik und Theologie
Pädagogische und religionspädagogische Ansätze nehmen gesellschaftliche Veränderungen auf, auch die der gesellschaftlichen Pluralisierung – oder der „Internationalisierung von Lebenswelt", wie der 12. Kinder- und Jugendbericht formuliert[10].

In der Pädagogik ist die Thematisierung einer interkulturellen Pädagogik heute ein Standardthema. Mehrere Pädagogen, wie z.B. Georg Auernheimer, Ingrid Gogolin und Marianne Krüger-Potratz, haben „Einführungen" in die interkulturelle Pädagogik verfasst.[11] Vergleicht man einzelne Ansätze der interkulturellen Pädagogik, werden unterschiedliche Herangehensweisen und Zielsetzungen erkennbar. Arnd-Michael Nohl führt mit seiner systematischen Darstellung in die unterschiedlichen Konzepte interkultureller Pädagogik ein.[12]

---

7   Unten, S. 223ff.
8   Vgl. oben, S. 33f.
9   Vgl. bes. *K. Dubiski/I. Essich/F. Schweitzer/A. Edelbrock/A. Biesinger,* Religiöse Differenzwahrnehmung im Kindesalter. Eine qualitativ-empirische Untersuchung mit Kindern im Alter zwischen 4 und 6 Jahren. In: *Edelbrock/Schweitzer/Biesinger,* Wie viele Götter, 130ff. Wir übernehmen zum Teil wörtlich Ausführungen aus diesem früheren Text, der hier zugleich erweitert und aktualisiert wird.
10 *Bundesministerium für Familie, Frauen, Senioren und Jugend,* Zwölfter Kinder- und Jugendbericht, Bericht über die Lebenssituation junger Menschen und die Leistungen der Kinder- und Jugendhilfe in Deutschland, München 2005, 70.
11 *G. Auernheimer,* Einführung in die Interkulturelle Pädagogik, Darmstadt [6]2010; *I. Gogolin/M. Krüger-Potratz* (Hg.), Einführung in die Interkulturelle Pädagogik, Göttingen [2]2010.
12 *A.-M. Nohl,* Konzepte interkultureller Pädagogik. Eine systematische Einführung, Bad Heilbrunn [2]2010.

Die Entwicklungen, die es in dieser Hinsicht im Zeitraum der letzten 50 Jahre in der Pädagogik gegeben hat, können hier nur angedeutet werden. Wurden Fragen des Zusammenlebens verschiedener Nationen in den 1970er Jahren zunächst unter der Thematik der Ausländerpädagogik formuliert, kam man über Lern- und Erziehungsansätze in der multikulturellen Gesellschaft zum interkulturellen Lernen und zur interkulturellen Erziehung, die seit den 1990er Jahren ein fester Bestandteil der Pädagogik ist.[13]

Beim interreligiösen Lernen verlief die Entwicklung in ähnlichen Bahnen[14]: In der Religionspädagogik herrschte in den 1970er Jahren zunächst eine sogenannte „Weltreligionen-Didaktik" vor, die eine Auseinandersetzung mit anderen Religionen auf religionskundlicher Ebene vorantrieb. In einer nächsten Phase kam es zum Begegnungslernen, welches ein aufgeschlossenes Aufeinanderzugehen intendierte. Beim interreligiösen Lernen kommen der inhaltliche Dialog und das Bemühen um ein Verstehen der jeweils anderen Religionen besonders zum Tragen, wobei auch die Wahrheitsfrage gestellt wird. Mit Beginn der ersten Dekade des neuen Jahrtausends ist die Thematik des interreligiösen Lernens fest in der religionspädagogischen Disziplin verankert. So erschien z.B. 2005 das mehr als 700 Seiten umfassende „Handbuch Interreligiöses Lernen".[15] 2010 wurde eine erste internationale Zusammenfassung in einem zweibändigen Werk vorgelegt.[16] Der wissenschaftliche Austausch zu Fragen interreligiöser Bildung existiert schon länger. Innerhalb der katholischen Religionspädagogik hat z.B. Stephan Leimgruber 1995 ein Buch zum Titel „Interreligiöses Lernen" publiziert (Neuausgabe 2007).[17] Johannes van der Ven und Hans-Georg Ziebertz gaben 1994 einen Band mit dem Titel „Religiöser Pluralismus und interreligiöses Lernen" heraus. Innerhalb der evangelischen Religionspädagogik sei exemplarisch auf drei Veröffentlichungen hingewiesen: Johannes Lähnemann beschreibt 1998 seine Position in dem programmatisch betitelten Buch „Evangelische Religionspädagogik in interreligiöser Perspektive".[18] Im gleichen Jahr gaben Folkert Rickers und Eckart Gottwald von der Duisburger „Arbeitsstelle interreligiöses Lernen – AiL" den Band „Vom religiösen zum interreligiösen Lernen" heraus[19] und publizierte Karl Ernst Nipkow sein Werk „Bildung in einer

---

13 Vgl. *H. Merseburger,* Von der Ausländerpädagogik zur interkulturellen Erziehung. In: *dies.* (Hg.), Schule in der multikulturellen Gesellschaft, Frankfurt/M. 1991, 19–35 und *G. Auernheimer,* Interkulturelle Pädagogik. Eine kritische Zwischenbilanz. In: Zeitschrift für Pädagogik und Theologie 55 (2003), 104-113.

14 Vgl. *F. Rickers,* Hermeneutik des interkulturellen Lernens und ihre transkulturellen Implikationen. In: *F. Schweitzer/T. Schlag* (Hg.), Religionspädagogik im 21. Jahrhundert, Gütersloh/Freiburg i.Br. 2004, 161–172.

15 *P. Schreiner/U. Sieg/V. Elsenbast* (Hg.), Handbuch Interreligiöses Lernen, Gütersloh 2005.

16 Vgl. *K. Engebretson u.a.* (Hg.), International Handbook of Inter-religious Education. 2 Bde., Dordrecht 2010.

17 *S. Leimgruber,* Interreligiöses Lernen. Neuausgabe, München 2007.

18 *J. Lähnemann,* Evangelische Religionspädagogik in interreligiöser Perspektive, Göttingen 1998.

19 *F. Rickers/E. Gottwald* (Hg.), Vom religiösen zum interreligiösen Lernen. Wie Angehörige verschiedener Religionen und Konfessionen lernen. Möglichkeiten und Grenzen interreligiöser Verständigung, Neukirchen-Vluyn 1998.

pluralen Welt", dessen zweiter Band ebenfalls eine Grundlegung zum interreligiösen Lernen bietet.[20] Wichtige Arbeit zur interreligiösen Bildung wird auch im Nürnberger Forum[21] (die Foren finden seit 1982 statt) und in der Interreligiösen Arbeitsstelle (INTR°A, gegründet 1989)[22] geleistet.

Interkulturelle und interreligiöse Bildung in der Elementarpädagogik
Ausführlicher werden im Folgenden pädagogische Entwürfe innerhalb der Frühen Bildung aufgezeigt, die sich das interkulturelle und zum Teil auch das interreligiöse Lernen zur Aufgabe gemacht haben. Hier ist zunächst auf das Handbuch Interkulturelles Lernen[23] hinzuweisen, welches Grundlagen und thematische Einzelthemen zum interkulturellen Lernen in Kindertageseinrichtungen zusammenstellt[24].

Ein eigenständiges Konzept des interkulturellen Lernens ist die aus dem Projekt KINDERWELTEN[25] entstandene vorurteilsbewusste Arbeit in Kindertageseinrichtungen. „Vorurteilsbewusste Bildung und Erziehung", so formuliert Petra Wagner, „fordert dazu auf, systematisch das zu tun, was möglich ist: sich bewusst zu machen, welche Vorurteile es in dieser Gesellschaft gibt, welche man selbst hat und wie sich Vorurteile im Leben von Menschen auswirken. ‚Vorurteilsbewusst' zu arbeiten ist somit eine Aufforderung, sich auf einen kontinuierlichen Reflexionsprozess einzulassen."[26] Ziele, die für die Arbeit mit den Kindern verfolgt werden, finden sich auf vier Ebenen[27]:

1. Ich-Identität und Bezugsgruppen: Primäre Bezugsgruppe ist für Klein- und Kindergartenkinder zunächst die Familie. Um die Ich-Identität des Kindes zu stärken, muss auch seine Identifikation mit den Bezugsgruppen berücksichtigt werden. So sollen in den Einrichtungen nach dem didaktischen Prinzip der Widerspiegelung die einzelnen Kinder mit ihrer Familienkultur sichtbar gemacht werden, z.B. durch Familienwände. Für die Erzieher/innen bedeutet dies zunächst, die je eigenen Bezugsgruppen reflektiert wahrzunehmen und

---

20 *K.E. Nipkow,* Bildung in einer pluralen Welt. Bd. 2: Religionspädagogik im Pluralismus, Gütersloh 1998.
21 Vgl. z.B. *J. Lähnemann* (Hg.), Visionen wahr machen: Interreligiöse Bildung auf dem Prüfstand. Referate und Ergebnisse des Nürnberger Forums 2006, Hamburg 2007.
22 Exemplarisch sei hier die Reihe Religionen im Gespräch (RIG) genannt: z.B. *R. Kirste,* Der eine und drei-eine Gott im Christentum. In: Jahrbuch für Interreligiöse Begegnung Bd. 1 (RIG 1), 1990, 165–195.
23 *D. Böhm/R. Böhm/B. Deiss-Niethammer,* Handbuch Interkulturelles Lernen. Theorie und Praxis für die Arbeit in Kindertageseinrichtungen, Freiburg i.Br. ³2004.
24 Ebd., 235–242.
25 Das Projekt entstand aus einer Gruppe von Pädagoginnen in Berlin-Kreuzberg, die auf der Suche nach tragfähigen Ansätzen in der interkulturellen Arbeit waren. Petra Wagner ist seit 2000 Koordinatorin und Leitung des Projektes KINDERWELTEN im Institut für den Situationsansatz. Das Projekt befindet sich gegenwärtig in einer dritten Projektphase (vgl. www.kinderwelten.net).
26 *P. Wagner,* „Anti-Bias Arbeit ist eine lange Reise ... " Grundlagen vorurteilsbewusster Praxis in Kindertageseinrichtungen. In: *C. Preissing/P. Wagner* (Hg.), Kleine Kinder – keine Vorurteile? Interkulturelle und vorurteilsbewusste Arbeit in Kitas, Freiburg 2003, 34-62.
27 Vgl. hierzu ebd., 52–62 und *P. Wagner/S. Hahn/U. Enßlin* (Hg.), Macker, Zicke, Trampeltier ... Vorurteilsbewusste Bildung und Erziehung in Kindertagesstätten. Handbuch für die Fortbildung, Weimar/Berlin 2006, 19–22.

sich im Weiteren zu fragen, wo eigene Vorurteile und Grenzen der Empathie eine Auseinandersetzung mit den Lebenssituationen bestimmter Familien möglicherweise erschweren oder verhindern.

2. Respekt und Empathie für Vielfalt entwickeln: Im Einrichtungsalltag begegnen die Kinder einer Vielfalt von Familienkulturen. Die Kinder können so Erfahrungen mit Unterschieden machen. Die Erzieher/innen helfen ihnen, diese aktiv und bewusst zu thematisieren. Hierbei soll zunächst an Gemeinsamkeiten angeknüpft werden, um sich dann in einem weiteren Schritt mit Unterschieden zu beschäftigen.

3. Kritisches Denken über Vorurteile und Diskriminierung anregen: Aufgrund der zunehmenden kognitiven Fähigkeiten können Kinder Verhaltensweisen als „unfair" oder „unwahr" wahrnehmen. Zugleich brauchen die Kinder von Erwachsenen sachliche Informationen und auch Unterstützung, falls sie selbst diskriminiert werden. Die hierbei leitende und zu vermittelnde Wertorientierung ist: Unterschiede sind gut, diskriminierende Vorstellungen und Handlungsweisen sind es nicht.

4. Sich Diskriminierung und Vorurteilen widersetzen: Der vorurteilsbewusste Ansatz will nicht bei der Aufdeckung von Vorurteilen stehen bleiben, sondern den Kindern auch bewusst die Erfahrung ermöglichen, dass es sich lohnt, kritisch zu sein und etwas gegen Ungerechtigkeit zu tun. So sollen Kinder beim Aktivwerden gegen Diskriminierungen und Vorurteilen vonseiten der Erzieher/innen unterstützt werden und auch dazu ermutigt werden.

Besonders im Zusammenhang mit der zweiten Zielebene ist eine enge Zusammenarbeit mit den Eltern sehr wichtig.[28] Um die Familienkulturen kennen zu lernen, müssen Erzieher/innen auf die Eltern zugehen und sich mit ihnen austauschen.

Durch Veröffentlichungen in elementarpädagogischen Fachzeitschriften wurde dieser Ansatz auf breiter Ebene kommuniziert.[29] Mit dem „Handbuch Kinderwelten. Vielfalt als Chance – Grundlagen einer vorurteilsbewussten Bildung und Erziehung" hat Petra Wagner[30] ein Kompendium herausgegeben, welches zur Auseinandersetzung mit dem Thema „Gleichheit und Differenz" auf unterschiedlichen inhaltlichen Ebenen einlädt, auch zum Thema der Religionen. Religiöse Fragen und Traditionen sollen in jeder Einrichtung, egal ob in kommunaler oder kirchlicher Trägerschaft, kommuniziert werden. Christa Dommel fordert dies mit dem – problematischen, weil vor allem an schulischen Vorbildern gewonnenen – Begriff der „Religions-Bildung" ein, mit deren Hilfe Kinder „für einen Austauschprozess

28 *E. Höhme-Serke/M. Ansar,* „Ohne Eltern geht es nicht!" Familienkulturen achten – auf Eltern zugehen. In: *C. Preissing/P. Wagner* (Hg.), Kleine Kinder – keine Vorurteile? Interkulturelle und vorurteilsbewusste Arbeit in Kitas, Freiburg 2003, 63–76.

29 Z.B. *C. Preissing/P. Wagner,* Auseinandersetzung mit Vorurteilen. In: Welt des Kindes 2 (2004), 36–40; *P. Wagner,* Ausgrenzung – ein Thema das alle betrifft. Unser Umgang mit Vorurteilen und Diskriminierung. In: Kindergarten heute 9 (2007), 6–13.

30 *P. Wagner* (Hg.), Handbuch Kinderwelten. Vielfalt als Chance – Grundlagen einer vorurteilsbewussten Bildung und Erziehung, Freiburg 2008.

mit denjenigen, die anderes für selbstverständlich halten"[31], befähigt werden. Religion als inklusiver Part der Kindergartenpädagogik, der zu einem „notwendigen Balanceakt zwischen Nähe und professioneller Distanz zu den Traditionen, die durch die unterschiedlichen Familienkulturen in der Einrichtung präsent sind", herausfordert.[32]

Ein eigenes Problem stellt dabei der Umgang mit der Wahrheitsfrage dar. Auch in dieser Hinsicht will sich Dommel an schulische Vorbilder – hier vor allem einer Religionskunde – anlehnen, bei der von Wahrheitsfragen abstrahiert wird: Es gehe „um das Abschiednehmen von einer Kultur des Rechthabens, die ‚die Wahrheit' als Besitz der jeweils eigenen Religionsgemeinschaft betrachtet – aber auch von der Anmaßung, alle religiös Gläubigen als ‚irrational' zu belächeln. Religiöse Rationalität, ein gleichermaßen emotionales wie kognitives menschliches Potenzial, ist als Bestandteil von kultureller Kompetenz ein Thema für alle."[33]

Dommel differenziert in ihren Ausführungen durchgängig zwischen „Religions-Bildung" und „religiöser Bildung": „,Vernünftig von Gott reden können', ist in diesem philosophisch geprägten Ansatz nicht identisch mit ‚an Gott glauben'; hier zeigt sich die Grenzlinie zwischen religiöser Erziehung und Religions-Bildung."[34] Die Schwierigkeiten, die in dieser Differenzierung enthalten sind, nehmen wir am Ende dieses Abschnittes noch einmal auf.

Die Anti-Bias-Pädagogik, von der das KINDERWELTEN Projekt angeregt wurde, stammt aus den USA und wurde besonders von Louise Derman-Sparks vorangetrieben.[35] Im Zusammenhang mit den Herausforderungen, die die heterogene Gesellschaft an das interkulturelle Lernen stellt, hat Katja Gramelt diesen Ansatz gemeinsam mit Annedore Prengels „Pädagogik der Vielfalt"[36] aufgenommen. Sie zeigt, wie damit nicht nur im Bereich der Elementarpädagogik, sondern auch in Schulen förderlich gearbeitet werden kann.[37]

Die Bedeutsamkeit des Eingehens auf Eltern mit Migrationshintergrund wird auch in anderen Ansätzen hervorgehoben. So stellt Elke Schlösser Informationen und Methoden zusammen, die für eine konstruktive Zusammenarbeit mit Eltern hilfreich sind.[38] Den Anspruch, wirklich alle Kinder und ihre Eltern zu erreichen

---

31 *C. Dommel,* Religion – Diskriminierungsgrund oder kulturelle Ressource für Kinder? In: *P. Wagner* (Hg.), Handbuch Kinderwelten. Vielfalt als Chance – Grundlagen einer vorurteilsbewussten Bildung und Erziehung, Freiburg 2008, 148–159, 156f.

32 Ebd., 155.

33 Ebd., 157.

34 Ebd., 152.

35 Vgl. *L. Derman-Sparks,* Anti-Bias-Curriculum. Tools for empowering young children, Washington D.C. 1989.

36 *A. Prengel,* Pädagogik der Vielfalt. Verschiedenheit und Gleichberechtigung in Interkultureller, Feministischer und Integrativer Pädagogik, Wiesbaden ³2006.

37 *K. Gramelt,* Der Anti-Bias-Ansatz. Zu Konzept und Praxis einer Pädagogik für den Umgang mit (kultureller) Vielfalt, Wiesbaden 2010.

38 *E. Schlösser,* Zusammenarbeit mit Eltern – interkulturell. Informationen und Methoden zur Kooperation mit deutschen und zugewanderten Eltern in Kindergarten, Grundschule und Familienbildung, Münster 2004.

und damit alle Familienkulturen zu berücksichtigen, haben auch die Early Excellence Center in Großbritannien formuliert.[39]

Diese Ausführungen zum Umgang mit gesellschaftlicher Heterogenität in pädagogischen Ansätzen zeigen, in welcher thematischen Breite Interkulturalität mit den Kindern in Tageseinrichtungen kommuniziert werden soll: Wahrnehmung der Kinder im Zusammenhang mit ihrer Familienkultur, Aufforderung zur Reflexion über Diskriminierung und Vorurteile, Kritikfähigkeit und Einflussnahme beim Erleben von vorurteilsbehafteten und diskriminierenden Vollzügen. Hier geht es nicht um ein bloßes Wissen, sondern es ist die Selbstwerdung, die Identitätsbildung und die Kritikfähigkeit der Kinder, die im Zentrum steht, und damit eine umfassende kulturelle und interkulturelle Bildung der Kinder. Bemerkenswert ist, dass elementarpädagogische Ansätze zur interkulturellen Bildung das Thema Religion – anders als in zahlreichen erziehungswissenschaftlichen Ansätzen üblich[40] – zumindest nicht durchgängig ausblenden, auch wenn die entsprechenden Ausführungen am Ende doch kaum befriedigen.

Im erwähnten „Handbuch Interkulturelles Lernen" wird ausdrücklich betont: „interkulturelles Lernen braucht Religion"[41], denn Religion sei die „Tiefendimension der eigenen Kultur und damit auch heute noch ein gesellschaftlicher wirksamer Faktor. Unser Menschenbild, unsere Vorstellungen von Gut und Böse, Anfang und Ende des Lebens sind demnach geprägt vom jeweiligen religiösen Hintergrund. Das Ausklammern religiöser Themen vergrößert die Sprachlosigkeit, tabuisiert Religion, ohne sie damit aus der Welt zu schaffen. Das Ergebnis ist vergleichbar mit der Tabuisierung der Sexualität früherer Jahrzehnte."[42]

Auch bei der vorurteilsbewussten Bildung und Erziehung wird, wie oben beschrieben, die Notwendigkeit religiöser Bildung im Elementarbereich hervorgehoben. Innerhalb der Friedenserziehung, die auch in den frühpädagogischen Bereich hineinwirkt, werden ebenfalls interkulturelle und interreligiöse Bezüge aufgenommen.[43]

Zum Teil wird die Bedeutung der Religionen in einer pluralen Gesellschaft zwar nicht abgestritten, aber es werden keine pädagogischen Handlungsstrategien aufgezeigt, wie damit in den Einrichtungen umgegangen werden kann. So gehört nach dem nationalen Kriterienkatalog für Tageseinrichtungen für Kinder von Wolfgang Tietze und Susanne Viernickel zur pädagogischen Qualität einer

---

39   Vgl. dazu *S. Hebenstreit-Müller/A. Lepenies,* Early Excellence, Der positive Blick auf Kinder, Eltern und Erzieherinnen, Berlin 2007.

40   Vgl. *H.-G. Ziebertz/G. R. Schmidt* (Hg.), Religion in der allgemeinen Pädagogik. Von der Religion als Grundlegung bis zu ihrer Bestreitung, Gütersloh/Freiburg 2006.

41   *D. Böhm/R. Böhm/B. Deiss-Niethammer,* Handbuch Interkulturelles Lernen. Theorie und Praxis für die Arbeit in Kindertageseinrichtungen, Freiburg ²2001, 41.

42   Ebd., 44.

43   Vgl. *S. Straß/F. Harz,* Friedenserziehung in Kindertagesstätten. In: *W. Haußmann/H. Biener/K. Hock/R. Mokrosch* (Hg.), Handbuch Friedenserziehung. Interreligiös – interkulturell – interkonfessionell, Gütersloh 2006, 338–342.

Kindertagesstätte[44] die Berücksichtigung der kulturellen Vielfalt mit hinzu. Erläuternd heißt es: „Kulturelle Vielfalt bezieht sich demnach auf die Verschiedenheiten und Gemeinsamkeiten im alltäglichen Leben aller Kinder in der Einrichtung. Es umfasst das Kennenlernen der unterschiedlichen Hintergründe der Kinder, die von der Ausübung der Religionen oder der Berufe der Eltern über die Familienkonstellationen bis hin zur den vielfältigen Schlaf-, Ess- und Freizeitgewohnheiten, Sprachen und Dialekten in den Familien reichen."[45] In den sich anschließenden Leitgesichtspunkten zur praktischen Umsetzung bleiben die Religionen fast durchgängig unerwähnt. Interreligiöse Kompetenz wird hier von den Erzieherinnen nicht erwartet und auch nicht gefördert.

Insgesamt macht sich in den verschiedenen Entwürfen zum interkulturellen Lernen die in der Erziehungswissenschaft noch immer sehr weitreichende Distanz zu religiösen Bezügen bemerkbar.[46] Insofern bleibt hier ein nachhaltiges Defizit im Blick auf die interreligiöse Dimension von Interkulturalität. Für unser eigenes Vorhaben begründet dies die stärkere Konzentration auf interreligiöse Bildung, wobei der interkulturelle Horizont nicht verloren gehen darf. Nach beiden Seiten hin bilden Interkulturalität und Interreligiosität vielmehr einen inneren Zusammenhang.

Religionspädagogische Entwürfe des interreligiösen Lernens und Erziehens im Elementarbereich verweisen ihrerseits auf die enge Verbindung zwischen Kultur und Religion. So schreibt Frieder Harz: „Kulturelle Traditionen prägen auch religiöse Verhaltensweisen, etwa wenn religiöse Lieder den Stil der Zeit aufnehmen, und umgekehrt formen religiöse Überlieferungen kulturelle Eigenart, was sich gut am Brauchtum zu den Festen des Jahreskreises ablesen lässt."[47] Harz hebt dabei die anthropologische Dimension von Religion hervor: „Religiosität gehört zum Menschen dazu. [...] Religiös sind die Urfragen der Menschen wie ‚Wo komme ich her? Wo gehe ich hin? Wozu bin ich da?' [...] Religion ist das Sich-Hinausbewegen über das Alltägliche, das Grunzüberschreitende."[48] Ziel der interreligiösen Erziehung ist für Harz, „die Anwesenheit anderer Religionen nicht als Störung und Hindernis, sondern als Chance zu sehen, mit dem Ziel den Kindern zu den Fähigkeiten zu verhelfen, die sie in einer multikulturellen und mulireligiösen Gesellschaft brauchen".[49] Dabei ist es Harz wichtig, Konflikte bewusst anzusprechen. Den Umgang mit Alltagskonflikten macht Harz zum Prüfstein des interkulturellen und interreligiösen Lernens.[50] So bezieht er auch von Anfang an konsequent die oben angesprochene Wahrheitsfrage ein: „Wie ist Erziehung zu Verständigung

---

44 *W. Tietze, S. Viernickel (*Hg.), Pädagogische Qualität in Tageseinrichtungen für Kinder. Ein nationaler Kriterienkatalog, Berlin, Düsseldorf, Mannheim ³2007.
45 A.a.O., 194.
46 Vgl. K.S. Amos, Die Erfahrung religiöser Differenz in der Kindertagesstätte – ein Kommentar aus erziehungswissenschaftlicher Perspektive. In: *Edelbrock/Schweitzer/Biesinger*, Wie viele Götter, 61-76.
47 *F. Harz*, Ist Allah auch der liebe Gott? Interreligiöse Erziehung in der Kindertagesstätte, München 2001, 12.
48 Ebd., 17.
49 Ebd., 16.
50 Vgl., 13.

und aktiver Toleranz möglich angesichts eines je verschiedenen Anspruchs auf Wahrheit, der mit Religion untrennbar verbunden ist?"[51] Die Wahrheitsfrage ist innerhalb der interreligiösen Bildung zentral. In christlich-theologischen Ansätzen wird immer wieder auf die Differenzierung zwischen Exklusivismus, Inklusivismus und Pluralismus hingewiesen.[52] Der Exklusivismus beansprucht den Wahrheitsanspruch für sich allein, wenn z.B. die These vertreten wird, dass allein der christliche Glaube die Beziehung zu Gott und auch die Beziehung Gottes zu den Menschen letztgültig und unüberbietbar vertrete. Der Inklusivismus schließt andere Religionen in sein eigenes Wahrheitsverständnis mit ein, wenn z.B. auf die universale Heilsmittlerschaft Jesu Christi hingewiesen wird, die auch in Anhängern nicht-christlicher Religionen und Weltanschauungen wirksam sei. Der Pluralismus geht von einem prinzipiell gleichberechtigten Nebeneinander unterschiedlicher Glaubensweisen und damit auch Wahrheitsformen aus. Harz nimmt diese Differenzierung teilweise auf und überschreitet sie zugleich. Für einen ehrlichen und offenen Dialog zwischen den Religionen sei es notwendig,

> „im eigenen Standpunkt das Gegensätzliche des anderen mitzusehen und auszuhalten. [...] Manches über den eigenen Glauben kann vielleicht nicht mehr so ‚vollmundig' formuliert werden, manche Vorurteile und Abgrenzungen den anderen gegenüber müssen fallen. [...] Auch der Streit um die Wahrheit gehört dazu, aber wir können und müssen solche Auseinandersetzungen nicht zu einer befriedigenden Lösung bringen. Die Gegensätze müssen nicht aufgegeben oder wegretuschiert werden, sondern sie dürfen bestehen bleiben, auch in ihrer Widersprüchlichkeit. Zum Glauben und zu Gott gehört auch das Unzugängliche, das sich unserem erklärenden oder ordnenden Zugriff entzieht, das letztlich Geheimnis bleibt. Trotzdem bleibt das Recht auf den eignen Standpunkt."[53]

Mit dem Hinweis auf das Geheimnis Gottes zeigt Harz auf, dass es sich bei der Wahrheitsfrage um eine Frage handelt, die außerhalb der menschlichen Verfügbarkeit liegt. Die Wahrheit ist sozusagen eine göttliche Dimension. Ein wirklicher interreligiöser Dialog ist nun möglich: Jeder vertritt seine je eigene Konfession und Glaubensrichtung und hält an ihr fest. Zugleich kann viel von der jeweils anderen Religion erfahren und gelernt werden. Bei seinen Ausführungen ist Harz dicht an der Realität der Einrichtungen; so beschreibt er z.B. fünf unterschiedliche Elternhaltungen, auf die Erzieher/innen treffen können, und führt aus, wie ein Gespräch mit ihnen verlaufen könnte.[54]

---

51 Ebd., 15.
52 So z.B. *U. Swarat,* Die Religionen der Welt und der christliche Glaube. In: *U. Link-Wieczorek/R. Miggelbrink/D. Sattler/M. Haspel/U. Swarat/H. Bedford-Strohm,* Nach Gott im Leben fragen. Ökumenische Einführung in das Christentum, Freiburg 2004, 168–190, bes. 176–180.
53 *F. Harz,* Ist Allah auch der liebe Gott? Interreligiöse Erziehung in der Kindertagesstätte, München 2001, 88f.
54 Ebd., 66–70.

Auch für Matthias Hugoth stehen der Dialog, der Austausch und die Begegnung im Mittelpunkt der interreligiösen Erziehung. In seinem Leitfaden für interreligiöse Erziehung schreibt er:

> „Das Austauschen, Anteilnehmen, Mitmachen und – wo es möglich ist – das Herausbilden gemeinsamer religiöser Vollzugsformen entspricht dem interreligiösen Ansatz. Er zielt darauf, mit der eigenen Religion vertraut zu werden, zugleich aber in einen Austausch mit denen zu treten, die einer anderen Religion angehören. So wird Begegnung möglich, die im vergleichenden Miteinander die eigenen religiösen Ansichten und Lebensformen vertiefen, zugleich aber auch den Horizont erweitern kann."[55]

Die Arbeit in den Einrichtungen sollen die Kinder „dazu befähigen, einander mit Offenheit, Interesse und Toleranz zu begegnen und auch das, was trennt und unvereinbar ist, auszuhalten."[56] Die Vielschichtigkeit der Ebenen, die beim interreligiösen Lernen angesprochen werden, hat Hugoth differenziert beschrieben. Es handelt sich um eine Verflechtung kognitiver, rationaler, ethischer, sozialer, symbolischer, psychologischer und philosophischer bzw. spiritueller Aspekte.[57] Da – wie bei jeder Bildung – auch bei der interkulturellen und interreligiösen Bildung sowohl explizit formulierte und beabsichtigte Faktoren als auch implizite Faktoren, die sich z.T. in der Haltung spiegeln und nicht immer präzise reflektiert sind, wirken, liegen in der vielschichtigen Verflechtung große Herausforderungen, aber auch Chancen.

Sowohl Harz also auch Hugoth fügen im jeweils letzten Kapitel Grundinformationen über die Weltreligionen bei. Für Erzieherinnen ist ein solches Grundwissen sehr hilfreich. Die Vielfalt innerhalb des muslimischen Lebens in Deutschland, die in der 2009 erschienenen, ersten bundesweit repräsentativen Studie „Muslimisches Leben in Deutschland" aufgezeigt wird, macht aber sehr schnell deutlich, dass eine Beschäftigung mit solchen Grundinformationen letztendlich nicht ausreicht. Hinsichtlich der regionalen Herkunft ist die muslimische Bevölkerung sehr heterogen: Rund 63% der in Deutschland lebenden Muslime haben türkische Wurzeln. Rund 14% stammen aus den südosteuropäischen Ländern Bosnien, Bulgarien und Albanien, weitere 8% aus dem Nahen Osten und weitere 7% aus Nordafrika, zumeist aus Marokko. Die restlichen 8% der in Deutschland lebenden Muslime stammen aus unterschiedlichen Regionen der Welt: Zentralasien/GUS, Iran; Süd-/Südostasien und dem sonstigen Afrika.[58] Zugleich muss berücksichtigt werden, dass „zum

---

55 *M. Hugoth,* Fremde Religionen – fremde Kinder? Leitfaden für interreligiöse Erziehung, Freiburg 2003, 25.
56 Ebd., 26.
57 Ebd., 34–59.
58 *Bundesamt für Migration und Flüchtlinge* (Hg.), Muslimisches Leben in Deutschland, im Auftrag der Deutschen Islam Konferenz, Nürnberg 2009, 12f.

Teil erhebliche Anteile der Personen mit Migrationshintergrund aus den entsprechenden Herkunftsländern keine Muslime sind."[59]

So müssen Erzieherinnen immer wieder ermutigt werden, sich selbst im interreligiösen Dialog als Lernende zu verstehen. Gelingt es, eine vertrauensvolle Basis zu legen, kann im Austausch mit Kindern und Eltern sehr viel gelernt werden. Das ist aber eben nur möglich, wenn zusätzlich zur Familienkultur auch explizit die Familienreligion thematisiert wird.

Für das Vertrauen förderlich kann auch die theologische Rückbesinnung auf Abraham sein: „Dass Abraham als ,Vater', als das oder zumindest ein Ur-Bild des Glaubens für Juden, Christen und Muslime, gilt, ist unbestritten. Daher seine Attraktivität als Symbolfigur und Anknüpfungspunkt zur Entdeckung von Gemeinsamkeiten, die selbstverständlich im Dialog fruchtbar gemacht werden kann und soll."[60] Abraham als eine Symbolfigur für das Verbindende und Gemeinsame zwischen den Religionen, von der ausgehend dann auch die Unterschiede und Besonderheiten wahrgenommen werden können: das ist eine Haltung und Sichtweise, die demnach zu gelingender interreligiösen Kommunikation in Kindertageseinrichtungen beitragen kann.

Neben den beiden pädagogischen Entwürfen zur interreligiösen Erziehung von Hugoth und Harz sind weitere Ansätze zu nennen. Bereits seit längerem haben sich die beiden konfessionellen bundesweiten Verbände der Fragestellung immer wieder angenommen. So fand bereits im Jahr 2000 eine Tagung des Verbandes Katholischer Tageseinrichtungen für Kinder (KTK) statt, die auch entsprechend dokumentiert wurde.[61] In Referaten und Statements wurden wichtige Fragen, wie z.B. „Glauben wir nicht alle im Grunde dasselbe? Absolutheitsanspruch und Dialogbereitschaft – wie aus dem Spannungsfeld ein gemeinsamer Lebensraum der Religionen werden kann"[62], angesprochen und Zukunftsperspektiven für die Aus- und Fortbildung aufgezeigt. Das dort abgedruckte Positionspapier des KTK-Bundesverbandes zur interreligiösen Erziehung in katholischen Kindertageseinrichtungen[63] verdeutlicht den Anspruch des Wechsels von einem monoreligiösen zum interreligiösen Ansatz. Dass dieser Anspruch nur zum Teil umgesetzt werden konnte, wird in den 2003 erschienenen Leitlinien und Materialien für die religiöse Erziehung deut-

---

59 Ebd., 12.
60 *F. Eißler*, Abrahamische Ökumene. In: Materialdienst der EZW 2/2010, 72–76, 74. Für eine umfassende theologische Reflexion sei verwiesen auf: *B. Schröder*, Abrahamische Ökumene? Modelle der theologischen Zuordnung von christlich-jüdischem und christlich-islamischem Dialog. In: Zeitschrift für Theologie und Kirche 105 (2008), 456–487.
61 *Verband Katholischer Tageseinrichtungen für Kinder (KTK) – Bundesverband* (Hg.), Die Welt der Religionen im Kindergarten. Grundlegung und Praxis interreligiöser Erziehung. Dokumentation Religionspädagogische Jahrestagung 2000, Freiburg 2001.
62 *B. Uhde/M. Hugoth*, Glauben wir nicht alle im Grunde dasselbe? Absolutheitsanspruch und Dialogbereitschaft – wie aus dem Spannungsfeld ein gemeinsamer Lebensraum der Religionen werden kann. In: *Verband Katholischer Tageseinrichtungen für Kinder (KTK) – Bundesverband* (Hg.), Die Welt der Religionen im Kindergarten. Grundlegung und Praxis interreligiöser Erziehung. Dokumentation Religionspädagogische Jahrestagung 2000, Freiburg 2001, 7–15.
63 Ebd., 57–59.

lich. In den Zielbestimmungen der „Leitlinien für die religiöse Erziehung konfessionsloser und andersgläubiger Kinder in katholischen Kindertageseinrichtungen" und den daraus erwachsenden „Konkretionen" wird interreligiöses Lernen nicht explizit angesprochen.[64]

Bei der Bundesvereinigung Evangelischer Tageseinrichtungen für Kinder e.V. (BETA) ist 2003 eine wichtige Publikation zum interreligiösen Lernen erschienen: „Vielfalt leben – Profil gewinnen. Interkulturelle und interreligiöse Erziehung und Bildung in evangelischen Tageseinrichtungen"[65]. Hier werden deutlich interreligiöse Aspekte stark gemacht. Norbert Ittmann beschreibt Schritte „auf dem Weg zur Begegnung der Religionen"[66] und führt aus, welche Positionen zu bedenken sind, wenn „Kinder in der Einrichtung anderen Religionen begegnen"[67].

Erfreulich ist, dass in der Literatur, die im Rahmen der Akademisierung der Erzieherinnenausbildung steht, die Notwendigkeit einer interreligiösen Bildung hervorgehoben wird.[68]

Konkrete Ideen, wie die interreligiöse Begegnung zwischen den Kindern angeregt werden kann, liefern weitere Publikationen, wie z.B. die 2009 erschienene Arbeitshilfe zum Weltkindertag „Kinder haben Rechte! ... auf Religion"[69] oder auch Beiträge in den verbandseigenen Zeitschriften „TPS. Theorie und Praxis der Sozialpädagogik" (BETA) und „Welt des Kindes" (KTK).[70] Erfreulich ist auch, dass immer mehr Materialien zum interreligiösen Lernen entstehen, die für Kinder unter sechs Jahren gut geeignet sind.[71]

---

64 Religion für alle Kinder? Konfessionslose und andersgläubige Kinder in katholischen Kindertageseinrichtungen. Leitlinien und Materialien für die religiöse Erziehung, Freiburg i. Br. 2003.

65 *Bundesvereinigung Evangelischer Tageseinrichtungen für Kinder e.V.* (Hg.), Vielfalt leben – Profil gewinnen. Interkulturelle und interreligiöse Erziehung und Bildung in evangelischen Tageseinrichtungen für Kinder, Stuttgart 2002.

66 *N. Ittmann*, Die Begegnung der Religionen. In: ebd., 37–60, bes. 41–49.

67 Ebd., 49–60.

68 *B. Feininger*, Interreligiöses Lernen als ein Feld des Lernens an Differenzen: In: *R. Kirchhoff/H. Rupp* (Hg.), Religiöse und philosophische Bildung. Grundlagen für das Studium der Frühpädagogik, Frankfurt/M. 2008, 139–155.

69 *Bundesverband Evangelischer Tageseinrichtungen für Kinder e.V.,* Kinder haben Rechte! ... auf Religion! Arbeitshilfe zum Weltkindertag 20. September 2009, bes. 20f.

70 Z.B.: *C. Fleck*, Viele Wege führen auf den Berg, Gedanken zur interreligiösen Erziehung. In: Welt des Kindes 4 (2008), 22-25. *P.T. Franke*, Dialog der Religionen, Andere Religionen in der Kindertageseinrichtung sind eine Herausforderung und eine Chance für die religiöse Bildung. In: Welt des Kindes. Fachzeitschrift für Kindertageseinrichtungen 2 (2009), 13–14. *R. Brahms*, Sind vor Gott alle Menschen gleich? Vielfalt ist keine Bedrohung, sondern eine Bereicherung. In: TPS 5 (2003), 21–23. *H. Jamal*, Auch im Islam ist Abraham ein Beispiel für Aufbruch. Bibel und Koran erzählen ähnliche Geschichten. In: TPS 9 (2007), 26–29. Natürlich nehmen sich auch die weiteren elementarpädagogischen Fachzeitschriften dieser Thematik an: z.B. *F. Harz*, Neugierig hinschauen – Gemeinsamkeiten erschließen. Interreligiöse Bildung und Erziehung. In: Kindergarten heute 12 (2006), 6–12. *K. Steiner*, Das Zuckerfest oder: Interreligiöse Arbeit in unserer Ev. KiTa. In: Was + wie 3 (2003), 102–104.

71 Hier nur eine exemplarische Auswahl zur kindgerechten Darstellung der Weltreligionen: *D. Both/B. Bingel*, Was glaubst du denn? Eine spielerische Erlebnisreise für Kinder durch die Welt der Religionen, Münster 2000. *A. Weinhold*, Unsere Religionen. Sachbuchreihe Wieso? Weshalb? Warum? Ravensburg 2003. *F. Menke*, Die Religionen der Welt den Kindern erklärt,

Zusammenfassende Überlegungen

Die Ausführungen haben gezeigt, dass interkulturelle und interreligiöse Bildung sowohl in pädagogischen als auch in religionspädagogischen Zusammenhängen wahrgenommen werden kann. Die Notwendigkeit, das Thema Religion/Religionen in Kindertageseinrichtungen aufzunehmen, wird von unterschiedlichen Seiten gesehen. Allerdings erfährt die religiöse und interreligiöse Dimension in erziehungswissenschaftlichen Entwürfen noch keine zureichende Bearbeitung. Problematisch ist auch der Versuch, die religiöse Begleitung im Elementarbereich nach dem schulischen Vorbild einer Religionskunde zu gestalten, worauf die oben dargestellte Differenzierung zwischen Religions-Bildung und religiöser Bildung zielt[72]. Die Beschränkung auf eine neutrale Perspektive, die sich nicht auf Spannungen oder Konflikte zwischen verschiedenen Glaubensüberzeugungen einlässt und stattdessen nur über Religion informieren will, wird den Kindern kaum gerecht. Eine kompetente Begleitung der Kinder muss Religion und Religionen in ihren verschiedenen Bedeutungen aufnehmen – als existentielle Erfahrung, als Teil der (kindlichen) Lebenswelt und der Gesellschaft, aber auch in ihrer kirchlichen Gestalt[73], wobei unterschiedliche Einrichtungen – auch unter Berücksichtigung der Trägerschaft sowie der Erwartungen von Eltern – jeweils eigene Wege finden müssen.

Der Begriff der religiösen Erziehung erweist sich bei alldem als zu eng, weshalb wir auch im Folgenden lieber von religiöser und interreligiöser Bildung sprechen.[74]

Kevelaer 2006. Folgendes Buch ist zwar für die Grundschule konzipiert, kann für die älteren Kinder einer Einrichtung aber auch nützlich sein: *M. Pusch*, Wie Weihnachten? Drei Religionen und ihre Freudenfeste, Göttingen 2007.

72 *C. Dommel*, Religions-Bildung im Kindergarten in Deutschland und England. Vergleichende Bildungsforschung für frühkindliche Pädagogik aus religionswissenschaftlicher Perspektive, Frankfurt/M./London 2007. Vgl. auch *dies.*, Interreligiöses Lernen im Elementarbereich: Kindertagesstätten und Kindergärten. In: *P. Schreiner/U. Sieg/V. Elsenbast* (Hg.), Handbuch Interreligiöses Lernen, Gütersloh 2005, 434-452.

73 *H. de Wall* hat ausgeführt, dass „das Grundgesetz", wie oft fälschlich angenommen, „dem Tischgebet in einem kommunalen Kindergarten nicht grundsätzlich entgegensteht." *H. de Wall*, Juristische Aspekte der interkulturellen und interreligiösen Bildung in Kindertagesstätten. In: *F. Schweitzer/A. Biesinger/A. Edelbrock* (Hg.), Mein Gott, Dein Gott. Interkulturelle und interreligiöse Bildung in Kindertagesstätten, Weinheim/Basel ²2009, 81-94, 81.

74 Zur weiteren Diskussion der Terminologie vgl. im vorliegenden Band oben, S. 31.

4. Ergebnisse

Die Ziele der Untersuchung sind an anderer Stelle im vorliegenden Band bereits dargestellt worden.[75] Sie lassen sich so zusammenfassen, dass es darum ging, ein Bild von der Praxis interreligiöser und interkultureller Bildung in Kindertagesstätten zu gewinnen. Als Informanten dienen dabei die Erzieherinnen, die gleichsam als Experten dieser Praxis befragt werden. Wichtig war es dabei, ein repräsentatives Bild zu erreichen, das sich auf ganz Deutschland bezieht.

4.1 Stichprobe

Ziehung
Um zu einer repräsentativen Stichprobe für die Bundesrepublik zu gelangen, mussten zunächst alle existierenden Kindergärten und Kitas ermittelt werden. Mit Hilfe der statistischen Landesämter wurde deshalb eine bundesweite Liste aller dort jeweils registrierten Einrichtungen erstellt.[76] Aus dieser Gesamtliste mit insgesamt 44.113 Einrichtungen konnte dann die Stichprobe für die Untersuchung gezogen werden.

Vorher wurde für jede einzelne Einrichtung kodiert, ob es sich um einen konfessionellen oder nicht-konfessionellen Träger handelte. Da die Pilotstudie gezeigt hatte, dass der Rücklauf von nicht-konfessionellen Einrichtungen sehr viel niedriger ausfiel als der von konfessionellen Einrichtungen, wurde ein Verhältnis von 70:30 von nicht-konfessionellen zu konfessionellen Trägern für die Ziehung der Stichprobe gewählt, um ein gleichmäßiges Größenverhältnis der beiden Gruppen im Rücklauf zu erzielen.

Je nach Anzahl der Einrichtungen pro Bundesland wurden die Bundesländer in 3 Kategorien eingeteilt, um diese unterschiedlichen Verhältnisse angemessen zu gewichten.[77] So wurden aus Bundesländern mit wenig registrierten Kitas (weniger als 1500) nur 100 Einrichtungen für die Stichprobe gezogen, aus Bundesländern mit einer mittleren Anzahl (1500 bis 3000) jeweils 150 Einrichtungen und aus Bundesländern mit vielen Kitas (mehr als 3000) 200 Einrichtungen. So ergab sich eine Stichprobengröße von insgesamt 2400 Einrichtungen, die das Leibniz-Institut für Sozialforschung *GESIS* per computergestütztem Zufallsverfahren aus der Gesamtliste zog. Tabelle 1 zeigt die Einteilung der Bundesländer:

---

75 Vgl. oben, S. 29ff.
76 Natürlich ist nicht gewährleist, dass *alle* tatsächlich aktuell bestehenden Kindergärten und Kitas auf diesem Weg erhoben werden konnten. Jedoch zumindest die von den Landesämtern offiziell festgestellten Einrichtungen. Im Anhang (S. 231f.) ist eine Übersicht zu den Einzellisten pro Bundesland und der Gesamtliste dargestellt.
77 Vgl. Tabelle 1 (S. 162) sowie im Anhang S. 231f.

Tabelle 1:   Einteilung der Bundesländer in drei Kategorien für die Ziehung der Stichprobe

Kategorie (abhängig von der Anzahl der Einrichtungen pro Bundesland)	Bundesländer	Anzahl der Einrichtungen pro Bundesland (abhängig von der Kategorie)	Anzahl der Einrichtungen mal Anzahl der Bundesländer
Kategorie 1 (= weniger als 1500 Einrichtungen)	Bremen, Hamburg, Mecklenburg-Vorpommern, Saarland, Thüringen	100	100 x 5 = 500 Einrichtungen
Kategorie 2 (= 1500 bis 3000 Einrichtungen)	Schleswig-Holstein, Sachsen-Anhalt, Rheinland-Pfalz, Brandenburg, Berlin, Sachsen	150	150 x 6 = 900 Einrichtungen
Kategorie 3 (= mehr als 3000 Einrichtungen)	Niedersachsen, Hessen, Bayern, Baden-Württemberg, Nordrhein-Westfalen.	200	200 x 5 = 1000 Einrichtungen
			Gesamtzahl: 2400 Einrichtungen in 16 Bundesländern

Ablauf der Befragung

Da der Rücklauf im Pilotprojekt 2006/07 insgesamt eher niedrig ausgefallen war, wurden vor der Versendung der Fragebögen alle 2400 ermittelten Einrichtungen angerufen und gefragt, ob sie zur Teilnahme bereit seien. Dies sollte einerseits bei den Kitas, die zur Teilnahme bereit waren, die Motivation weiter erhöhen und andererseits dabei helfen, solche Einrichtungen zu ermitteln, die aus verschiedenen Gründen nicht teilnehmen konnten oder wollten, um damit Materialkosten für Porto und Fragebögen zu sparen. Ein weiterer Vorteil war, dass am Telefon zur Bestimmung der benötigten Fragebogen-Anzahl erfragt werden konnte, wie viele Erzieherinnen in der jeweiligen Kita arbeiteten[78].

Die Telefonate übernahmen sieben geschulte Hilfskräfte, die im März und April 2010 die gesamte Stichprobe abtelefonierten. Obwohl es einen relativ großen Anteil an stichprobenbedingtem Ausfall gab[79] (Gründe waren bspw. falsche bzw. nicht ermittelbare Telefonnummern oder dass die Kita nicht mehr existierte), sagten erfreulicherweise 49,7 % der 2400 Einrichtungen zu, teilzunehmen.[80]

Nachdem diese Liste nochmals bereinigt wurde (z.B. wurden Krippen für Kleinkinder und Schülerhorte aussortiert, da sie nicht mit der uns interessierenden

---

78 Eine Zahl, die in der Gesamtliste immerhin zwischen 2 und 45 Erzieherinnen pro Einrichtung schwanken kann.
79 Dieser stichprobenbedingte Ausfall hatte mit der unterschiedlichen Qualität der von den statistischen Landesämtern zur Verfügung gestellten Kita-Listen zu tun, aus denen insgesamt die Stichprobe gezogen wurde.
80 S. Anhang, S. 232.

Altersgruppe von 3 bis 6-Jährigen arbeiten), blieben 1183 Kitas, an die im Sommer 2010 die Fragebögen verschickt wurden.

An jede Einrichtung wurden Fragebögen entsprechend der Anzahl der dort beschäftigten Erzieherinnen versendet. Die Leiterin wurde in einem Brief instruiert, jeder Erzieherin einen Bogen auszuteilen, damit jede Mitarbeiterin die Möglichkeit haben konnte, an der Befragung teilzunehmen. Gleichzeitig wurde betont, dass die Teilnahme selbstverständlich freiwillig sein würde. Jeder ausgefüllte Bogen wurde in dem beiliegenden Umschlag verschlossen wieder an die Leiterin zurück gegeben, so dass die Anonymität innerhalb der Kita gewahrt bleiben konnte. Diese Umschläge mit den ausgefüllten Bögen wurden dann von einer Person, z.B. der Leiterin, gesammelt und in einem ebenfalls beiliegenden adressierten und frankierten Rückumschlag zurück geschickt.

Rücklauf

Es kamen aus 487 Kitas auswertbare Fragebögen zurück. Das entspricht einem zufriedenstellenden Rücklauf von 41,2% in Bezug auf die Anzahl der angeschriebenen Kitas[81].

Insgesamt wurden 10148 Fragebögen versendet. Davon wurden 2838 ausgefüllte Fragebögen zurückgeschickt. Im Blick auf die insgesamt angeschriebenen Erzieherinnen ergibt sich somit ein Rücklauf von 28%. Dieser geringere Rücklaufwert im Vergleich zum Rücklauf in Bezug auf die angeschriebenen Kitas erklärt sich dadurch, dass in vielen Fällen nicht alle Erzieherinnen, die in der jeweiligen Kita arbeiteten, geantwortet haben[82]. Dies war möglich, da die Teilnahme für jede Erzieherin freiwillig und anonym war.

Die Verteilung des Rücklaufs nach den einzelnen Bundesländern ist in Abbildung 1 dargestellt. Die nicht-proportionalen Beteiligungszahlen der einzelnen Bundesländer wurden durch Gewichtungsfaktoren ausgeglichen, so dass ihre Ergebnisse vergleichbar in die Datenauswertung einfließen konnten. Die Erhebung ergibt ein für das gesamte Gebiet der Bundesrepublik Deutschland repräsentatives Bild. Eine Unsicherheit bleibt – wie bei allen Studien dieser Art – im Blick auf die Kitas bestehen, die sich nicht bei der Befragung beteiligten. Die Gründe dafür können vielfältig sein, sowohl inhaltlicher (man will mit religiösen Themen nichts zu tun haben) als auch organisatorischer Natur (z.B. interne Reorganisationsprozesse, die zu viel Unruhe in das Team bringen). Die Verteilung des Rücklaufs nach den einzelnen Bundesländern ist in Abbildung 1 dargestellt.

---

81 In Bezug auf die gesamte Stichprobe von 1848 Kitas (nach stichprobenbedingtem Ausfall), die telefonisch erreicht werden konnten, ergibt sich ein Rücklauf von 26,4%.

82 Durchschnittlich liegen aus jeder Einrichtung 6 Fragebögen vor. Aus 9,7% der Einrichtungen kam nur ein Fragebogen; aus 9,9% der Einrichtungen liegen mehr als 10 Fragebögen vor.

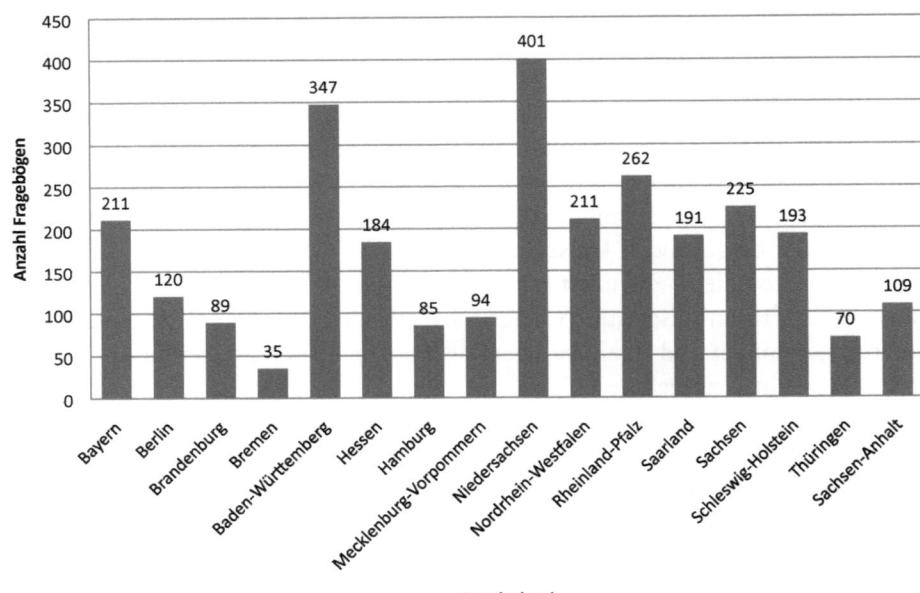

Abbildung 1: Anzahl der zurückgesandten Fragebögen pro Bundesland. Bei diesen Zahlen
            ist zu berücksichtigen, dass die Bundesländer je nach Größe bzw. Anzahl
            der dort registrierten Kitas für die Stichprobenziehung in drei Kategorien
            geteilt wurden: In einem großen Bundesland, wie bspw. Bayern, wur-
            den 200 Einrichtungen angefragt, in einem mittelgroßen Bundesland, wie
            bspw. Sachsen, 150 Einrichtungen und in einem kleineren Bundesland, wie
            Bremen, nur 100 Einrichtungen. Auch dadurch ergeben sich die sichtbaren
            Schwankungen je nach Bundesland in der Fragebogenanzahl.

Konfessionelle und nicht-konfessionelle Einrichtungen sind in der Stichprobe relativ gleichmäßig verteilt (194 Einrichtungen mit konfessionellem Träger vs. 266
Einrichtungen mit nicht-konfessionellem Träger), beide werden im Folgenden
immer wieder hinsichtlich der Unterschiede ihrer Ergebnisse verglichen.[83]
   Es zeigt sich eine relativ ausgewogene Stadt-Land-Verteilung der Stichprobe.
45% der untersuchten Einrichtungen befanden sich nach Angaben der Erzieherinnen in einer kleineren Ortschaft, aber auch Kitas in kleineren Dörfern, Städten und
Großstädten sind in der Stichprobe vertreten (Abbildung 2).

---

83 Bei 27 Einrichtungen konnte der Träger nicht mehr ermittelt werden. Diese bleiben bei den
   Vergleichen zwischen konfessionellen und nicht-konfessionellen Einrichtungen unberücksich-
   tigt.

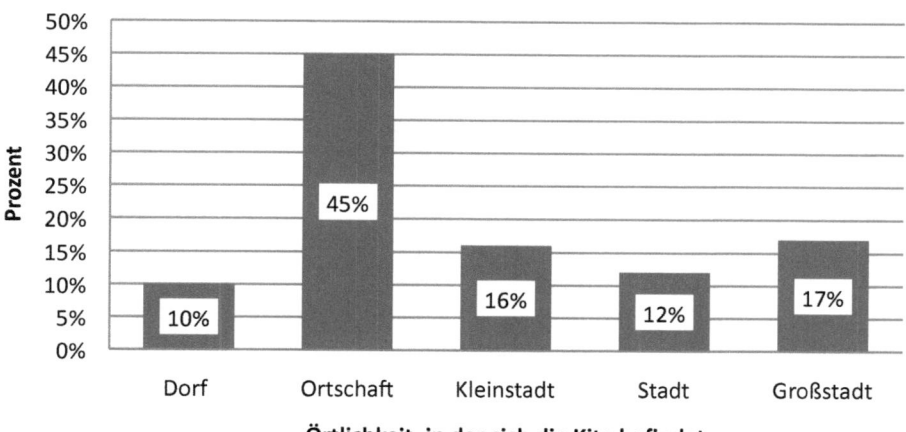

Abbildung 2: Verteilung der befragten Einrichtungen nach Größe der Örtlichkeit. Die dargestellte Kategorisierung ergab sich durch die Antworten auf die Frage „Wie viele Einwohner hat der Ort, an dem sich Ihre Kita befindet?" Dazu gab es im Fragebogen folgende Antwortmöglichkeiten: weniger als 1.000 Einwohner (Dorf), 1.000 bis unter 20.000 Einwohner (Ortschaft), 20.000 bis unter 50.000 Einwohner (Kleinstadt), 50.000 bis unter 100.000 Einwohner (Stadt), 100.000 Einwohner und mehr (Großstadt).

Stichprobenbeschreibung

Von den 2838 Befragten waren 98% Frauen. Das durchschnittliche Alter betrug 40,6 Jahre. Die meisten der Befragten (61%) arbeiteten bereits länger als 5 Jahre in der betreffenden Kita, wobei ca. die Hälfte der Erzieherinnen einen Stundenumfang von 100% hatte. Es zeichnet sich also in der Stichprobe überwiegend eine längere Berufserfahrung ab.

10% gaben an, selbst einen Migrationshintergrund zu haben[84]. 14% der Erzieherinnen gaben an, dass in ihrem Team unter anderem türkische Kolleginnen vertreten waren. Ebenso viele gaben an, dass sie polnische Mitarbeiterinnen hätten. Nach diesen beiden Nationalitäten wurden italienische Erzieherinnen (7%) und serbisch/kroatische Erzieherinnen (6%) im Team genannt. 31% kreuzten an, dass es unter ihren Kolleginnen außerdem noch „andere Nationalitäten" gebe.[85]

Der Großteil der Befragten (80%) hatte eine christliche Konfessionszugehörigkeit, während nur 1% muslimische Erzieherinnen in der Stichprobe vertreten waren[86]. Die Gruppe ohne religiöses Bekenntnis lag bei 16%. Die genaue Vertei-

---

84 Wir definierten Migrationshintergrund im Fragebogen, wie allgemein üblich, so, dass mindestens ein Elternteil der befragten Person aus einem anderen Land stammt.
85 Vgl. auch S. 190.
86 Die Frage, ob in ihrem Team auch muslimische Erzieherinnen vertreten seien, bejahten im Vergleich immerhin 11% aller Befragten.

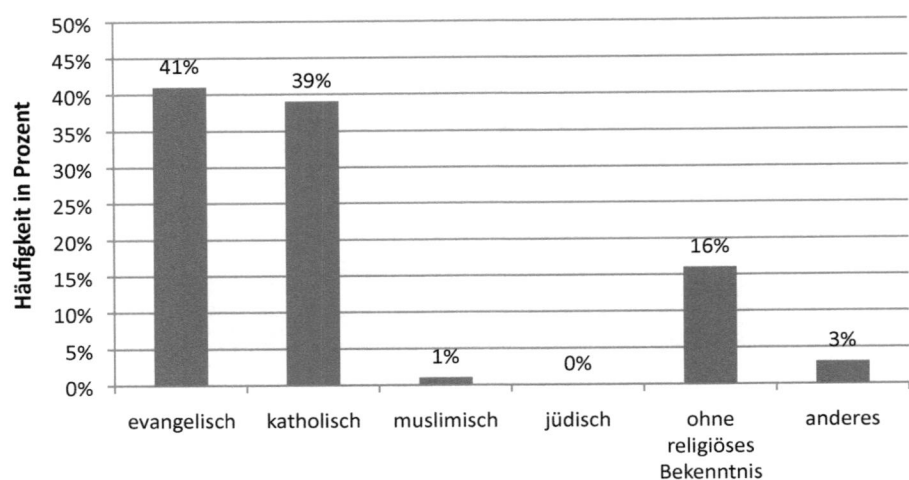

Religionszugehörigkeit der Erzieherinnen

Abbildung 3:   Verteilung der Religionszugehörigkeit in der Stichprobe. Mit Abstand die
               größte Gruppe sind Erzieherinnen mit christlicher Konfession, danach folgen
               Erzieherinnen ohne religiöses Bekenntnis. Muslimische Erzieherinnen sind
               im Vergleich deutlich in der Minderheit.

lung der Religionszugehörigkeit der Erzieherinnen, die einen Fragebogen ausgefüllt
haben, ist in Abbildung 3 veranschaulicht.[87]

11% der Erzieherinnen gaben an, dass sie über die Religionszugehörigkeit ihrer
Kolleginnen im Team nicht genau Bescheid wüssten. Bezüglich der Nationalität
ihrer engsten Mitarbeiterinnen war hingegen nur 1% unsicher. Ersteres wird also
wohl weniger unter den Erzieherinnen kommuniziert bzw. ist weniger nach außen
hin offensichtlich.

Ausbildung
Bezüglich des konfessionellen Hintergrundes der Ausbildungsstätte ergibt sich ein
ausgewogenes Verhältnis. 51% der Befragten gaben an, in einer konfessionellen
Einrichtung ausgebildet worden zu sein. Ebenso viele nannten eine nicht-konfessionelle Kita als Ausbildungsstätte. Nur 2% wussten nicht, ob es sich um eine Einrichtung mit konfessionellem oder mit nicht-konfessionellem Träger gehandelt hatte.[88]

Die meisten Erzieherinnen aus konfessionellen Einrichtungen wurden auch in
Kitas mit konfessionellem Träger ausgebildet (66%). Ebenso verhält es sich bei
den Erzieherinnen aus nicht-konfessionellen Einrichtungen (62% von ihnen wurden
in nicht-konfessionellen Einrichtungen ausgebildet.).

---

87 Zur Religiosität der Erzieherinnen siehe auch S. 190.
88 Dass sich hier ein Wert von leicht über 100% ergibt, kommt daher, dass vereinzelt auch bei-
    des angekreuzt wurde, d.h. eine Ausbildung hat in diesem Fall sowohl in einer konfessionel-
    len als auch in einer nicht-konfessionellen Einrichtung stattgefunden.

4.2 Skalen zur religiösen und kulturellen Bildung in konfessionellen und nicht-konfessionellen Einrichtungen

Um vergleichen zu können, wo Schwerpunkte (inter-)kultureller und (inter-)religiöser Arbeit in den Kindertagesstätten liegen und wie sich hierbei konfessionelle und nicht-konfessionelle Einrichtungen unterscheiden, wurden Skalen gebildet. Diese Skalen setzen sich aus bestimmten Items des Fragebogens zusammen, die aufsummiert jeweils ein Konstrukt, wie z.B. „christliche Bildung" messen. Dabei ist zu beachten, dass nur die beiden Skalen zur interkulturellen und interreligiösen Bildung eine vollständige Parallelität im Aufbau aufweisen und insofern verlässliche Vergleiche erlauben. Die weiteren Skalen sind aufgrund ihrer inhaltlichen Zusammenstellung zwar von vornherein weniger verlässlich, bieten aber im Vergleich zu den Auswertungen auf der Ebene von Einzelitems doch eine weiterreichende Orientierung. Auf Einzelfragen zu den Skalen wird im Folgenden noch genauer eingegangen.

4.2.1 Vorstellung der Skalen

Die Darstellung im Folgenden orientiert sich an zehn im Projekt erstellte Skalen, die einzelne Fragen des Fragebogens unter inhaltlichen Aspekten bündeln und in einem zusammenfassenden Maß darstellen. Dieses Maß lässt sich als Skalenwert verstehen. Der Skalenwert bewegt sich bei allen Skalen zwischen „eins" (geringe Ausprägung; der erfragte Bereich spielt nach Einschätzung der befragten Erzieherinnen keine Rolle) und „fünf" (hohe Ausprägung; der erfragte Bereich spielt nach Einschätzung der Erzieherinnen eine äußerst große Rolle). Die Skalen erlauben auf Grund dieser Normierung eine quantitative Vergleichbarkeit hinsichtlich der Ausprägung der verschiedenen Fragenkomplexe. Aus den bereits genannten Gründen sind dabei allerdings gewisse Einschränkungen zu beachten. So werden die einzelnen Bereiche unterschiedlich differenziert erfasst. Der Komplex „Relevanz und Praxis christlicher Themen" etwa wurde mit deutlich mehr Items abgefragt als die Bereiche „Relevanz und Praxis islamischer Themen" und „Relevanz und Praxis jüdischer Themen", was sich bei der Fragebogenentwicklung im Blick auf die erwartbare Zusammensetzung der Kindergruppen ergab. Des Weiteren sind die Skalen teilweise, besonders im Falle der „unspezifischen Religiosität", inhaltlich heterogen, da sie unterschiedliche Aspekte wie Einstellungen, Werthaltungen, Handlungen, Wahrnehmungen und Verhaltensbeobachtungen aufgreifen. So sind diese Skalen als Annäherung an den Untersuchungsgegenstand zu verstehen sowie als Versuch, vielfältige und unterschiedliche Informationen über empirisch noch wenig untersuchte Fragestellungen zu bündeln und zu vergleichen.

Im Folgenden werden zunächst die Skalen 1, 2 und dann 7-10 dargestellt, die schwerpunktmäßig auf den Vollzug und die Praxis von Interkulturalität, Interreligiosität und Religiosität in den Einrichtungen bezogen sind, im Anschluss daran dann die Skalen 4-6, die damit verbundene Einstellungen der Erzieherin und deren Wahrnehmung der Kinder erfassen.

4.2.2 Beschreibung der Skalen

Der Fragebogen findet sich im Anhang[89], weshalb im Folgenden die Kontexte der Antworten bzw. die Fragestellungen nicht eigens erläutert werden.

Relevanz und Praxis interkultureller Themen (Skala 1)
Die Skala „Relevanz und Praxis interkultureller Themen" erfasst, ob und inwieweit interkulturelle Themen im Kindergartenalltag eine Rolle spielen und welche interkulturellen Angebote es für die Kinder der Einrichtung gibt. In Tabelle 2 sind die für diesen Bereich relevanten Fragen zu ersehen.

Tabelle 2:   „Relevanz und Praxis interkultureller Themen" (Skala 1)

Nummer im Fragebogen	Fragentext
e004	Im Team sprechen wir über das Miteinander der verschiedenen Kulturen in den Gruppen.
e008	Die Kinder erzählen, wie bei ihnen zu Hause ihre Kultur gelebt wird (z.B. bestimmte Feste, Bräuche ...).
e018	Wir sprechen mit den Kindern über die verschiedenen Kulturen auf der Welt.
e026	Geschichten über andere Länder / Kulturen

Relevanz und Praxis interreligiöser Themen (Skala 2)
Die Skala „Relevanz und Praxis interreligiöser Themen" erfasst, ob und inwieweit interreligiöse Themen im Kindergartenalltag eine Rolle spielen und welche interreligiösen Angebote es für die Kinder der Einrichtung gibt.
In Tabelle 3 sind die für diesen Bereich relevanten Fragen zu ersehen.

---

89 S. 223ff.

Tabelle 3: „Relevanz und Praxis interreligiöser Themen" (Skala 2)

Nummerierung im Fragebogen	Fragentext
e005	Im Team sprechen wir über das Miteinander der verschiedenen Religionen in den Gruppen.
e009	Die Kinder erzählen, wie bei ihnen zu Hause ihre Religion gelebt wird (z.B. bestimmte religiöse Feste, Riten ...).
e019	Wir sprechen mit den Kindern über die verschiedenen Religionen auf der Welt.
e036	Erzählungen von anderen Religionen

Relevanz und Praxis christlicher Themen (Skala 7)

Die Skala „Relevanz und Praxis interreligiöser Themen" erfasst, ob und inwieweit spezifisch christliche Themen bei der Arbeit im Kindergartenalltag eine Rolle spielen und welche christlichen Angebote es für die Kinder der Einrichtung gibt. In Tabelle 4 sind die für diesen Bereich relevanten neun Fragen zu ersehen.

Tabelle 4: „Relevanz und Praxis christlicher Themen" (Skala 7)

Nummerierung im Fragebogen	Fragentext
e022	Wir erklären den Kindern den christlichen Hintergrund des Osterfestes.
e024	Christliche Lieder
e027	Biblische Geschichten
e030	Besuch einer christlichen Kirche
e033	Christliches Gebet
e038b	Weihnachten mit religiösem Bezug
e039b	Sankt Martin mit religiösem Bezug
e040b	Ostern mit religiösem Bezug
e067	Erstgespräch mit den Eltern über christliche Erziehung

Relevanz / Praxis islamischer Themen (Skala 8)

Die Skala „Relevanz und Praxis islamischer Themen" erfasst, ob und inwieweit spezifische Themen des Islam im Kindergartenalltag eine Rolle spielen und welche islamischen Angebote es für die Kinder der Einrichtung gibt. In Tabelle 5 sind die für diesen Bereich relevanten fünf Fragen zu ersehen.

Tabelle 5:   „Relevanz und Praxis islamischer Themen" (Skala 8)

Nummerierung im Fragebogen	Fragentext
e020	Zur Zeit des Ramadan (Fastenmonat) wird den Kindern erklärt, was Muslime in dieser Zeit tun.
e028	Geschichten aus dem Koran
e031	Besuch einer Moschee
e035	Muslimisches Gebet
e068	Erstgespräch mit den Eltern über islamische Erziehung

Relevanz und Praxis jüdischer Themen (Skala 9)

Die Skala „Relevanz und Praxis jüdischer Themen" erfasst, ob und inwieweit spezifisch jüdische Themen bei der Arbeit im Kindergartenalltag eine Rolle spielen und welche jüdischen Angebote es für die Kinder der Einrichtung gibt. In Tabelle 6 sind die für diesen Bereich relevanten Fragen zu ersehen.

Tabelle 6:   „Relevanz und Praxis jüdischer Themen" (Skala 9)

Nummerierung im Fragebogen	Fragentext
e021	Wir erklären den Kindern, was Juden am Sabbat machen.
e025	Jüdische Lieder
e032	Besuch einer Synagoge

„Unspezifische" Religiosität (Skala 10)

Die Skala „Unspezifische Religiosität" bedarf besonderer Erläuterung. Sie ist vergleichsweise stärker heterogen zusammengesetzt, was die innere Konsistenz der hier zusammengefassten Items beeinträchtigt. Zugleich ist jedoch zu beachten, dass sich in diesem Bereich besonders interessante Tendenzen abzeichnen, die zumindest probeweise erfasst werden sollen. Gemeint sind religiöse Einstellungen und ggf. auch Formen elementarpädagogischer und religionspädagogischer Praxis in den Einrichtungen, die sich nicht in die institutionell bestimmten Traditionen von Christentum, Judentum oder Islam einordnen oder diesen eindeutig zuordnen lassen. Insofern werden sie hier, pragmatisch, als „unspezifisch" bezeichnet. Trotz der „Unspezifität" bestehen hier religiöse Interessen und Offenheiten, die auch für die Hauptfragestellung der vorliegenden Untersuchung – also im Blick auf interreligiöse und interkulturelle Bildung – von Interesse sind. Auf solche aus der allgemeinen Religionsforschung der Gegenwart, die sich etwa auf Phänomene der religiösen Individualisierung bezieht[90], bekannte Entwicklungen war die vorliegende Untersuchung nicht speziell ausgerichtet. Sie müsste bzw. könnte ggf. Gegenstand einer weiteren Spezialuntersuchung zur Religiosität von Erzieherinnen sein.

Die Zusammenstellung von Items bei diesem Fragenkomplex will also erfassen, ob und inwieweit es religiöse oder philosophische Themen und Fragestellungen gibt, die nicht „spezifisch" sind für eine der drei im Fragebogen erfassten Religionen (Christentum, Islam, Judentum), aber im Kindergartenalltag dennoch eine Rolle spielen. Zugleich geht in diese Skala ein, inwieweit der Erzieherin ganz allgemein Religion und Religiosität für die Erziehung der Kinder wichtig ist und wie es sich mit ihrer persönlichen Einstellung zu religiösen Themen verhält.

In Tabelle 7 sind die für diesen Bereich relevanten Fragen zu ersehen.

Tabelle 7: „Unspezifisch Religiosität" (Skala 10)

Nummerierung im Fragebogen	Fragentext
e057	In unseren Teamsitzungen sprechen wir über die religiöse Erziehung der Kinder.
e081	Mir ist es wichtig über solche Fragen (Tod/Gott) mit den Kindern zu sprechen.
e100	Kinder brauchen religiöse Erziehung, um sich in ihrer Welt orientieren zu können.
e113	Ich denke häufig über religiöse Fragen nach.
e115	Ich glaube, dass es eine höhere/ göttliche Macht gibt.
e116	Ich möchte gern mehr Informationen zu religiösen Fragen haben.

Wahrnehmung der religiösen Fragen und Interessen der Kinder (Skala 3)
Die Skala „Wahrnehmung der religiösen Fragen und Interessen der Kinder" versucht zu erfassen, ob und inwieweit aus Sicht der Erzieherinnen Kinder im Kindergarten religiöse Fragen stellen und religiöse Interessen zum Ausdruck bringen. In Tabelle 8 sind die für diesen Bereich relevanten Fragen zu ersehen.

---

90 Vgl. als aktuelles Beispiel: *Bertelsmann-Stiftung* (Hg.), Religionsmonitor 2008, Gütersloh 2008.

Tabelle 8:   „Wahrnehmung der religiösen Fragen und Interessen der Kinder" (Skala 3)

Nummerierung im Fragebogen	Fragentext
e009	Die Kinder erzählen, wie bei ihnen zu Hause ihre Religion gelebt wird (z.B. bestimmte religiöse Feste, Riten ...).
e078	Die Kinder fragen mich, ob ich an Gott/eine höhere Macht glaube.
e079	Die Kinder fragen, was nach dem Tod geschieht.
e080	Die Kinder interessieren sich dafür, ob es Gott/ eine höhere Macht gibt.
e083	Die Kinder stellen Fragen zu den unterschiedlichen Religionen.

Religiosität der Erzieherin (Skala 4)
Die Skala „Religiosität der Erzieherin" fasst folgende Fragen zur Religiosität der Erzieherin zusammen und ist in Tabelle 9 ersichtlich.

Tabelle 9:   „Religiosität der Erzieherin" (Skala 4)

Nummerierung im Fragebogen	Fragentext
e113	Ich denke häufig über religiöse Fragen nach.
e114	Das persönliche Gebet ist mir wichtig
e115	Ich glaube, dass es eine höhere/ göttliche Macht gibt.

Einstellung zu religiöser Erziehung (Skala 5)
Die Skala „Einstellung zu religiöser Erziehung" erfasst, ob die Erzieherin religiöse Erziehung in der Kita positiv bewertet und unterstützt oder ob sie eher der Meinung ist, dass Kinder ohne Religion aufwachsen sollen und etwa nur Werte ohne Religion vermittelt bekommen sollen. Folgende Fragen des Fragebogens wurden einbezogen, vgl. Tabelle 10:

Tabelle 10: „Einstellung zu religiöser Erziehung" (Skala 5)

Nummerierung im Fragebogen	Fragentext
e087	Kinder sollen Werte, aber keine Religion vermittelt bekommen. *(gespiegelt*)*
e088	Kinder sollen ohne Religion aufwachsen. *(gespiegelt)*
e099	Ein/e Erzieher/in sollte einen eigenen Standpunkt zum Thema Religion haben.
e100	Kinder brauchen religiöse Erziehung, um sich in ihrer Welt orientieren zu können.
e081	Mir ist es wichtig über solche Fragen (Tod/Gott) mit den Kindern zu sprechen.

*   Die so gekennzeichneten Items gingen umgepolt in die statistische Auswertung ein, eine 1 entspricht hier also dem Wert 5 usw.

Einstellung zu interreligiöser Praxis (Skala 6)

Die Skala „Einstellung zu interreligiöser Praxis" erfasst die Einstellung der Erzieherin zu spezifisch interreligiösen Zielsetzungen. Folgende Fragen des Fragebogens wurden einbezogen, vgl. Tabelle 11:

Tabelle 11: „Einstellung zu interreligiöser Praxis" (Skala 6)

Nummerierung im Fragebogen	Fragentext
e084	Mir ist es wichtig, über die verschiedenen Religionen mit den Kindern zu sprechen.
e091	Kinder sollen Unterschiede und Gemeinsamkeiten der Weltreligionen kennenlernen.
e093	Es ist wichtig, dass sich Christen, Muslime und Juden begegnen und miteinander reden.

4.2.3 Mittelwerte und Konsistenz der Skalen

Skalen 1, 2 und 7–10: Zur Praxis von Interkulturalität, Interreligiosität und Religiosität

Tabelle 12 zeigt die Mittelwerte der Skalen 1, 2 und 7–10 in der Gesamtstichprobe. Es zeigt sich zunächst, dass christliche, interkulturelle und unspezifisch religiöse Themen bei einer großen Schwankungsbreite mit einem Skalenwert von über 3 in den Einrichtungen eine Präsenz mit mittlerem Ausprägungsgrad haben (Skala 1, 7 und 10). Interreligiöse Themen sind ebenfalls vertreten, aber in einem etwas geringeren Umfang (Skala 2). Islamische und jüdische Themen sind kaum vertreten (Skala 8 und 9).

Tabelle 12: Deskriptive Statistik der Skalen 1 und 2, sowie 7–10

Skala	N	Mittelwert	Standard-abweichung
Skala 1: Relevanz und Praxis interkultureller Themen	2736	3,31	0,92
Skala 2: Relevanz und Praxis interreligiöser Themen	2702	2,62	1,03
Skala 7: Relevanz und Praxis christlicher Themen	2475	3,36	1,23
Skala 8: Relevanz und Praxis islamischer Themen	2230	1,48	0,49
Skala 9: Relevanz und Praxis jüdischer Themen	2772	1,18	0,41
Skala 10: Unspezifische Religiosität	2433	3,18	0,98

Folgende Tabelle 13 zeigt die Cronbach's Alpha Werte der internen Konsistenz für die Skalen 1,2 und 7–10. Dieses Reliabilitätsmaß gibt Hinweise darauf, wie homogen eine Skala ist. Insbesondere bei den Skalen 8 und 9 zeigt sich also noch Verbesserungsbedarf für die zukünftige Skalenkonstruktion, da keine hohe interne Konsistenz erreicht werden konnte.

Tabelle 13: Cronbach's Alpha als Reliabilitätsindex der Skalen 1,2 und 7–10

Skala	Cronbach's Alpha
Skala 1: Relevanz und Praxis interkultureller Themen	0,601
Skala 2: Relevanz und Praxis interreligiöser Themen	0,710
Skala 7: Relevanz und Praxis christlicher Themen	0,902
Skala 8: Relevanz und Praxis islamischer Themen	0,512
Skala 9: Relevanz und Praxis jüdischer Themen	0,510
Skala 10: Unspezifische Religiosität	0,831

Die statistische Prüfung zeigt weiterhin, dass sich alle Fragenkomplexe im Blick auf die Mittelwerte signifikant voneinander unterscheiden, so dass sich sagen lässt, dass christliche Themen die höchste Präsenz in den Einrichtungen haben, gefolgt von interkulturellen und allgemein religiösen Themen. Islamische Themen sind bezogen auf die Gesamtstichprobe signifikant weniger vertreten. Die jüdische Religion spielt in noch geringerem Maß eine Rolle.[91]

Skalen 3–6: Einstellung der Erzieherin und Wahrnehmung der Kinder
Die folgende Tabelle 14 zeigt die Mittelwerte der Skalen 3-6 in der Gesamtstichprobe. Es zeigt sich zunächst, dass die Einstellungen zu religiöser Erziehung und zu interreligiöser Erziehung über der Skalenmitte liegen. Die beiden Werte unterscheiden sich statistisch nicht. Der Wert für die Religiosität der Erzieherin (Skala 4) liegt etwas niedriger und unterscheidet sich signifikant von den Skalen fünf und sechs. Skala drei, in der es um die Wahrnehmung der religiösen Fragen und Interessen der Kinder geht, hat den niedrigsten Wert und unterscheidet sich von den anderen drei Skalen signifikant.

---

91 Weitere Informationen zur Signifikanz vgl. Anhang unten, S. 233ff.

Tabelle 14: Deskriptive Statistik der Skalen 3–6

Skala	N	Mittelwert	Standard-abweichung
Skala 3: Wahrnehmung der religiösen Fragen und Interessen der Kinder	2703	2,39	0,857
Skala 4: Religiosität der Erzieherin	2672	3,21	1,240
Skala 5: Einstellung zu religiöser Erziehung	2507	3,64	0,834
Skala 6: Einstellung zu interreligiöser Praxis	2637	3,66	0,794

Die folgende Tabelle 15 zeigt die Cronbach's Alpha Werte für die Skalen 3-6.

Tabelle 15: Interne Konsistenz der Skalen 3–6

Skala	Cronbach's Alpha
Skala 3: Wahrnehmung der religiösen Fragen und Interessen der Kinder	0,784
Skala 4: Religiosität der Erzieherin	0,863
Skala 5: Einstellung zu religiöser Erziehung	0,719
Skala 6: Einstellung zu interreligiöser Praxis	0,628

4.2.4 Korrelationen der Skalen

Interessanterweise zeigen die Skalenwerte für die Skalen 1, 2, 7–10 nicht nur signifikante Unterschiede, sondern auch deutliche Zusammenhänge.[92] Die paarweisen Korrelationen zwischen diesen Skalen zeigen für alle Paare signifikante Korrelationen. Das bedeutet, dass tendenziell eine Aufgeschlossenheit für interkulturelle Themen mit der Aufgeschlossenheit sowohl für religiöse (christlich, jüdisch, islamisch) als auch interreligiöse Themen einhergeht.

Im statistischen Vergleich *aller* Skalen (1–10) zeigt sich, dass es nur zwei Skalen gibt, die sich nicht signifikant unterscheiden, nämlich Skala 5 (Einstellung zu religiöser Erziehung) und 6 (Einstellung zu interreligiöser Praxis).[93] Angesichts der großen Zahlen darf dies jedoch nicht überbewertet werden.

Die Korrelationen zwischen den Skalen 3–6 zeigen, dass alle vier Skalen signifikant miteinander korrelieren. Je religiöser eine Erzieherin ist, desto positiver ist ihre Einstellung zu religiöser Erziehung. Die Höhe der Korrelation bewegt sich auf mittlerem Niveau, alle Korrelationskoeffizienten bewegen sich auf geringem Niveau.[94]

Eine interessante Einzelfrage, die uns mehrfach gestellt wurde, verdient hier besondere Beachtung:

---

92 Die Einzelwerte sind im Anhang dokumentiert, s.u., S. 235ff.
93 Die Einzelwerte sind im Anhang dokumentiert, s.u., S. 233ff.
94 Die Einzelwerte sind im Anhang dokumentiert, s.u., S. 242ff.

Zusammenhang zwischen Anzahl an Kindern einer Religion bzw. ohne religiöses Bekenntnis in der Einrichtung und Ausprägung der Skalen

Die Bedeutung interreligiöser Bildung (Skala 2: Relevanz und Praxis interreligiöser Themen) korreliert signifikant, aber eben niedrig (r = 0,216) mit der Anzahl muslimischer Kinder in der jeweiligen Gruppe. Entsprechend verhält es sich mit dem Zusammenhang zwischen Skala 1: (Relevanz und Praxis interkultureller Themen) und der Anzahl muslimischer Kinder (r = 0, 204). Weiterhin gibt es einen ebenfalls geringen, jedoch signifikanten Zusammenhang zwischen Skala 6 (Einstellung zu interreligiöser Praxis) und der Anzahl muslimischer Kinder in der Gruppe (r = 0,125).[95]

Demnach werden entsprechende Aufgaben der interreligiösen oder islamischen Bildung in Einrichtungen mit religiös heterogen zusammengesetzten Kindergruppen zwar etwas stärker wahrgenommen, aber das Fehlen entsprechender Angebote lässt sich nicht einfach damit erklären, dass in der entsprechenden Einrichtung eben keine Kinder mit nicht-christlicher Religionszugehörigkeit zu finden sind.

4.3 Ergebnisse in Abhängigkeit vom Träger

Ehe wir uns auf Einzelaspekte beziehen, soll zunächst ein aufschlussreiches Einzelitem aufgenommen sowie ein Überblick zur Bedeutung von unterschiedlichen Trägerverhältnissen im Blick auf die Fragestellung der Untersuchung gegeben werden.

Besonders interessant sind die Angaben zu Tischgebet und nicht religiösen Tischsprüchen in den verschiedenen Trägerschaften. Deutliche Unterschiede zwischen konfessionellen und nicht-konfessionellen Einrichtungen zeigen sich bei der Praktizierung des Tischgebets im Verhältnis zu nicht-religiösen Tischsprüchen: Das Tischgebet wird nach Angaben der Erzieherinnen in konfessionellen Einrichtungen deutlich häufiger praktiziert (durchschnittliche Häufigkeitsbeurteilung 4,41 auf einer Skala von 1 bis 5) als in nicht-konfessionellen Einrichtungen (durchschnittliche Häufigkeitsbeurteilung 1,71), beim Tischspruch verhält es sich umgekehrt (durchschnittliche Häufigkeitsbeurteilung in konfessionellen Einrichtungen 2,45 gegenüber 4,1 in nicht-konfessionellen Einrichtungen). Tabelle 16 bietet die entsprechenden Angaben inklusive der Ergebnisse der Signifikanzprüfung.[96]

---

95 Einzelberechnungen im Anhang, unten S. 243f.
96 Vgl. auch oben, S. 40.

Tabelle 16: Deskriptive Statistik zu Gebeten vor dem Essen

Frage	Träger	N	M	SD*	Standard-fehler des Mittelwerts	Signifikanz
e012: Wir sprechen mit den Kindern vor dem Essen einen nicht-religiösen Tischspruch. (z.B.: „Piep, piep, piep, ...")	nicht konfessionell	1406	4,10	1,451	0,039	,000
	konfessionell	1134	2,45	1,608	0,048	
e013: Wir beten mit den Kindern vor dem Essen. (z.B.: „... Lieber Gott, wir danken dir")	nicht konfessionell	1409	1,71	1,358	0,036	,000
	konfessionell	1145	4,41	1,135	0,034	

* M = Mittelwert, SD = Standardabweichung, N = Anzahl der in die Berechnung eingehenden Datensätze (auch im Folgenden werden diese Abkürzungen verwendet.

Skalen 1, 2, 7–10

Berücksichtigt man bei der Auswertung, ob der Fragebogen aus einer konfessionellen Einrichtung oder einer nicht konfessionellen Einrichtung stammt und vergleicht man daraufhin die Skalenwerte der einzelnen Skalen, so zeigen sich – mit Ausnahme von Skala 1 (in Abbildung 4), in dem interkulturelle Themen erfragt wurden (hier zeigt sich *kein* Unterschied) – in den Skalen 2 und 7–10 signifikante Unterschiede zwischen konfessionellen und nicht-konfessionellen Einrichtungen. In Einrichtungen mit konfessionellem Träger nehmen religiöse und interreligiöse Bildung einen höheren Stellenwert ein als in Einrichtungen mit nicht-konfessionellem Träger. Dies gilt auch für islamische und jüdische Bildungsangebote, wenn auch auf entsprechend niedrigem Niveau. Der Religiosität scheint also in konfessionellen Einrichtungen insgesamt eine höhere Bedeutung zuzukommen, als dies in nicht-konfessionellen der Fall ist. Anzumerken ist allerdings, dass lediglich die Unterschiede bei Skala 10 „Unspezifische Religiosität" und Skala 7 „Relevanz und Praxis christlicher Themen" eine substantielle Größe erreichen.

In der folgenden Tabelle 17 sind die Ergebnisse des Trägervergleichs im Überblick dargestellt. Deutlich sind die Mittelwertunterschiede vor allem bei christlichen und unspezifisch religiösen Themen. Zur Veranschaulichung vgl. Abbildung 4.

Tabelle 17: Skalen 1 und 2, sowie 7–10 im Trägervergleich

Skala	nicht-konfessionelle Träger		konfessionelle Träger	
	Mittelwert	Standard-abweichung	Mittelwert	Standard-abweichung
Skala 1: Relevanz und Praxis interkultureller Themen	3,29	0,92	3,32	0,93
Skala 2: Relevanz und Praxis interreligiöser Themen	2,44	0,99	2,83	1,03
Skala 7: Relevanz und Praxis christlicher Themen	2,54	1,13	4,28	0,41
Skala 8: Relevanz und Praxis islamischer Themen	1,44	0,44	1,52	0,55
Skala 9: Relevanz und Praxis jüdischer Themen	1,12	0,29	1,24	0,44
Skala 10: Unspezifische Religiosität	2,67	0,88	3,76	0,71

Mit Ausnahme von Skala 1 sind alle Unterschiede zwischen konfessionellen und nicht-konfessionellen Trägern signifikant.[97] Nachfolgende Abbildung 4 fasst die Unterschiede zwischen den Skalen in Bezug auf die Träger zusammen:

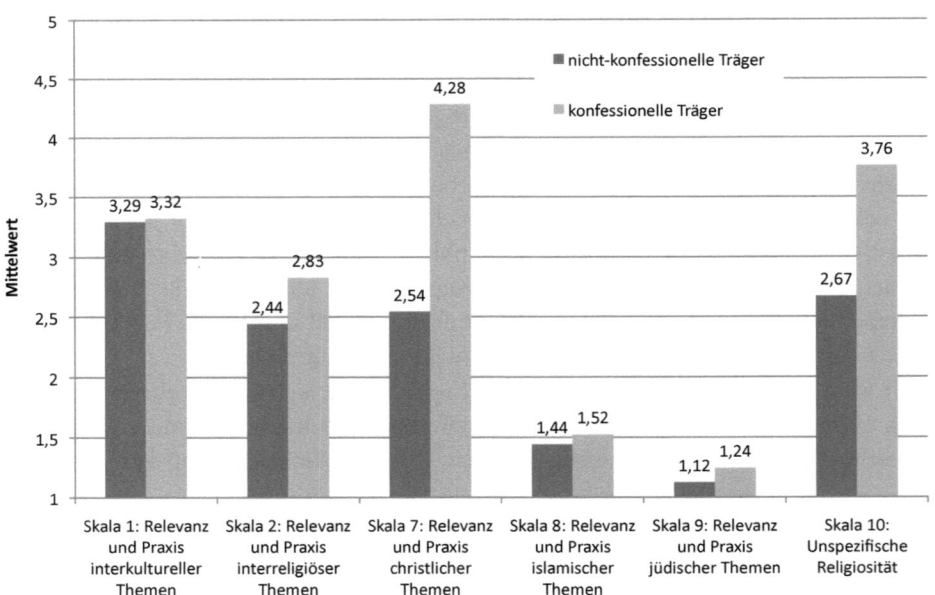

Abbildung 4: Skalen 1 ,2 und 7–10 nach Trägerschaft. Deutlich sind die Unterschiede zwischen den Trägern bei allen Skalen. Lediglich bei Skala 1 findet sich kein signifikanter Unterschied.

---

97 Die Einzelwerte finden sich in Tabelle 17, die Signifikanzwerte sind im Anhang dokumentiert, s.u., S. 245.

Skalen 3–6

Im Trägervergleich zeigt sich, dass sich die Werte zwischen konfessionellen und nicht-konfessionellen Trägern hinsichtlich aller Skalen signifikant voneinander unterscheiden und zwar dergestalt, dass die Skalenwerte bei den Erzieherinnen der konfessionellen Einrichtungen höher liegen.[98] Erzieherinnen konfessioneller Einrichtungen schätzen sich also religiöser ein und haben eine positivere Einstellung zu religiöser Erziehung. Ebenso zeigen die Kinder in konfessionellen Einrichtungen etwas mehr religiöses Interesse bzw. die Erzieherinnen geben vermehrt an, dies wahrzunehmen. Die Differenz ist allerdings nicht besonders groß und bewegt sich unter der Skalenmitte. Noch geringer ist der Unterschied bei der Beurteilung der interreligiösen Erziehung.

Tabelle 18 zeigt die Mittelwertdifferenzen mit Standardabweichungen.

Tabelle 18: Deskriptive Statistik der Skalen 3-6 im Trägervergleich

Skala	nicht-konfessionelle Träger		konfessionelle Träger	
	Mittelwert	Standard-abweichung	Mittelwert	Standard-abweichung
Skala 3: Wahrnehmung der religiösen Fragen und Interessen der Kinder	2,14	0,79	2,69	0,84
Skala 4: Religiosität der Erzieherin	2,77	1,25	3,75	1,00
Skala 5: Einstellung zu religiöser Erziehung	3,21	0,74	4,13	0,62
Skala 6: Einstellung zu interreligiöser Praxis	3,54	0,81	3,81	0,75

4.4 Auswertungen zu einzelnen Aspekten

Christliche, islamische und jüdische Bildung

Eine christliche Begleitung der Kinder ist in etwa zwei Dritteln der Einrichtungen gegeben.[99] Um genauer zwischen konfessionellen und nicht-konfessionellen Trägern in Bezug auf die Praxis christlicher Bildung unterscheiden zu können, wurden die Skalenwerte in diesen beiden Gruppen verglichen.

In Abbildung 5 ist das Verhältnis der Skalen zu christlicher, islamischer und jüdischer Bildung in Abhängigkeit der Trägerschaft noch einmal gesondert dargestellt.

---

98 Die Einzelwerte finden sich in Tabelle 18, die Signifikanzwerte sind im Anhang dokumentiert, s.u., S. 245
99 Vgl. oben, S. 39ff.

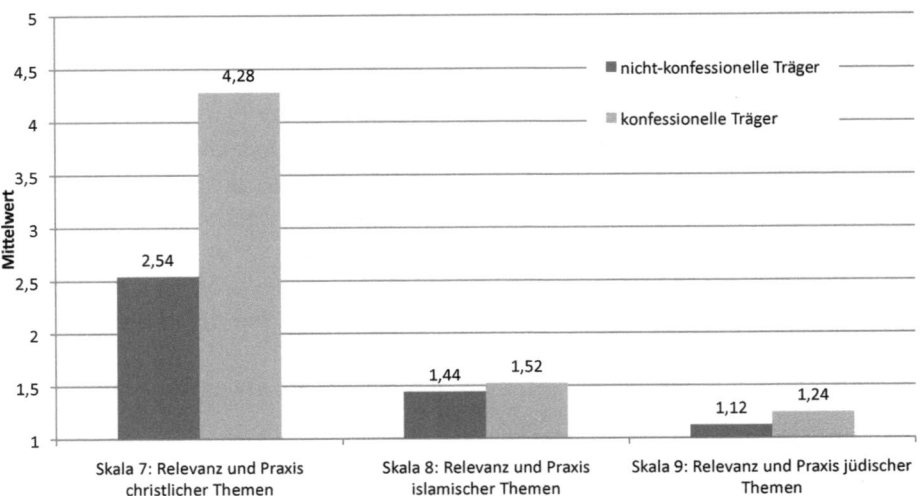

Abbildung 5: Christliche, islamische und jüdische Praxis und Relevanz in den Kitas der befragten Erzieherinnen. Ein bedeutsamer Unterschied in Bezug auf die Träger
ist nur bei der christlichen Skala festzustellen: In Einrichtungen mit konfessionellem Träger gibt es mehr christliche Relevanz und Praxis. Die Skala
zu islamischer Bildung unterscheidet sich nicht auffällig. Insgesamt gibt es
unabhängig von der Art des Trägers kaum Praxis und Relevanz islamischer
Bildung. Gleiches gilt auch für jüdische Bildung, hier ist ebenfalls ein bedeu-
tender Unterschied zwischen den Trägern festzustellen, allerdings bei geringer Relevanz insgesamt.

Zwar gibt es demnach auch in nicht-konfessionellen Einrichtungen Elemente
christlicher Bildung, diese ist erwartungsgemäß in konfessionellen Einrichtungen
aber deutlich stärker ausgeprägt.

Bei der islamischen Bildung gibt es keine deutlichen Unterschiede zwischen
den Trägerarten. Sowohl in nicht-konfessionellen als auch in konfessionellen Einrichtungen fällt diese Bildungsaufgabe gleich niedrig aus. Insgesamt geben nur 3%
aller Einrichtungen an, dass bei ihnen islamische Inhalte vermittelt würden. Unabhängig von der Art der Einrichtung wird also in den meisten Fällen weder eine
religiöse Begleitung der muslimischen Kinder noch den anderen Kindern ein Kennenlernen des Islam ermöglicht.[100]

Bei der jüdischen Bildung zeigt sich ebenfalls ein Unterschied zwischen konfessionellen und nicht-konfessionellen Trägern. Erzieherinnen aus konfessionellen
Einrichtungen beurteilen die Relevanz und Praxis der jüdischen Bildung insgesamt
höher als die Erzieherinnen der nicht-konfessionellen Einrichtungen. Allerdings ist
ähnlich wie bei islamischer Bildung jüdische Erziehung insgesamt auf niedrigem
Relevanzniveau.

---

100 Weitere Einzelergebnisse zu christlicher und islamischer Bildung sind in der Kurzfassung
der Studie S. 39ff. nachzulesen.

Interreligiöse und interkulturelle Bildung

Um die Relevanz und Praxis interreligiöser Bildung zwischen den Trägerarten zu unterscheiden, werden auch hierfür die Ergebnisse zu den entsprechenden Skalen noch einmal gesondert aufgenommen.

Insgesamt ist die interkulturelle Praxis in allen Einrichtungen unabhängig von der Trägerart höher als die interreligiöse Praxis. Ein besonderer Nachholbedarf bezieht sich also auf die interreligiöse Bildung.[101] Diese Ergebnisse sind in Abbildung 6 veranschaulicht.

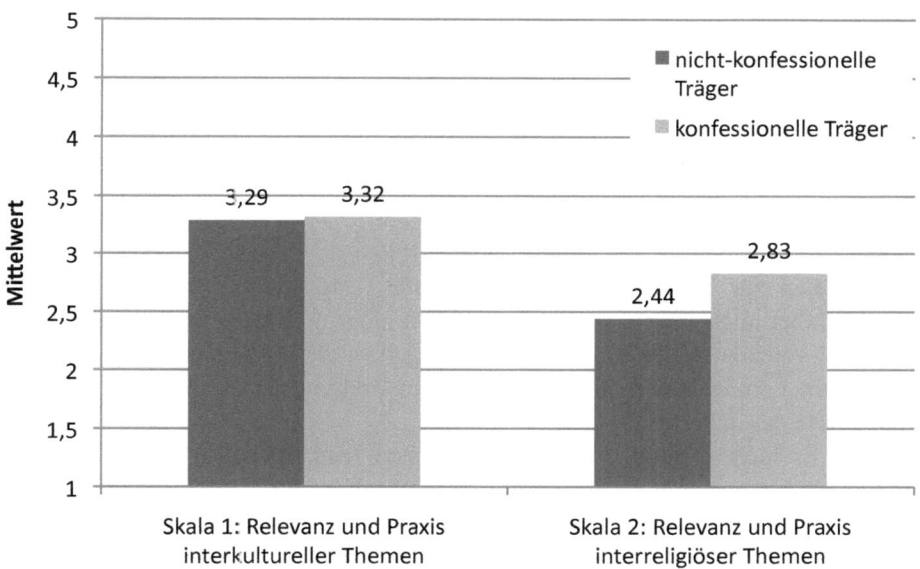

Abbildung 6: Interkulturelle und interreligiöse Praxis und Relevanz in den Kitas der befragten Erzieherinnen. Ein bedeutsamer Unterschied in Bezug auf die Träger ist nur bei der interreligiösen Skala festzustellen: In Einrichtungen mit konfessionellem Träger gibt es mehr interreligiöse Relevanz und Praxis. Die interkulturelle Skala unterscheidet sich nicht auffällig. Insgesamt gibt es unabhängig von der Art des Trägers mehr interkulturelle als interreligiöse Praxis.

Werte mit oder ohne Religion?

Mitunter wird angenommen, dass eine Werterziehung ohne Bezug auf Religion gerade in multireligiösen Zusammenhängen besonders gut dazu geeignet sei, Konflikte zu vermeiden. Welche Einschätzungen finden sich dazu in der Befragung? Bei den in Tabelle 19 aufgelisteten Fragen zeigt sich vor allem bei den Erzieherinnen aus nicht-konfessionellen Einrichtungen ein widersprüchliches Bild: Auf der einen Seite erfährt die Auffassung, dass Kinder Werte, aber *keine* Religion vermittelt bekommen sollen, eine mittlere Zustimmung von 3,5, auf der anderen Seite

---

101 Zur Diskussion des Verhältnisses von interkultureller und interreligiöser Bildung s.o., S. 44ff.

stimmt diese Gruppe durchschnittlich nur mit einem Wert von 1,9 der Aussage zu, dass Kinder ohne Religion aufwachsen sollen.

Tabelle 19: Werte mit oder ohne Religion im Trägervergleich

Frage	Träger	N	M	SD	Standard-fehler des Mittelwerts	Signifikanz
e087: Kinder sollen Werte, aber keine Religion vermittelt bekommen.	nicht konfessionell	1351	3,50	1,328	0,036	,000
	konfessionell	1085	2,22	1,253	0,038	
e088: Kinder sollen ohne Religion aufwachsen.	nicht konfessionell	1317	1,87	1,079	0,030	,000
	konfessionell	1096	1,29	0,648	0,020	

Exemplarische Vertiefung: Religiöse Feste

Feste spielen für Kinder eine wichtige Rolle. Das gilt zunächst für Familienfeste, gilt aber auch für die Jahresfeste mit religiösem Hintergrund, oft unabhängig davon, in welchem Maße sie religiös begangen werden. Für die allermeisten Kinder mit einer im weitesten Sinne christlichen Prägung ist Weihnachten einer der Höhepunkte des Jahres.

So ist es nicht erstaunlich, dass Feste schon früh bei Ansätzen interreligiösen Lernens ebenfalls eine hervorgehobene Rolle spielten. Am Anfang stand dabei mitunter der Vorschlag, doch einfach alle Feste gemeinsam in der Kindergruppe zu feiern. Allerdings wurde dann auch klar, dass Christen nicht gleichermaßen wie Muslime das Ramadanfest feiern können, schon weil sie während des Ramadan nicht gefastet haben und mit dieser Zeit auch keine religiösen Gefühle oder Überzeugungen verbinden. Umgekehrt wäre es wenig sinnvoll, wenn Muslime an Weihnachten die Geburt des Gottessohnes feiern sollen, obwohl sie doch den Glauben an einen solchen Sohn nicht teilen. Geblieben ist aber auf jeden Fall die Wahrnehmung, wie wichtig Feste für Kinder und auch für die verschiedenen Religionen sind.

Die *Pilotstudie* hatte in der Frage des Umgangs mit religiösen Festen in den Einrichtungen nicht in jeder Hinsicht klare Befunde erbracht. Auffällig waren aber die Unterschiede zwischen Einrichtungen in religiöser und in kommunaler Trägerschaft: Christliche Feste werden in den konfessionell getragenen Einrichtungen demnach weit häufiger unter Berücksichtigung ihres religiösen Hintergrunds gefeiert als in kommunalen Einrichtungen. Bei den islamischen Festen hingegen zeigten sich wenig Unterschiede: Unabhängig von der Trägerschaft finden sie diesen Befunden zufolge wenig Beachtung in den Einrichtungen.

In der *Hauptstudie* bezogen sich sieben Fragen auf „Feste in der Kindertagesstätte". Bei fünf davon wurde zusätzlich speziell gefragt, ob die Feste „mit religiösem Bezug" gefeiert werden: Weihnachten, Sankt Martin, Ostern, Islamisches

Opferfest, Ramadan-Fest (Ende des Ramadan). Der erfragte religiöse Bezug wurde durch Beispiele illustriert („von Jesu Geburt erzählt", „vom Fasten berichtet"). Bei der Auswertung stellte sich allerdings die Vermutung ein, dass das für das Opferfest mit religiösem Bezug genannte Beispiel („von Abraham erzählt") zu uneindeutigen Antworten geführt haben könnte (es wäre dann etwa schon angekreuzt worden, wenn man überhaupt einmal von Abraham erzählt hat). Deshalb wurden die entsprechenden Fragen (41b, 42b) nicht in die Auswertung einbezogen. Zwei weitere Fragen bezogen sich darauf, durch wen die Feste vorbereitet werden (Eltern, Erzieherinnen, Träger, andere). Nach jüdischen Festen wurde nicht gefragt, da der erwartete Anteil jüdischer Kinder sowie die quantitativen und qualitativen Befunde aus der Pilotstudie das Feiern dieser Feste als sehr unwahrscheinlich erscheinen ließen – natürlich mit Ausnahme einzelner Einrichtungen vor allem in jüdischer Trägerschaft. Schließlich wurden noch einige weitere Fragen gestellt, die Aufschluss über den Umgang mit religiösen Festen geben und die im Folgenden zu berücksichtigen sind. Tabelle 20 fasst die Ergebnisse zu den Fragen im Bereich „Feste" zusammen:

Tabelle 20: Feste in der Kindertagesstätte (Fragenbeschreibung: „Welche der folgenden Feste haben Sie im letzten Jahr mit den Kindern gefeiert? Bitte kreuzen Sie an, welches Fest und ob es mit religiösem Bezug gefeiert wurde!")

Nr. im Frage-bogen	Fragentext	N	nicht ange-kreuzt	angekreuzt
e038a	Weihnachten ohne religiösen Bezug	2838	4%	96%
e038b	Weihnachten mit religiösem Bezug	2838	23%	77%
e039a	Sankt Martin ohne religiösen Bezug	2838	17%	83%
e039b	Sankt Martin mit religiösem Bezug	2838	22%	78%
e040a	Ostern ohne religiösen Bezug	2838	7%	93%
e040b	Ostern mit religiösem Bezug	2838	39%	61%
e041a	Islamisches Opferfest	2838	98%	2%
e042a	Ramadanfest	2838	96%	4%

Weihnachten „überhaupt", also auch ohne religiösen Bezug, feiern demnach fast alle Einrichtungen (96%). Auch mit religiösem Bezug sind es noch 77% der Befragten. Etwas weniger sind es beim Sankt Martin-Fest, ebenfalls ohne und mit religiösem Bezug (83% und 78%). Beim Osterfest divergieren die Angaben für den religiösen Bezug hingegen weit deutlicher – 93% feiern das Fest, aber nur 61% mit religiösem Bezug. Wie oben bereits berichtet[102], machen sich beim Osterfest zudem Unterschiede bei den Trägerschaften stark bemerkbar. In Einrichtungen mit nicht-religiöser Trägerschaft wird den Kindern das Osterfest mit seinen religiösen

---

102 Vgl. oben, S. 40.

Hintergründen deutlich seltener erklärt (e022). Im Hintergrund dürften dabei nicht nur interreligiöse Fragen stehen, sondern die auch sonst oft empfundene Schwierigkeit, mit Kindern von Kreuz und Auferstehung zu sprechen. Islamische Feste werden durchweg kaum einmal gefeiert. Nur wenig häufiger wird gesagt, man erkläre den Kindern zur Zeit des Ramadan (Fastenmonat), was Muslime in dieser Zeit tun.

4.5 Trägerengagement

Ob der Träger einer Einrichtung bestimmte Bildungsaufgaben unterstützt, indem er beispielsweise Erwartungen und Ziele dafür formuliert oder auch konkrete Anleitung und Unterstützung gibt, hat naturgemäß einen großen Einfluss darauf, ob diese Bildungsaufgaben auch umgesetzt werden. Darum wurde neben der Umsetzung und Praktikabilität der Orientierungspläne[103] auch dieser Faktor in Hinsicht auf interreligiöse und interkulturelle Bildung untersucht.

Der deutlichste Unterschied zeigte sich bei der christlichen Bildung. Erzieherinnen aus Einrichtungen mit konfessionellem Träger gaben hier einen deutlich höheren Unterstützungswert (M=3,98) an als Einrichtungen mit nicht-konfessionellem Träger (M=1,48). Auch bei interreligiöser Bildung wird bei Einrichtungen mit konfessionellem Träger deutlich mehr konkrete Unterstützung wahrgenommen (M=2,31) als bei nicht-konfessionellen Trägern (M=1,50).

Sowohl bei interkultureller als auch bei islamischer Bildung zeigte sich kein bedeutsamer Unterschied zwischen den Trägern, d.h. dass sich die Unterstützung in diesen Bereichen nicht zwischen den Trägern unterscheidet. Dabei ist hervorzuheben, dass die Unterstützung für islamische Bildung mit einem Mittelwert von 1,47 für konfessionelle Kitas und 1,25 für nicht-konfessionelle Kitas jeweils auf einem sehr niedrigen Niveau befindet. Dies wird durch das Ergebnis ergänzt, dass 47% aller Erzieherinnen meinen, keine islamischen Inhalte vermitteln zu dürfen. Nur 15% hingegen geben dies für christliche Inhalte an.

Eine Übersicht und Veranschaulichung der Ergebnisse zur konkreten Unterstützung des Trägers ist in Abbildung 7 zu sehen.

---

103 Vgl. dazu oben, S. 47.

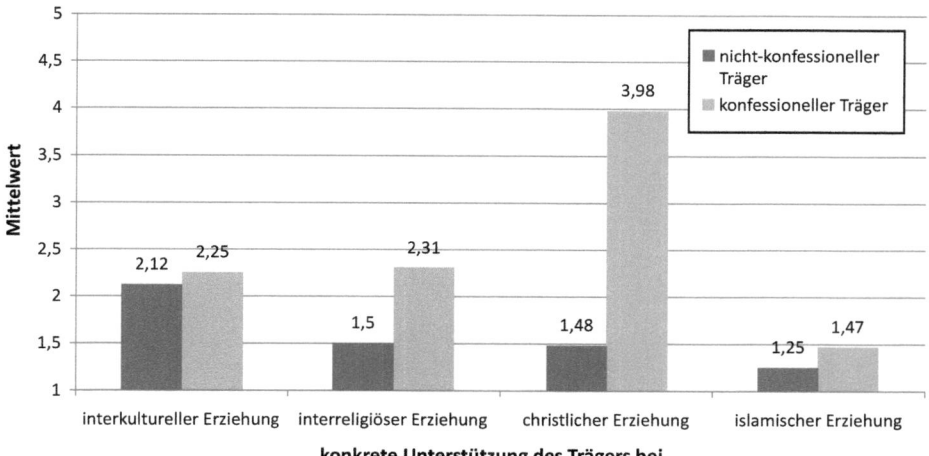

Abbildung 7: Unterstützung durch den Träger bei verschiedenen Bildungsaufgaben aus Sicht der Erzieherinnen. Deutliche Unterschiede gibt es bei interreligiöser und bei christlicher Erziehung, wobei jeweils Erzieherinnen mit konfessionellem Träger eine größere Unterstützung ihres Trägers wahrnehmen. Islamische Erziehung fällt jeweils ähnlich niedrig aus.

Auf die Frage, ob sich die Erzieherinnen in den genannten Bildungsbereichen mehr Unterstützung wünschen, antworten sie insgesamt eher zurückhaltend, d.h. das Bedürfnis nach mehr Anleitung und konkreter Hilfe des Trägers scheint unabhängig von der Art des Trägers gering zu sein. Jedoch ist der Wunsch bei Erzieherinnen aus konfessionellen Einrichtungen jeweils größer als bei Erzieherinnen aus nicht-konfessionellen Einrichtungen. Dies wird in Abbildung 8 deutlich. Am größten ist der Wunsch bei ihnen bei christlicher Erziehung (M=2,68), obwohl sie in diesem Bereich religiöser Bildung gleichzeitig bereits am meisten konkrete Unterstützung des Trägers sehen. Das Interesse an noch intensiverer Anleitung scheint also bei christlicher Bildung besonders groß zu sein. An diesem Beispiel wird deutlich, dass der Wunsch nach mehr Unterstützung nicht mit einem objektiven Defizit in Bezug auf die Bildungsaufgabe in der Kita einhergehen muss. Dieses Ergebnis deckt sich mit dem Wunsch nach Fortbildungen[104].

---

104 Vgl. S. 48ff. und 204ff.

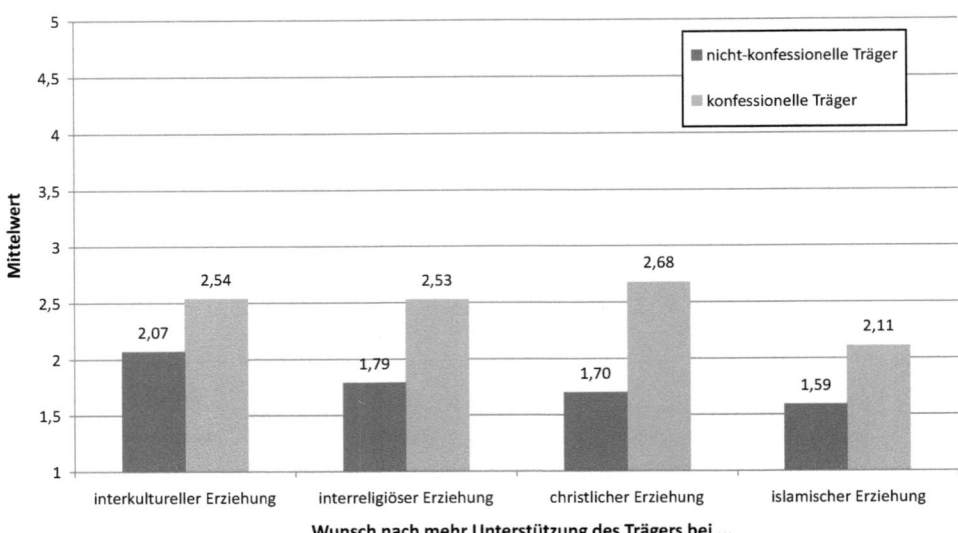

Abbildung 8: Wunsch der Erzieherinnen nach mehr Unterstützung des Trägers in verschiedenen Bildungsbereichen. Insgesamt scheint das Bedürfnis nach Unterstützung nicht sehr ausgeprägt zu sein. Auffällig ist, dass Erzieherinnen aus konfessionellen Kitas in allen Bereichen einen größeren Wunsch nach Unterstützung haben.

4.6 Erzieherinnen

Zu dieser Frage sind besonders die Skalen zu den Einstellungen der Erzieherinnen aufschlussreich. Eng verwandt damit ist auch Skala 3 zur Wahrnehmung der religiösen Fragen und Interessen der Kinder. Abbildung 9 zeigt die Ergebnisse für diese Skalen für die Gesamtstichprobe:

Mit Ausnahme von Skala 3 tendieren die Angaben alle zur Zustimmung, also zu einem Mittelwert über der Skalenmitte, allerdings mit geringer Ausprägung. Dennoch können sie als Beleg für eine allgemeine Offenheit der Erzieherinnen für Fragen von Religion, Religionspädagogik und religionspädagogischer Praxis gelesen werden.

Ein besonderes Problem markiert die auffällig gering ausgeprägte Wahrnehmung der Erzieherinnen im Blick auf die religiösen Fragen und Interessen der Kinder. Da dieses Problem religionspädagogisch zugleich besonders bedeutsam ist, soll es in der Diskussion der Ergebnisse eigens aufgenommen werden.[105]

Auch bei den Einstellungen der Erzieherinnen erweisen sich die unterschiedlichen Trägerschaften als relevant. Zur weiteren Veranschaulichung werden die oben bereits berichteten Werte in folgender Abbildung 10 noch einmal zusammengefasst.

---

105 Vgl. unten, S. 217f.

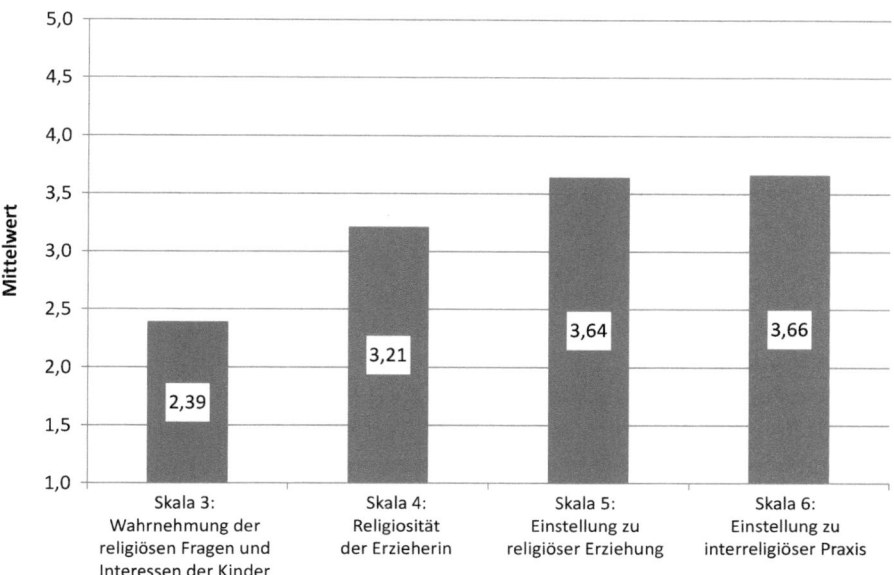

Abbildung 9: Mittelwerte der Skalen 3 bis 6

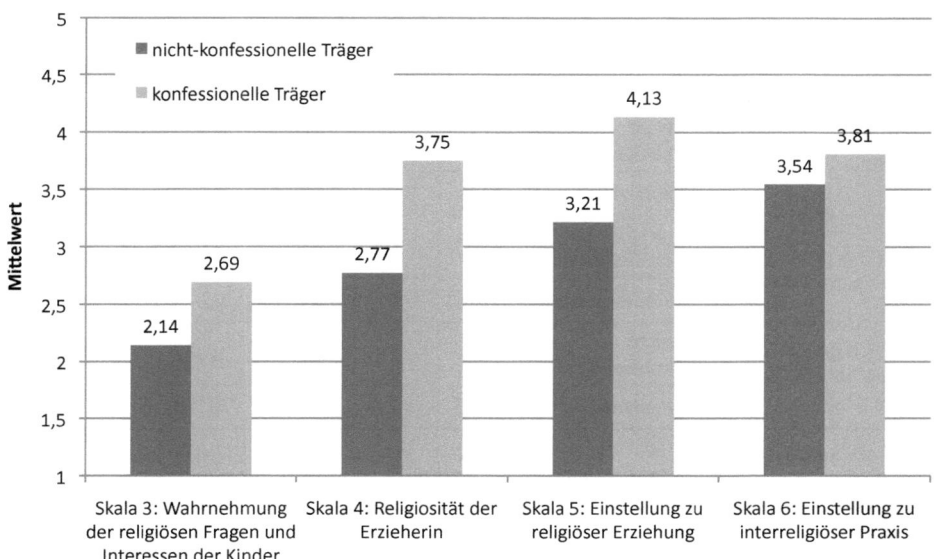

Abbildung 10: Darstellung der Skalen 3 bis 6 in Abhängigkeit vom Träger. Konfessionelle Träger weisen durchweg höhere Werte auf den Skalen auf.

Der weiteren Veranschaulichung kann auch in diesem Fall – über die in den Skalen zusammengefassten Items hinaus – eine genauere Betrachtung einiger Einzelitems dienen, die sich auf die Religiosität der Erzieherinnen beziehen. Beim Thema Religiosität der Erzieherin zeigt sich ein recht konsistentes und eindeutiges Bild, wenn die Zustimmungsmittelwerte (durchschnittlicher Grad der Zustimmung auf der 5-stufigen Skala) der Erzieherinnen aus konfessionellen Einrichtungen mit denen aus nicht-konfessionellen Einrichtungen verglichen werden: Erzieherinnen aus konfessionellen Einrichtungen geben an, häufiger über religiöse Fragen nachzudenken, gerne mehr Informationen zu religiösen Fragen haben zu wollen, sich mehr für andere Religionen zu interessieren als Erzieherinnen aus nicht-konfessionellen Einrichtungen. Auch ist ihnen das persönliche Gebet deutlich wichtiger, und ihre Überzeugung, dass es eine höhere Macht gibt, ist ausgeprägter. Allerdings bleibt auch bei Erzieherinnen konfessioneller Einrichtungen der Grad der Zustimmung zu diesen Fragen im mittleren Bereich, was auf der Beurteilungsskala einem „trifft mittel zu" entspricht.

Eine Ausnahme macht hier die Frage e115: „Ich glaube, dass es eine höhere/ göttliche Macht gibt". Hier gibt es mit einem Wert von 4,24, der einem deutlichen „trifft ziemlich zu" entspricht, von den Erzieherinnen konfessioneller Einrichtungen wesentlich mehr Zustimmung. Erzieherinnen nicht-konfessioneller Einrichtungen stimmen hier nur mit einem Durchschnittswert von 3,27 zu. Tabelle 21 zeigt die Übersicht über die Werte:

Tabelle 21: Deskriptive Statistik der Fragen zur persönlichen religiösen Einstellung der Erzieherin

Frage	Träger	N	M	SD	Standard-fehler des Mittelwerts	Signifikanz
e113: Ich denke häufig über religiöse Fragen nach.	nicht konfessionell	1356	2,63	1,219	0,033	,000
	konfessionell	1111	3,50	1,067	0,032	
e114: Das persönliche Gebet ist mir wichtig.	nicht konfessionell	1356	2,43	1,451	0,039	,000
	konfessionell	1111	3,51	1,310	0,039	
e115: Ich glaube, dass es eine höhere/ göttliche Macht gibt.	nicht konfessionell	1337	3,27	1,570	0,043	,000
	konfessionell	1100	4,24	1,119	0,034	
e116: Ich möchte gern mehr Informationen zu religiösen Fragen haben.	nicht konfessionell	1331	2,21	1,196	0,033	,000
	konfessionell	1092	3,10	1,155	0,035	
e117: Ich interessiere mich für andere Religionen und möchte gern mehr darüber erfahren.	nicht konfessionell	1338	2,78	1,214	0,033	,000
	konfessionell	1099	3,26	1,114	0,034	

4.7 Team der Erzieherinnen

In der Untersuchung wurde die Erzieherin auch zu Qualität und Zusammensetzung des Teams, in dem sie in der Kita zusammenarbeitet, befragt. Dabei wurden keine Häufigkeiten erfragt, sondern welche Nationen bzw. Religionen im Team vertreten sind.[106] Im Folgenden wird die Zusammensetzung des Teams im Blick auf die Staatsangehörigkeit sowie in religiöser Hinsicht beschrieben. Anschließend folgt die Beschreibung der Zufriedenheit der Erzieherin mit dem Arbeitsklima und der Akzeptanz der eigenen Religiosität im Team.

Teamzusammensetzung

Multikulturalität
14% der Erzieherinnen berichten von türkischen Erzieherinnen im Team, ebenso viele sind polnischer Herkunft. Italienische Erzieherinnen sind in 7% der Teams vertreten, serbische/kroatische Erzieherinnen in 6% der Fälle.[107] Ein Teil der Erzieherinnen (31%) gibt an, dass außerdem noch andere Nationen im Team arbeiten. Insgesamt gibt es also viele Teams, die keinen Migrationshintergrund aufweisen. Abbildung 11 veranschaulicht die Teamzusammensetzung im Blick auf die Staatsangehörigkeit.

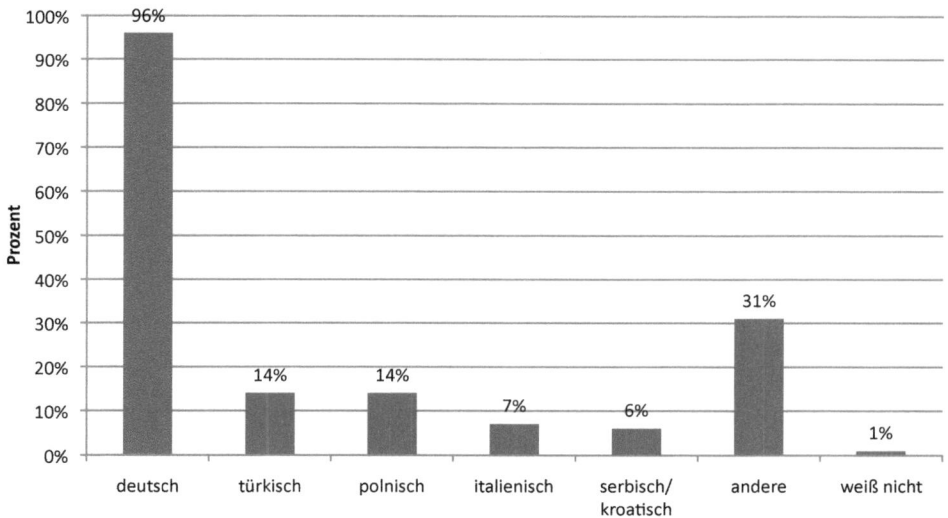

Abbildung 11: Nationalitäten, die im Team der Erzieherin vertreten sind. Die Erzieherin sollte Auskunft geben zu folgender Frage: „In unserem Team sind folgende Nationalitäten vertreten"

---

106 S. Anhang, S. 229.
107 Vgl. auch Stichprobenbeschreibung, S. 165f.

Multireligiosität

Der Großteil der Erzieherinnen gehört einer christlichen Religion an (88%). 11% der Erzieherinnen geben an, dass in ihrem Team muslimische Erzieherinnen arbeiten. Erzieherinnen ohne religiöses Bekenntnis gaben 24% der Erzieherinnen an. Demnach ist diese Gruppe in Kindertagesstätten nach den christlichen Erzieherinnen am häufigsten vertreten. Abbildung 12 zeigt die Religionen der Erzieherinnen.

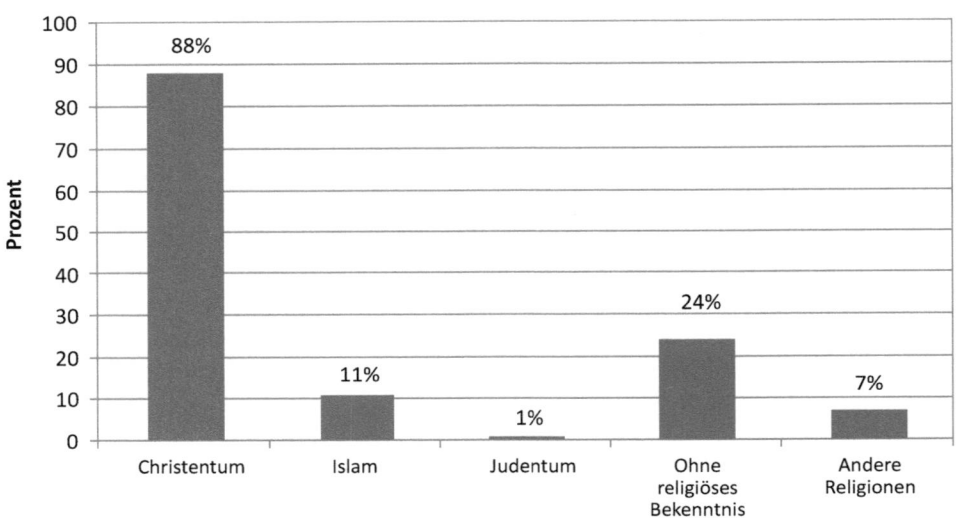

Abbildung 12: Religionen, die im Team der Erzieherin vertreten sind. Die Erzieherin sollte Auskunft geben zu folgender Frage: „In unserem Team sind folgende Religionen vertreten". Deutlich ist die hohe Anzahl christlicher Teammitglieder zu einer vergleichsweise geringen Prozentzahl an anderen Religiositäten im Team.

Auf die Angaben der Erzieherinnen zur eigenen Religionszugehörigkeit wurde bereits oben hingewiesen.[108]

Im Vergleich zur Teamzusammensetzung ist die Zusammensetzung der Kindergruppe in religiöser Hinsicht interessant.[109] Auch bei den Kindern dominiert die christliche Konfessionszugehörigkeit (67,3% in konfessionellen Einrichtungen und 59,4% in nicht-konfessionellen Einrichtungen). Der Anteil muslimischer Kinder liegt bei 11,43% in konfessionellen Einrichtungen und bei 11,09% in nicht-konfessionellen Einrichtungen. Demgegenüber geben nur 11% der Erzieherinnen an, in ihrem Team eine muslimische Erzieherin zu haben, was einen recht geringen Prozentsatz darstellt, so dass davon ausgegangen werden muss, dass muslimische

---

108 Vgl. oben, S. 166.
109 Ausführliche Darstellung zu den Anteilen der Kinder unterschiedlicher religiöser Bekenntnisse vgl. S. 37.

Kinder in vielen Einrichtungen keine Ansprechpartnerinnen ihrer eigenen Religionszugehörigkeit vorfinden.

Mehr muslimische Erzieherinnen?

Die Erzieherinnen wurden nach ihrem Wunsch nach mehr muslimischen Erzieherinnen gefragt (e122: „Ich wünsche mir, dass mehr muslimische Erzieherinnen eingestellt werden"). Diese Frage wurde eingefügt, um die religiöse Sensibilität der Erzieherinnen zu überprüfen und gleichzeitig die Akzeptanz und den Wunsch nach mehr muslimischen Erzieherinnen im Team, um die multireligiöse Zusammensetzung der Kindergruppe entsprechend aufzunehmen, zu entdecken.

Es zeigt sich, dass 69% der Erzieherinnen dies ablehnen, unsicher sind sich 22%. Nur 9% wünschen sich die Einstellung von mehr muslimischen Erzieherinnen. Bei nur 11% der Erzieherinnen, die angeben, dass muslimische Erzieherinnen Teil des Teams sind, ist die Zahl muslimischer Erzieherinnen in allen Einrichtungen gering. Beim Wunsch nach mehr muslimischen Erzieherinnen ergibt sich zwischen konfessionellen und nicht-konfessionellen Einrichtungen kein nennenswerter Unterschied. Auch die Frage nach der Anstellung muslimischer Erzieherinnen muss bei der Diskussion der Befunde gesondert berücksichtigt werden.[110]

Arbeitsklima und Akzeptanz

Die Mehrzahl aller Erzieherinnen (85%) fühlt sich im Team wohl und beurteilt das Arbeitsklima als insgesamt gut. Nur 3% finden das Arbeitsklima in ihrer Gruppe nicht gut. Auf die Religiosität bezogen geben 92% der Erzieherinnen an, sich mit ihrer (nicht)religiösen Einstellung im Team akzeptiert zu fühlen. Nur 3% verneinen das. Dies zeugt von einer großen wahrgenommenen religiösen Offenheit innerhalb der Kita-Teams. Diese Konstellation ist eine Grundbedingung dafür, dass (inter-) religiöse Erziehung überhaupt stattfinden kann in einer Atmosphäre der Offenheit.

Thematisierung religiöser Erziehung in den Teamsitzungen

Beachtliche 41% der Erzieherinnen geben an, dass sie in den Teamsitzungen über die religiöse Erziehung der Kinder sprechen. Ebenfalls 41% Prozent geben an, dass dies eher nicht der Fall ist. 18% sind sich unsicher. Das bedeutet, dass bei fast der Hälfte der befragten Erzieherinnen Religiosität der Kinder als wichtiges Thema anerkannt ist, das auch den Weg in die Sitzungen findet

Konzeption der Einrichtung

Entscheidend für die Vermittlung von religiöser und interreligiöser Erziehung ist die Konzeption der jeweiligen Einrichtung. Dabei hängt diese auch eng zusammen mit der Sicherheit hinsichtlich der Vermittlung religiöser Inhalte. Deshalb sollen die entsprechenden Angaben an dieser Stelle aufgenommen werden. Gefragt wurde, in bewusster Zuspitzung, danach, ob man als Erzieherin in der entsprechenden Ein-

---

110 Vgl. unten, S. 216f.

richtung christliche bzw. islamische Inhalte vermitteln dürfe. Folgende Tabelle 22 enthält die Antworten darauf:

Tabelle 22: Deskriptive Statistik der Sicherheit über Vermittlung religiöser Inhalte

Frage	Träger	N	M	SD	Standard-fehler des Mittelwerts	Signifikanz
e054: Ich darf christliche Inhalte vermitteln.	nicht konfessionell	1275	3,49	1,463	0,041	,000
	konfessionell	1133	4,91	,389	0,012	
e055: Ich darf islamische Inhalte vermitteln.	nicht konfessionell	1086	2,83	1,563	0,047	,977
	konfessionell	844	2,82	1,596	0,055	

Bei den christlichen Inhalten unterscheiden sich konfessionelle und nicht-konfessionelle Einrichtungen demnach signifikant: Erzieherinnen, die bei konfessionellen Trägern arbeiten, sind sich ihrer Rolle bei der christlichen Erziehung deutlich sicherer als ihre Kolleginnen aus nicht-konfessionellen Einrichtungen.

Bei der Sicherheit der islamischen Inhalte ist kein Unterschied zwischen konfessionellen und nicht-konfessionellen Trägerschaften zu erkennen. Hier sind sich beide Gruppen eher unsicher.

Es berichten 31% der Erzieherinnen, dass das Kennenlernen anderer Religion zur Konzeption der Einrichtung dazugehört. 20% sind sich unsicher und die Hälfte (50%) der Erzieherinnen gibt an, dies sei nicht der Fall. Der Unterschied zwischen konfessionellen und nicht-konfessionellen Einrichtungen ist hier beträchtlich: Erzieherinnen aus konfessionellen Einrichtungen geben mit hoher Zustimmung (M=3,04) an, dass in ihrer Konzeption das Kennenlernen anderer Religionen Bestandteil ist. Erzieherinnen aus nicht-konfessionellen Einrichtungen bejahen dies weniger (M=2,42).

Hingegen geben 60% aller Erzieherinnen an, in der Einrichtung würden christliche Inhalte vermittelt. Dabei ergibt sich zwischen konfessionellen und nicht-konfessionellen Einrichtungen erwartungsgemäß ein großer Unterschied: in konfessionellen Einrichtungen werden sehr viel häufiger christliche Inhalte vermittelt (M=4,81), während dies in nicht-konfessionellen Einrichtungen weniger der Fall ist (M=2,70). Ähnliches gilt auch für islamische Inhalte. Hier vermitteln die konfessionellen Einrichtungen (M=1,48) häufiger islamische Inhalte als nicht-konfessionelle (M=1,40). Allerdings ist dieser Unterschied nicht so deutlich wie bei christlichen Inhalten.

Abbildung 13 zeigt zusammenfassend bei drei Fragen zur Konzeption der Einrichtung die Zustimmungswerte der Erzieherinnen aller Einrichtungen.

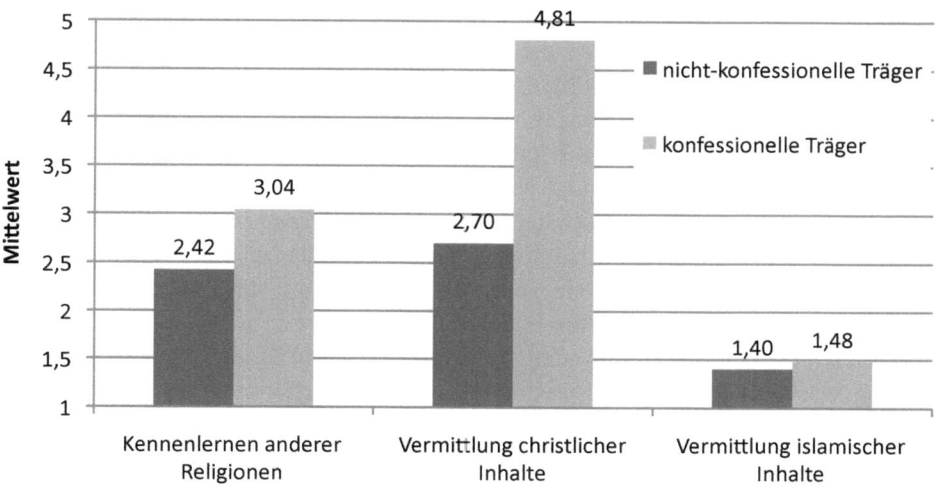

Abbildung 13: Darstellung der Inhalte der Konzeption in Abhängigkeit der Trägerschaft der Einrichtung.

In konfessionellen Einrichtungen wird erwartungsgemäß bestätigt, dass eine Vermittlung christlicher Inhalte Bestandteil der Konzeption ist. Für das Kennenlernen verschiedener Religionen liegt der Zustimmungswert niedriger, aber immer noch über dem Wert der nicht-konfessionellen Einrichtungen. Bei der Vermittlung islamischer Einrichtungen finden sich nur noch geringe Zustimmungswerte. Allerdings könnte es sein, dass der Islam zum Teil auch bei den Angaben zu „anderen Religionen" mitgemeint war. Weiterhin könnte eine Rolle spielen, dass zwischen dem Kennenlernen anderer Religionen, einschließlich des Islam, und der Vermittlung islamischer Inhalte unterschieden wird. Vermittlung reicht u.U. weiter als ein bloßes Kennenlernen.

4.8 Wahrnehmung der Kinder durch die Erzieherinnen

Auf die unterschiedliche Zusammensetzung der Kindergruppen in den Einrichtungen wurde bereits eingegangen.[111] Die Zusammenhänge zwischen den von den Erzieherinnen angegebenen Bildungszielen und der jeweiligen Zusammensetzung der Gruppen werden an anderer Stelle thematisiert[112]. Im Folgenden nehmen wir die Einzelfragen zur Wahrnehmung der Kinder in religiöser bzw. religionspädagogischer Hinsicht auf.

---

111 S. oben, S. 37.
112 S. unten, S. 175f.

Zunächst ein etwas genauerer Blick auf einige Einzelitems: Besonders interessant und praktisch bedeutsam ist die Einschätzung und Beobachtung der Erzieherinnen, inwieweit für Kinder religiöse Themen eine Rolle spielen und ob dies in der Kita von den Kindern angesprochen wird. Auch bei diesen Fragen zeigt sich ein signifikanter Unterschied zwischen der Einschätzung der Erzieherinnen aus konfessionellen Einrichtungen und denen aus nicht-konfessionellen Einrichtungen: Erstere werden nach ihrer Einschätzung häufiger als Erzieherinnen aus nicht-konfessionellen Einrichtungen nach ihrem Glauben oder danach, was nach dem Tod geschieht, gefragt. Auch sind sie eher davon überzeugt, dass sich Kinder dafür interessieren, ob es Gott oder eine höhere Macht gibt.

Jedoch verbleibt die Zustimmung zu den Fragen, ob Kinder die Erzieherin auf Themen wie Gott oder Tod ansprechen, auch bei Erzieherinnen aus konfessionellen Einrichtungen auf der fünfstufigen Skala noch unterhalb der Skalenmitte von 3, und auch die Frage, ob sich Kinder dafür interessieren, ob es Gott oder eine höhere Macht gibt, erfährt nur eine mittlere Zustimmung (M=3,1). Tabelle 23 bietet die Angaben im Überblick:

Tabelle 23: Deskriptive Statistik der Fragen zu Wahrnehmung der religiösen Themen Interessen der Kinder in Abhängigkeit vom Träger

Frage	Träger	N	M	SD	Standard-fehler des Mittelwerts	Signifikanz
e078: Die Kinder fragen mich, ob ich an Gott/eine höhere Macht glaube.	nicht konfessionell	1383	1,86	1,04	0,03	,000
	konfessionell	1118	2,52	1,28	0,04	
e079: Die Kinder fragen, was nach dem Tod geschieht.	nicht konfessionell	1384	2,42	1,13	0,03	,000
	konfessionell	1120	2,97	1,191	0,04	
e080: Die Kinder interessieren sich dafür, ob es Gott/ eine höhere Macht gibt.	nicht konfessionell	1379	2,06	1,10	0,03	,000
	konfessionell	1115	3,10	1,25	0,04	
e083: Die Kinder stellen Fragen zu den unterschiedlichen Religionen.	nicht konfessionell	1377	1,99	0,99	0,03	,000
	konfessionell	1115	2,29	1,01	0,03	

Dass Kinder andere Kinder wegen ihrer anderen Religionszugehörigkeit ausgrenzen, wird von 98% der Befragten verneint. Zugleich sprechen die Angaben aber nicht für eine allgemeine Offenheit im Blick auf religiöse Themen oder Probleme: Denn nur 18% der Erzieherinnen sagen, dass Kinder erzählen, wie bei ihnen zu Hause ihre Religion gelebt wird (56% verneinen dies ausdrücklich). Wenn das Thema der eigenen Religion und Religionszugehörigkeit der

Kinder in den Einrichtungen so wenig aufgenommen wird, können eventuell vorhandene Probleme natürlich auch nicht sichtbar werden.

58% berichten, dass manche Kinder in der Gruppe aus religiösen Gründen bestimmte Lebensmittel nicht essen. Dies unterstreicht noch einmal, dass religiöse Unterschiede auch in der Wahrnehmung der Erzieherinnen in den Alltag der Praxis hineinreichen.

Besonders interessant sind im vorliegenden Zusammenhang aber die Fragen zu den Kindern selbst. Die wichtigsten Fragen sind in Tabelle 24 zu sehen:

Tabelle 24: Deskriptive Statistik zur Frage „Interessieren sich die Kinder in Ihrer Einrichtung für diese (inter-)religiösen Fragen?"

Frage	N	M	SD	trifft gar nicht zu	trifft wenig zu	trifft mittel zu	trifft ziem- lich zu	trifft voll und ganz zu
e078: Die Kinder fragen mich, ob ich an Gott/eine höhere Macht glaube.	2753	2,16	1,20	37%	31%	16%	10%	6%
e079: Die Kinder fragen, was nach dem Tod geschieht.	2761	2,67	1,19	17%	31%	27%	16%	9%
e080: Die Kinder interes- sieren sich dafür, ob es Gott / eine höhere Macht gibt.	2746	2,54	1,29	27%	27%	20%	17%	9%
e083: Die Kinder stellen Fragen zu den unter- schiedlichen Religionen.	2746	2,13	1,01	30%	40%	19%	7%	3%

Die Befunde sprechen eine deutliche Sprache: Nur 16% bzw. 26% berichten (Fragen 78 und 80), dass Kinder nach Gott fragen. Auch beim Thema Tod sind es nur 25%. Nach anderen Religionen fragen Kinder kaum (10%).

4.9 Wahrnehmung der Eltern durch die Erzieherinnen

Wie die Erzieherinnen die Eltern wahrnehmen, wurde bereits in der Pilot-Studie erfragt. Dabei wurden hochsignifikante Unterschiede zwischen den Einrichtungen in konfessioneller und nicht-konfessioneller Trägerschaft deutlich: Während bei den Eltern im Falle konfessioneller Einrichtungen eine zumindest mittelmäßige Erwartung im Blick auf religiöse Themen gesehen wird, ist dies bei nicht-konfessionellen Einrichtungen weit weniger gegeben. Darüber hinaus zeigte sich eine Beteiligung von Eltern bei der Vorbereitung religiöser Feste – sowohl bei christlichen als auch bei islamischen Festen war eine solche Elternbeteiligung bei fast jeder sechsten Einrichtung gegeben.

In der Hauptstudie konnte die Fragestellung verfeinert werden. Entsprechend fallen die Ergebnisse differenzierter aus, wie in Tabelle 25 ersichtlich wird:

Tabelle 25: Wünsche und Vorstellungen der Eltern für die Erziehung ihrer Kinder nach Einschätzung der Erzieherinnen

Frage	N	M	SD	trifft gar nicht zu	trifft wenig zu	trifft mittel zu	trifft ziem-lich zu	trifft voll und ganz zu
e69: Eltern möchten, dass die Kinder Werte, aber keine Religion vermittelt bekommen.	2615	2,89	1,34	20%	22%	23%	20%	15%
e70: Eltern möchten, dass die Kinder etwas über die verschiedenen Kulturen erfahren.	2663	3,23	1,08	6%	20%	35%	27%	13%
e71: Eltern möchten, dass die Kinder etwas über die verschiedenen Religionen erfahren.	2615	2,54	1,05	16%	36%	31%	12%	5%
e72: Eltern möchten, dass die Kinder den christlichen Glauben kennenlernen.	2656	3,01	1,32	17%	21%	23%	23%	16%
e73: Eltern möchten, dass die Kinder den islamischen Glauben kennenlernen.	2560	1,56	0,75	57%	32%	8%	2%	1%

Das Bild, das sich aus diesen Angaben ergibt, zeigt eine Reihe von bemerkenswerten Polarisierungen: Die größte Zustimmung erfahren die Ziele einer interkulturellen Bildung (40%) und das Kennenlernen des christlichen Glaubens (39%). Im Falle des islamischen Glaubens sind es nur 3%. Interreligiöse Bildung bleibt mit 17% Zustimmung hinter der interkulturellen zurück. Und in fast allen Fällen gibt es deutliche Verneinungen der Fragen, was wohl bedeutet, dass ein Teil der Eltern die entsprechenden Ziele ablehnt.

Im Rahmen des Gesamtprojekts wurde auch eine direkte *Befragung von Eltern* durchgeführt, die allerdings nicht repräsentativ angelegt war. Die Einzelauswertung erfolgt an anderer Stelle.[113] Die in Tabelle 26 dargestellten Befunde zeigen interessante Vergleichsmöglichkeiten:

---

113 Vgl. *A. Biesinger/A. Edelbrock/F. Schweitzer* (Hg.), Auf die Eltern kommt es an! Interreligiöse und interkulturelle Bildung in der Kita, Münster 2011.

Tabelle 26: Erwartungen der Eltern laut eigener Auskunft

Frage	N	M	SD	trifft gar nicht zu	trifft wenig zu	trifft mittel zu	trifft ziem-lich zu	trifft voll und ganz zu
042: Religiöse Erziehung soll zu Hause in der Familie stattfinden	585	3,74	1,08	3%	9%	30%	28%	30%
043: Religiöse Erziehung soll in der Kita stattfinden	582	2,97	1,18	13%	21%	34%	21%	12%
044: Mein Kind soll überhaupt nicht religiös erzogen werden.	578	1,65	1,14	67%	15%	9%	3%	6%

Dass ihr Kind nicht religiös erzogen wird, wünschen sich nur wenige Eltern (9%). Immerhin zeichnet sich hier aber eine Minderheitengruppe ab, die für die Erziehe-rinnen durchaus Probleme aufwerfen kann. Darüber hinaus ist die Polarisierung der Eltern im Blick auf die religiöse Erziehung in der Kindertagesstätte bemerkenswert (dafür 33%, dagegen 34%). Auch dies verweist auf ein Konfliktpotential. Die reli-giöse Erziehung in der Familie stößt demgegenüber auf wenig Widerspruch.

Bei der Erzieherinnenbefragung bestätigt sich auch in der Hauptstudie, dass Eltern sich an der Vorbereitung christlicher Feste beteiligen (19% der Befragten berichten dies). Bei den islamischen Festen sind es nur 4%. In diesem Falle könn-ten sich die Unterschiede zur Pilotstudie daraus erklären, dass bei der Pilot-Studie besonders Einrichtungen mit einem größeren Anteil an Muslimen beteiligt waren.

Auf eine ausgeprägte Zurückhaltung der Erzieherinnen im Gespräch mit den Eltern im Blick auf religionspädagogische Fragen verweisen die Befunde zu den Erstgesprächen (hier war eine Skala mit drei Antwortmöglichkeiten vorgegeben). Während allgemeine pädagogische Prinzipien der Einrichtung sowie Fragen der Sprachförderung vielfach routinemäßig angesprochen werden (pädagogische Prin-zipien: mittel 7%, häufig 92%; Sprachförderung: mittel 30%, häufig 61%), fallen die Angaben hinsichtlich religiöser Fragen der Kinder (mittel 32%, häufig 12%) und christlicher Erziehung (mittel 28%, häufig 26%) geringer aus. Islamische Erziehung wird noch seltener thematisiert (mittel 10%, häufig 1%). Wie zu erwar-ten, gibt es hier klare Unterschiede in Entsprechung zur Trägerschaft: Religion und christliche Erziehung werden vor allem bei den Einrichtungen in konfessioneller Trägerschaft mit den Eltern angesprochen.

Bemerkenswert sind die Unterschiede im Blick auf die Trägerschaft auch hin-sichtlich der Wahrnehmung von Elternerwartungen. Nicht überraschend ist die weit höhere Elternerwartung bei konfessionellen Einrichtungen im Blick auf die christ-liche Erziehung. Ähnlich ausgeprägt sind aber auch die Unterschiede im Blick auf interreligiöse Bildung, die bei konfessionellen Einrichtungen weit mehr erwartet wird (vgl. Abbildung 14):

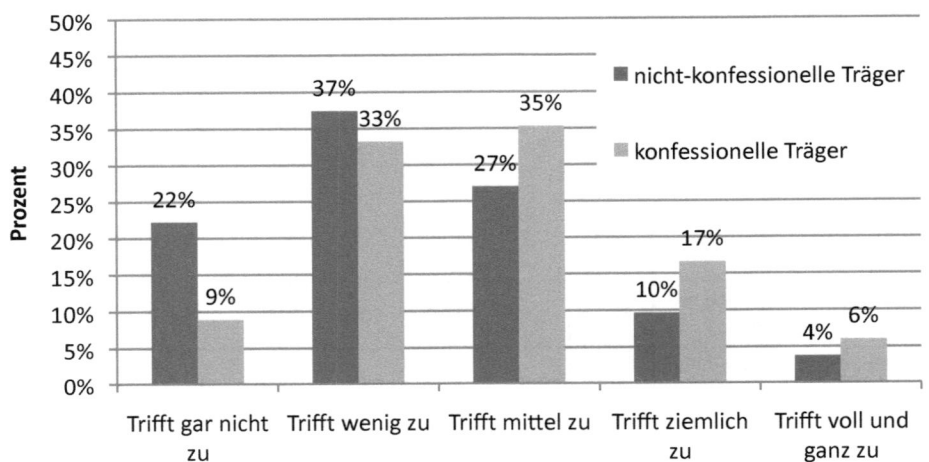

Abbildung 14: Elternwahrnehmung der Erzieherinnen. Deutlich ist der Unterschied zwischen konfessionellen und nicht-konfessionellen Einrichtungen zu sehen. Erzieherinnen aus konfessionellen Einrichtungen bejahen dies stärker.

Im Blick auf das Kennenlernen des islamischen Glaubens sind die Unterschiede bei den Einrichtungen gering. Nur in wenigen Fällen nehmen die Erzieherinnen eine entsprechende Elternerwartung wahr.

4.10 Regionale Unterschiede

Aufgrund des umfangreichen Fragebogens, der an die Erzieherinnen gegeben wurde, können hier nicht alle Details im regionalen Vergleich aufgeführt werden. Die Darstellung beschränkt sich darum an dieser Stelle auf den Vergleich von Ost und West, von Nord und Süd (Baden-Württemberg und Niedersachsen), jeweils im Hinblick auf die bereits zuvor beschriebenen Skalen 1 bis 6, die über Praxis und Relevanz von interreligiöser und interkultureller Erziehung (Skala 1 und 2) bzw. die Einstellungen und Wahrnehmungen der Erzieherin (Skalen 3-6) Auskunft geben. Ergänzend dazu wird jeweils die religiöse Zusammensetzung der Kindergruppen dargestellt.

Ost-West-Vergleich
Verglichen wurden hierbei westliche Bundesländer (Bayern, Bremen, Hamburg, Hessen, Niedersachsen, Nordrhein-Westfalen, Rheinland-Pfalz, Saarland, Schleswig-Holstein) und östliche Bundesländer (Brandenburg, Mecklenburg-Vorpommern, Sachsen, Sachsen-Anhalt, Thüringen).[114]

---

114 Berlin wurde aufgrund seines Sonderstatus im Bereich religiöse Bildung an dieser Stelle nicht mit einbezogen.

Anzahl der Kinder verschiedener Religionen

Der Vergleich der Kinder unterschiedlicher Religionszugehörigkeit offenbart im Ost-West-Vergleich einige interessante Unterschiede. Dabei ist zu beachten, dass es sich hierbei nur um Schätzungen der Erzieherinnen handelt, die teilweise sehr große Kindergruppen (vor allem im Osten Deutschlands) überblicken müssen.

Besonders auffallend ist das unterschiedliche Verhältnis von Kindern ohne religiöses Bekenntnis. 57,93%, also die Mehrzahl aller Kinder im Osten, sind ohne religiöses Bekenntnis gegenüber nur 12,31% im Westen. Aufgrund der geschichtlichen Entwicklung überrascht dieses Ergebnis kaum. Welche Auswirkungen das für religiöse Praxis und Einstellungen gegenüber religiöser Erziehung hat, muss noch gezeigt werden.

Im Osten ist die Anzahl christlicher Kinder dagegen um fast die Hälfte geringer (38,49%), als das im Westen der Fall ist: mit 70,45% hat hier die deutliche Mehrheit der Kinder einen christlichen Hintergrund.

Auch bei den anderen Religionen zeigen sich deutliche Unterschiede zwischen Osten und Westen: In den neuen Bundesländer sind die Religionen Islam, Judentum und andere Religionen deutlich weniger vorhanden als im Westen. Nur 1,38% der Kinder sind muslimisch gegenüber der zehnfachen Anzahl im Westen (13,20%). Ähnliches zeigt sich auch beim Judentum: Hier sind es 0,06% im Osten gegenüber 0,13% im Westen. Andere Religionen sind im Westen ein wenig stärker vertreten (3,92%) als im Osten (2,15%).

Man kann also zusammenfassend sagen, dass die Anzahl der Kinder unterschiedlicher Religionszugehörigkeit in den Kitas im Westen sehr viel größer ist, als dies im Osten der Fall ist. Hier müssen Erzieherinnen vor allem mit der hohen Anzahl an konfessionslosen Kindern umgehen, die aber weitgehend mit der Anzahl an Erzieherinnen ohne religiöses Bekenntnis korrespondiert[115].

Abbildung 15 zeigt die Religionszugehörigkeiten der Kinder.

---

115 Vgl. oben, S. 166.

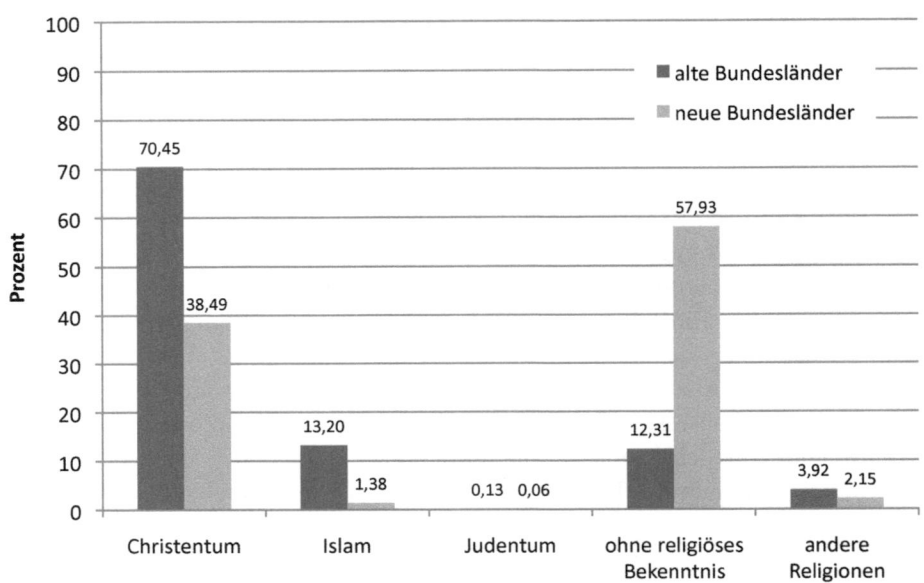

Schätzung der Anzahl der Kinder verschiedener Religionen

Abbildung 15:   Anzahl der Kinder verschiedener Religionen in den Kitas im Ost-West-Vergleich. Es handelt sich dabei um Schätzwerte der Erzieherinnen. Ein auffallender Unterschied besteht zwischen der Anzahl christlicher Kinder im Osten und Westen sowie der Anzahl an Kindern ohne religiöses Bekenntnis, die im Osten deutlich höher ist.

Vergleich der Skalen 1-6 in Ost und West

Betrachtet man die oben beschriebenen Skalen im Ost-West-Vergleich, so ergeben sich bei allen Skalen signifikante Unterschiede.

Bei Relevanz und Praxis interkultureller sowie interreligiöser Themen liegen die Mittelwerte im Westen höher als in den neuen Bundesländern. Hierbei ergibt sich im religiösen Bereich eine Analogie zu den Zusammensetzungen der Kindergruppen. Es lässt sich festhalten, dass im Osten sowohl weniger Kinder unterschiedlicher Religiosität sind, dafür mehr Kinder ohne religiöses Bekenntnis, und gleichzeitig auch weniger interreligiöse Themen in der Kita vorkommen.

Ähnliches trifft auch für die Wahrnehmung der religiösen Fragen und Interessen der Kinder zu. Im Westen nehmen die Erzieherinnen mit einer Durchschnittszustimmung von 2,45[116] die religiösen Fragen von Kindern wahr, während sie im Osten mit 2,18 etwas niedriger liegt.

Am deutlichsten unterscheiden sich Osten und Westen bei der Religiosität der Erzieherinnen. Im Westen (M=3,33) liegt diese deutlich über dem Wert der neuen Bundesländer, hier liegt der Durchschnitt bei nur 2,82.

---

116 Die Skalenwerte verteilen sich auf Werte von 1 (trifft gar nicht zu) bis 5 (trifft voll und ganz zu).

Bei den Einstellungen zu religiöser und interreligiöser Erziehung liegen die Werte in den alten Bundesländern wieder signifikant höher als im Osten. Bei der Einstellung zu religiöser Erziehung geben die westdeutschen Erzieherinnen einen Durchschnittswert von 3,71 an, die ostdeutschen 3,45. Bei interreligiöser Erziehung ist der Wert im Osten beinahe gleich wie bei religiöser Erziehung (3,73), im Osten liegt er bei 3,36 sogar niedriger als der Einstellungswert zur religiösen Erziehung.

Abbildung 16 zeigt alle Skalenmittelwerte im Vergleich von östlichen und westlichen Bundesländern.

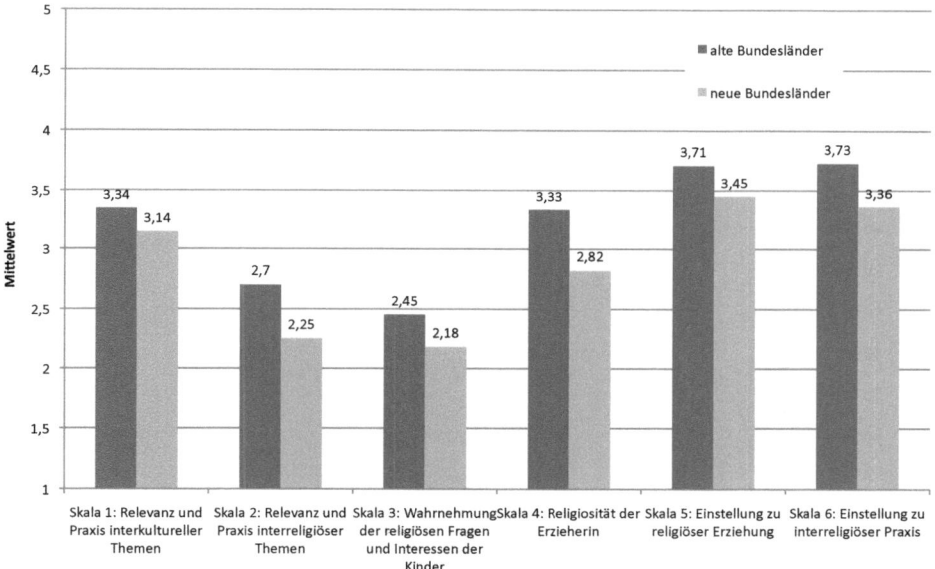

Abbildung 16: Skalenmittelwerte im Vergleich zwischen alten und neuen Bundesländern. Besonders große Unterschiede finden sich bei der Religiosität der Erzieherin, aber auch bei den Einstellungen zur (inter)religiösen Erziehung und auch bei dem, was faktisch in den Kitas an religiösen und interkulturellen Themen vermittelt wird.

Nord-Süd-Vergleich

Um einen direkten Nord-Süd-Vergleich durchführen zu können, wurden die beiden Bundesländer Baden-Württemberg und Niedersachsen ausgewählt, da im Vergleich zu den anderen Bundesländern für beide die höchsten Fragebogenanzahlen vorliegen. In Baden-Württemberg haben 347 Erzieherinnen den Fragebogen zurückgesandt, in Niedersachsen 401 Erzieherinnen. Im Folgenden wird ähnlich wie im Ost-West-Vergleich zunächst die Zusammensetzung der Kindergruppen verglichen und anschließend untersucht, inwieweit sich beide Bundesländer auf den 6 Skalen unterscheiden.

Anzahl der Kinder verschiedener Religionszugehörigkeit

Die Anzahl christlicher Kinder ist in den beiden untersuchten Bundesländern gleich, mit jeweils knapp über 72% hat der Großteil der Kinder ein christliches Bekenntnis. Beim Islam ergeben sich schon größere Unterschiede, verglichen mit dem Ost-West-Unterschied jedoch immer noch geringer. In Baden-Württemberg sind 11,63% der Kinder muslimisch, während es in Niedersachsen nur 7,93% sind. Ein wiederum deutlicher Unterschied ergibt sich bei Kindern ohne religiöses Bekenntnis. In Baden-Württemberg sind weniger Kinder ohne religiöses Bekenntnis als muslimische Kinder (11,07%), während in Niedersachsen 15,41% der Kinder ohne religiöses Bekenntnis sind. Bei den anderen Religionen ist das Verhältnis wiederum fast ausgeglichen, 5,05% andere Religionen kommen in Baden-Württemberg vor, 4,42% in Niedersachsen.

Abbildung 17 zeigt die Schätzungen der Anzahl der Kinder verschiedener Religionen.

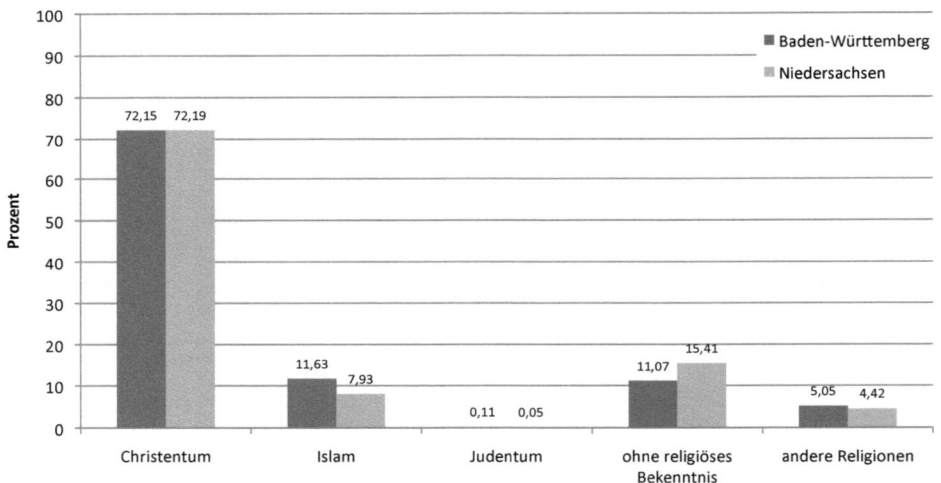

Abbildung 17: Vergleich der Schätzungen der Kinder verschiedener Religionen in Baden-Württemberg und Niedersachsen. Unterschiede finden sich bei muslimischen Kindern und bei Kindern ohne religiöses Bekenntnis. Die Anzahl christlicher Kinder ist im Norden und Süden gleich.

Auch beim Islam ist der Unterschied signifikant. Beim Judentum ergaben sich keine Unterschiede. Der deutlichste Unterschied ist bei Kindern ohne religiöses Bekenntnis vorhanden: in Niedersachsen sind es mit 15,01% doppelt so viele Kinder ohne religiöses Bekenntnis als in Baden-Württemberg (7,53%). Bei allen anderen Religionen sind ebenfalls keine signifikanten Unterschiede zu verzeichnen (Baden-Württemberg 3,13% und Niedersachsen 3,67%).

Skala 1 bis 6 im Nord-Süd-Vergleich

Im Nord-Süd-Vergleich der Skalen 1 bis 6 ergeben sich lediglich bei den ersten drei Skalen signifikante Unterschiede, bei den Skalen 4 bis 6 sind die Unterschiede nicht signifikant.

Dies ist besonders deutlich bei der Frage nach Relevanz und Praxis interkultureller und interreligiöser Themen. In Baden-Württemberg schätzen dies die Erzieherinnen höher ein (interkulturelle Themen: M=3,34; interreligiöse Themen: M=2,69) als die in Niedersachsen (interkulturelle Themen: M=3,08; Interreligiöse Themen: M=2,45). Sowohl In Baden-Württemberg als auch in Niedersachsen wird damit jedoch das Bild bestätigt, das sich bereits im Gesamtvergleich gezeigt hat: Interkulturelle Erziehung wird als relevanter beurteilt als interreligiöse.

Im Hinblick auf die Wahrnehmung der religiösen Fragen der Kinder unterscheiden sich Nord und Süd wieder signifikant. In Baden-Württemberg liegen die Erzieherinnen mit M=2,50 etwas über dem Mittel der westdeutschen Bundesländer (M=2,45), Niedersachsen liegt leicht darunter (M=2,32).

Sowohl die eigene Religiosität der Erzieherin als auch die Einstellung zu interreligiöser und religiöser Erziehung unterscheiden sich im Nord-Süd-Vergleich nicht. Auch im Bezug auf die Religionen der Kinder kann dieses Ergebnis überraschen. Eine größere Anzahl von Kindern ohne religiöses Bekenntnis scheint daher keinen Bezug zur Einstellung zu religiöser und interreligiöser Praxis aufzuweisen.

Abbildung 18 zeigt die verschiedenen Skalen im Nord-Süd-Vergleich.

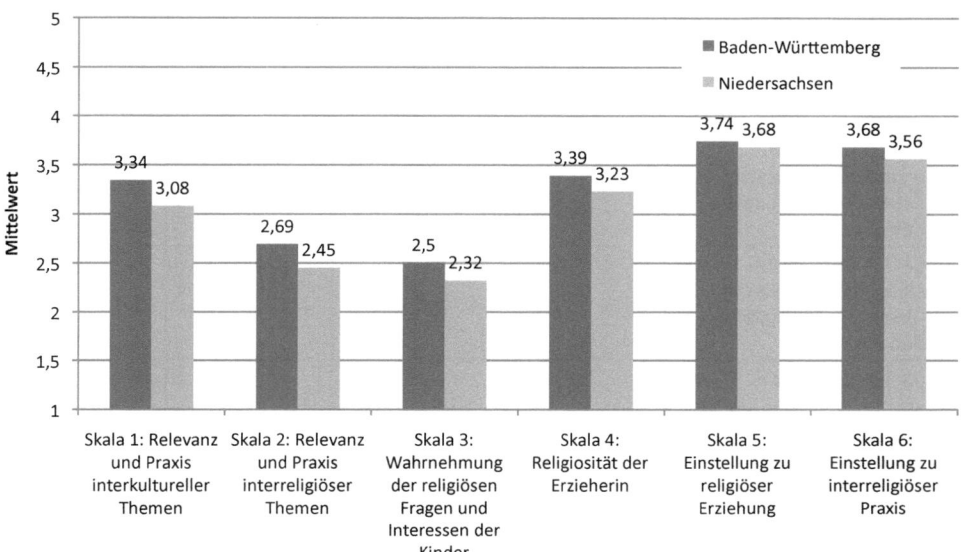

Abbildung 18: Vergleich der Skalen in Nord und Süd. Unterschiede finden sich nur bei den ersten drei Skalen, alle anderen unterscheiden sich nicht. Interkulturelle sowie interreligiöse Themen werden in Baden-Württemberg stärker thematisiert als das in Niedersachsen der Fall ist. Gleiches gilt für die Wahrnehmung der religiösen Fragen und Interessen der Kinder.

4.11 Aus- und Fortbildung

Bei der Pilotstudie erwies sich die Frage nach der Aus- und Weiterbildung im religiösen und interreligiösen Bereich als ein neuralgischer Punkt, besonders im Blick auf interreligiöse Bildung. Mit den Angeboten im religiösen Bereich waren die Erzieherinnen in konfessionellen Einrichtungen zwar recht zufrieden, nicht aber mit den Angeboten im interreligiösen Bereich. Erzieherinnen in nicht-konfessionellen Einrichtungen waren in beiden Hinsichten unzufrieden.

Darüber hinaus war untersucht worden, welche Unterstützung unterschiedliche Träger in Gestalt von Fort- bzw. Weiterbildungsangeboten zur interreligiösen Bildung bieten. Insgesamt wurde die Fortbildung als gering eingeschätzt. Nicht-konfessionelle Träger (30%) bieten dazu aber mehr Unterstützung als konfessionelle (20%).

Beide Befunde verweisen auf weiteren Klärungsbedarf. In der Hauptstudie konnten entsprechend genauere Fragen gestellt werden. Differenziert erfragt wurde sowohl die Einschätzung der Ausbildung als auch die der Fortbildung. Dabei wurde jeweils nach Erfahrungen mit der Ausbildung einerseits und nach Wünschen für die Fortbildung andererseits gefragt.

Zur Ausbildung bietet Tabelle 27 einen Überblick:

Tabelle 27: Deskriptive Darstellung der Erfahrungen mit der Ausbildung im Blick auf verschiedene Bereiche

Frage	N	M	SD	trifft gar nicht zu	trifft wenig zu	trifft mittel zu	trifft ziemlich zu	trifft voll und ganz zu
e103: Ich fühle mich ausreichend ausgebildet im Bereich interkulturelle Erziehung	2635	2,76	1,16	16%	26%	34%	16%	8%
e104: Ich fühle mich ausreichend ausgebildet im Bereich interreligiöse Erziehung	2612	2,45	1,09	22%	31%	31%	11%	5%
e105: Ich fühle mich ausreichend ausgebildet im Bereich christliche Erziehung	2651	3,41	1,29	12%	12%	22%	30%	23%
e106: Ich fühle mich ausreichend ausgebildet im Bereich islamische Erziehung	2592	1,76	0,96	51%	31%	12%	4%	2%

„Ausreichend ausgebildet" fühlt sich die befragten Erzieherinnen demnach nur im Bereich christlicher Erziehung (und auch hier sind es nur 53% Zustimmung bezogen auf alle Einrichtungen). In allen anderen Bereichen, auch bei der interkulturellen Erziehung (24% Zustimmung) sind es nur Minderheiten, die sich entsprechend ausgebildet sehen. Mit lediglich 6% fällt die Zustimmung im Blick auf islamische Erziehung dabei auch im Blick auf die Ausbildung sehr gering aus.

Die Unterscheidung nach Trägerschaft der Einrichtungen führt bei der christlichen Erziehung zu erwartbaren Ergebnissen zugunsten der Einrichtungen in konfessioneller Trägerschaft (vgl. Abbildung 19):

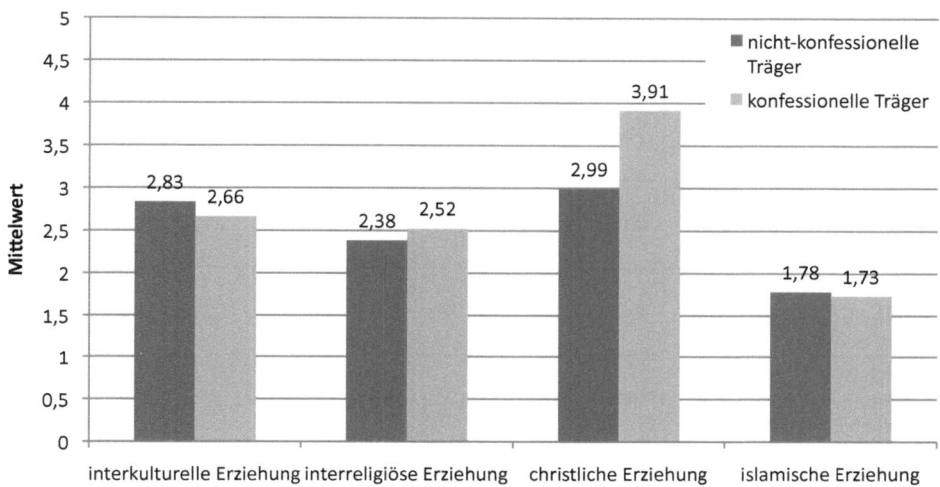

Abbildung 19: Darstellung der Beurteilung der eigenen Ausbildung im Bezug auf interkulturelle, interreligiöse, christliche und islamische Erziehung. Erkennbar sind deutliche Trägerunterschiede im Bereich der christlichen Erziehung, die aber insgesamt das höchste Niveau aufweist. In der islamischen Erziehung fühlen sich alle Erzieherinnen weniger gut ausgebildet.

Die zunächst berichtete mehrheitlich positive Einschätzung der Ausbildung im Blick auf die christliche Erziehung ist demnach vor allem auf die Antworten von Erzieherinnen in Einrichtungen in konfessioneller Trägerschaft zurückzuführen. Bei den Erzieherinnen in nicht-konfessionellen Einrichtungen hat die Ausbildung mehrheitlich keine vergleichbare Vorbereitung im Blick auf christliche Erziehung geleistet. In den anderen erfragten Bereichen sind die Unterschiede nach Trägerschaft eher gering.

Wie sieht es nun mit den Wünschen an die Fortbildung aus? Tabelle 28 bietet die Antworten im Überblick:

Tabelle 28: Wunsch nach Fortbildung in verschiedenen Bereichen

Frage	N	M	SD	trifft gar nicht zu	trifft wenig zu	trifft mittel zu	trifft ziem-lich zu	trifft voll und ganz zu
e107: Ich wünsche mir mehr Fortbildung im Bereich interkulturelle Erziehung	2515	3,14	1,33	16%	14%	27%	24%	19%
e108: Ich wünsche mir mehr Fortbildung im Bereich christlich-jüdischer Dialog.	2445	2,24	1,23	37%	26%	21%	9%	7%
e109: Ich wünsche mir mehr Fortbildung im Bereich christlich-muslimischer Dialog.	2441	2,44	1,32	33%	23%	21%	13%	10%
e110: Ich wünsche mir mehr Fortbildung im Bereich christliche Erziehung	2487	2,58	1,36	29%	23%	22%	14%	12%
e111: Ich wünsche mir mehr Fortbildung im Bereich islamische Erziehung	2439	2,26	1,26	38%	25%	19%	12%	7%

Hier ist zunächst die insgesamt geringe Ausprägung der Fortbildungswünsche über alle Bereiche hinweg auffällig: In keinem Bereich erreicht die Zustimmung mehr als gut zwei Fünftel der Befragten, in den meisten Fällen liegt sie bei weniger als 30%, zum Teil sogar unter 20%. Es trifft also nicht zu, dass die tendenziell negative Einschätzung der eigenen Vorbereitung durch die Ausbildung in diesen Bereichen gleichsam als Ausgleich zu entsprechenden Fortbildungswünschen führt.

Möglicherweise ist dies auf allgemeine Faktoren zurückzuführen, etwa eine unabhängig von den Themen fehlende Unterstützung von Fortbildung, nach der hier nicht gefragt wurde. Dennoch lohnt sich eine genauere Betrachtung der Befunde. In allen Bereichen sind die Fortbildungswünsche in den Einrichtungen in konfessioneller Trägerschaft stärker ausgeprägt als in nicht-konfessionellen Einrichtungen. Besonders markant sind die Unterschiede aber bei der christlichen Erziehung. Abbildung 20 zeigt das Gesamtbild.

Die Befunde zeigen, dass es weniger die allgemeinen Defizite in der Ausbildung sind, die zu diesem Fortbildungswunsch führen – die Erzieherinnen in konfessionellen Einrichtungen sehen sich im Blick auf christliche Erziehung, wie oben dargestellt, ja gerade besser ausgebildet als die Erzieherinnen in nicht-konfessionellen Einrichtungen. Eher ließe sich sagen, dass das Interesse mit dem aktiven Engagement in einem bestimmten Bereich weiter zunimmt. Anders formuliert: Wenn interreligiöse oder islamische Bildung ohnehin keine Rolle in der Einrichtung spielt, entsteht auch kein Wunsch nach entsprechender Fortbildung. Diese Frage muss in der Diskussion weiter vertieft werden.

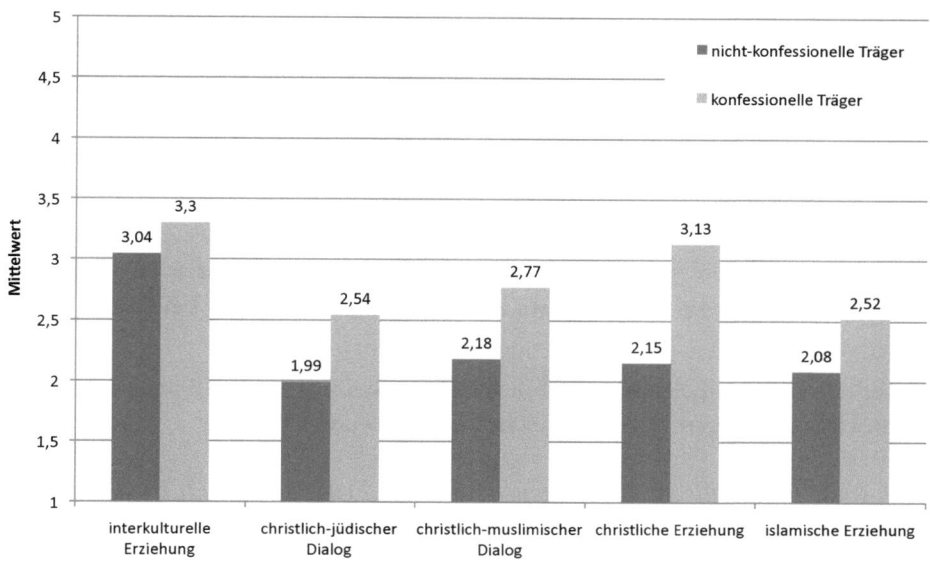

Abbildung 20: Darstellung der Fortbildungswünsche der Erzieherinnen. Sie liegen alle etwa im mittleren Zustimmungsbereich, wobei Trägerunterschiede deutlich sind, v.a. in Bezug auf christliche Erziehung.

5. Auswertung freier Antworten

Der Fragebogen bot den Erzieherinnen auch die Möglichkeit für eigene weiterführende Anmerkungen und Zusätze. Auch wenn es sich dabei naturgemäß nicht um repräsentative Angaben handelt, sind einige Aussagen doch aufschlussreich. Die transkribierten und ebenfalls sorgfältig ausgewerteten Befunde sollen, zusammen mit einigen Zitaten, hier in zusammenfassender Form wiedergegeben werden. Sie bilden gleichsam einen Kontext für die Interpretation.

Eine erste Tendenz spiegelt die Auffassung, dass interreligiöse Bildung nur dort erforderlich sei, wo Kinder mit nicht-christlicher Religionszugehörigkeit in einer Gruppe zu finden sind:

„Vieles im Bogen war nicht eindeutig zu beantworten, da wir sehr wohl Interesse an interkultureller und interreligiöser Erziehung haben – da aber unser KiGa ohne Migranten und andere Religionen wie Islam etc. ist, ist die Notwendigkeit momentan nicht zu sehen. Interkulturell ja – je nach Gruppensituation – Religion weniger, da wir erst ein christliches Fundament legen wollen und auch immer mehr müssen. Dies ändert sich sofort bei entsprechender Klientel. "

„Wir sind eine sehr ländlich geprägte Einrichtung. Die meisten Kinder sind katholisch oder evangelisch. Deswegen spielt bei uns die Interkulturelle Erziehung keine so große Rolle. "

„Der Umgang und die Bearbeitung des Themas hängt auf jeden Fall mit der Anzahl der Kinder aus anderen Kulturen und Religionen zusammen. Bei uns ist die Anzahl anderer Religionen sehr gering, weshalb das Thema auch nicht Mittelpunkt unserer Arbeit ist."

„Sind Migrantenkinder in unserer Einrichtung, informieren wir uns eingehend über deren Religion und kulturelle Lebensweise. Dies wird dann in unserer täglichen pädagogischen Arbeit mit den Kindern berücksichtigt."

„In unserer KiTa ist das Thema nicht aktuell, da aktuell fast keine Kinder mit Migrationshintergrund und keine mit anderer Religion die KiTa besuchen."

Weiterhin wird deutlich, dass die Einrichtungen bei religiöser Bildung unterschiedlichen Überzeugungen folgen – gleichsam im Pro und Contra:

„Wir sind eine städtische Einrichtung. Wenn die Frage nach Gott kommt, bearbeiten wir die mit den Kindern natürlich, allerdings wertfrei."

„Religiöse Erziehung begrenzt sich bei uns hauptsächlich auf das Ausführen von Brauchtum (Geschenke, Geschichte – aber nicht aus der Bibel – Lieder Krippenspiel, malen). Es kam noch nie von Elternseite der Wunsch, es anders, „religiöser" zu machen."

„Wir sind eine katholische Tageseinrichtung und Religion ist bei uns ein Thema, wie andere Erziehungsbereiche. Wir sind tolerant anderen Religionen und Kulturen gegenüber – wollen jedoch unsere christlichen Erziehungsziele verwirklichen und nicht verleugnen."

Religion sollte nur bei Anfragen der Kinder thematisiert werden.

„Wir sind eine städtische Tageseinrichtung und praktizieren somit keine religiöse Erziehung."

„Religiöse Erziehung ist Privatsache und hat in KiTas und Schulen nichts verloren!"

„Was soll den Eltern noch alles abgenommen werden? Dieses wichtige Thema gehört zu Hause erlebt und vorgelebt. Erzieherinnen sollten dies sicherlich unterstützen und begleiten, aber nicht primär als pädagogische Zielsetzung haben. Es sollte von Eltern – egal, wie sie sich entscheiden – selbstverständlich in die Erziehung einfließen und nicht von außen „gelehrt" werden."

„Es gibt wichtigeres den Kindern zu vermitteln als Religion."

„„Religion ist Opium für das Volk!""

Die Äußerungen zur religiösen Erziehung spiegeln sehr unterschiedliche Auffassungen von religiöser Erziehung:

„städtische Einrichtung, daher keine religiöse Erziehung. Vermittlung von ethischen Werten, Einbeziehung interkultureller Traditionen... Soziales Miteinander geprägt von gegenseitiger Wertschätzung. Wenig Kinder mit Migrationshintergrund. Auf Fragen und Interesse der Kinder wird eingegangen, Bücher zu interkulturellen Themen und religiösen Themen werden einbezogen."

„Religiöse Erziehung begrenzt sich bei uns hauptsächlich auf das Ausführen von Brauchtum (Geschenke, Geschichte – aber nicht aus der Bibel – Lieder Krippenspiel, malen). Es kam noch nie von Elternseite der Wunsch, es anders, „religiöser" zu machen."

„Religiöse Erziehung bedeutet für mich überwiegend den positiven, vorurteilsfreien, liebevollen Umgang mit den Menschen (ob groß oder klein) in meinem täglichen Leben (privat sowie geschäftlich). Diesen Gedanken, diese Einstellung bemühe ich mich täglich den Kindern vorzuleben."

„Es ist wichtig, dass kein Mensch den anderen von seiner Religion überzeugen soll. Religion ist etwas Persönliches und geht jeden Menschen einzeln etwas an. Für mich gehört das Wissen über andere Religionen und Kulturen schon in den KiGa, gerade wenn es Kinder der Gruppe betrifft. Allerdings gehört die religiöse Erziehung für mich nicht in den KiGa."

Kontrovers fallen auch die Äußerungen zur interreligiösen Bildung aus:

„Vor dem Hintergrund der vielen religiös motivierten Kriege auf der ganzen Welt ist die gegenseitige Kenntnis und Achtung vor den anderen Religionen ein wichtiger pädagogischer Punkt."

„Das Thema interkulturelle/interreligiöse Erziehung beschäftigt mich persönlich zur Zeit eher weniger, da ich gerade keine Familie mit Migrationshintergrund in der Gruppe habe. Ich habe allerdings auch schon in einer Einrichtung gearbeitet, wo der „Ausländeranteil" fast bei 50% lag. Dort muss man sich als Erzieherin mit anderen Religionen auseinandersetzen, ob man will oder nicht, wenn man eine gute Arbeit machen will. Sicher wird man trotzdem nie allen gerecht werden können, da man ja hinter seiner „Religion" am meisten steht und diese vertreten kann."

„Wir sind ein katholischer Kindergarten, deshalb sind wir angehalten so zu erziehen. Was ich auch gut und richtig finde. Schön wäre es, eine Erzieherin zu haben (oder externe Person) die dem Islam angehört, um diesen besser zu vermitteln. Aber in Zeiten des Personalmangels ist das schwierig ..."

„Wir haben sehr wenige oder kaum muslimische Kinder in unserer Einrichtung. Wir haben eine muslimische Kollegin auf die wir immer bei Fragen oder Interesse zugehen können. Das Thema Religion wird bei unseren Hortkindern weitgehend in der Schule besprochen. Wir gehen eher auf die Länder und unterschiedlichen Kulturen ein. Was aber nicht heißt, dass wir uns mit dem Islam nicht auseinandersetzen würden oder auch schon auseinandergesetzt haben."

„Die Kinder haben von „Haus aus" kein Fundament in christlicher Erziehung. Informationen über andere Religionen verwirren dann nur. Unsere muslimischen Eltern stören sich nicht am Erzählen von biblischen Geschichten. Wir weisen unsere KiGa-Kinder nicht darauf hin, wer welcher Religion angehört. Beim Spielen spielt dies auch keine Rolle."

„Ich mag „Nathan der Weise" finde jedoch, dass in dem heutigen Wertezerfall unsere christliche Kultur und Religion verdrängt werden. Deshalb wünsche ich mir den Mut für unsere Entscheidungsträger zum „Nein"-Sagen für andere Glaubenseinrichtungen, die unser „Leben" bedrängen und rücksichtslos Einzug in unser Kulturerbe nehmen. Gewalt gab es leider auch sonst „in anderen Ländern" nicht nur bei den Christen – Katholiken. Müssen wir uns hinter anderen Religionen verstecken und „Backen" hinhalten und unsere Seele demütigen lassen? Nein!"

„In den Schulen sollten alle Kinder mit allen Religionen unterrichtet bzw. bekannt gemacht werden und sich selbst ein Bild machen. Nur wovon man nichts weiß hat man Angst."

„Interreligiöse Themen (zum Islam) können Gefahren bergen, da man immer persönliche Meinungen mit einbringt. (z.B. Selbstmordattentate, Unterdrückung der Frau ...)"

„Kindern ist es egal woher jemand kommt und welcher Religion er angehört. Sie verstehen sich einfach. Da wir eine nicht-konfessionelle Einrichtung sind, sind alle Religionen willkommen und es wird nicht groß thematisiert. Wir leben in Deutschland und Ziel sollte es sein, die deutsche Kultur zu vermitteln und andere zu akzeptieren."

„Da viele Muslime den Koran selber nicht verstehen (wurde mir von verschiedenen Muslimen erzählt), finde ich es sehr fragwürdig, es als Deutsche Kindern zu vermitteln (wollen)."

„Oftmals finde ich Diskussionen und politische „Sitzungen", „Beschlüsse" usw. etwas übertrieben. Ich kann meiner Meinung nach nicht erwarten, dass meine „Religion" in einem anderen Land voll ausgelebt werden kann und ein anderes Land Gesetze für meine Religion erstellt. Wenn es mein Wunsch ist in einem anderen Land zu leben, kann ich lediglich erwarten, dass meine Religion akzeptiert wird und mehr nicht. Wenn ich damit nicht leben kann, dann muss ich in meinem Land bleiben! Auch habe ich die Pflicht dem Land gegenüber, in dem ich lebe möchte, mich anzupassen an das Leben und die Kulturen dieses Landes."

„Interkulturelle und interreligiöse Erziehung wird in einer zunehmend globalisierten Welt immer wichtiger und sind die Voraussetzung für ein friedliches Zusammenleben."

„Ich wünsche mir mehr interkulturelles und interreligiöses Leben in der KiTa. Leider finden nur wenige Familien mit Migrationshintergrund zu uns, weil die Wohnortnähe immer wichtigstes Kriterium ist, nicht pädagogisches Konzept o.ä."

„Wir arbeiten, obwohl wir einen kommunalen Träger haben, mit Pfarrer und anderen zusammen. Binden Eltern in die interkulturelle Arbeit mit ein. Eltern erzählen von ihrer Religion und wir versuchen den Kindern auch Unterschiede zu vermitteln."

„Friede und Toleranz werden jeden Tag für die ganze Menschheit unentbehrlicher." *(Erdogan, türkischer Ministerpräsident) Aus unserer Konzeption zum Punkt Sozialverhalten. Durch interkulturelle und interreligiöse Erziehung so früh wie möglich, ist mehr Verständnis, Achtung und somit Friede unter den Menschen möglich."* *„Interreligiöse und interkulturelle Bildung sollten dringend in die Ausbildung bzw. Studium gehören. Mehr Infomaterial sollte zur Verfügung stehen (nicht nur bei Leiterin). Weiterbildung!!! Ja!!! Dies würde das Verständnis für Kinder aus anderen Kulturen deutlich fördern!"*

Zur interkulturellen Bildung finden sich nur zustimmende Äußerungen:

„Studie ist wichtig und gut! Besonders im Bereich interkulturelle Erziehung muss viel gelernt und Fortbildungen angeboten werden."

„Auch ohne ein spezielles interkulturelles oder interreligiöses Bildungsprogramm fühlen sich unsere Eltern und Kinder mit anderen Bräuchen und anderem Glauben anerkannt und wertgeschätzt. Gelegentlich haben unserer Projektwochen (jeweils 1-mal pro Halbjahr) einen interkulturellen Schwerpunkt (z.B. Afrika, mit einem Beauftragten des Deutschen Entwicklungsdienstes). Zur Förderung einer guten Beziehung zu unseren türkischen Mitbürgern habe ich vor ca. 10 Jahren einen Bildungsurlaub zum Erlernen der türkischen Sprache genommen. Als Signal der Akzeptanz ist es sehr hilfreich auf Türkisch begrüßen, verabschieden, „wie geht es Ihnen", bedanken und „Schönes Wochenende" wünschen zu können. Unsere Anwesenheitsliste im Stuhlkreis machen wir immer „multilingual" und die Kinder können das „Ja" mittlerweile auf 6 Sprachen."

„Interkulturelle Erziehung ist wichtig und ergibt sich, wo mehrere Kulturen aufeinander treffen, sich kennen lernen, miteinander leben, sich füreinander interessieren. Die Einstellung des Elternhauses ist prägend."

„Ich bin der Meinung, Menschen mit Migrationshintergrund sollten schon bereit sein, in ihrem neuen Lebensort aufgeschlossen zu leben. Sie sollten bemüht sein, sich nicht selbst auszugrenzen. Verständnis und Interesse an ihrer Herkunft und

Kultur sollte von Deutschen aufgebracht werden, aber nicht dadurch Verzicht auf eigene Kultur und Werte. Wissen fördert Toleranz!"

Diese Äußerungen ergeben sicher kein Gesamtbild und lassen sich auch kaum quantitativ bewerten. Sie zeigen aber exemplarisch, in welche weiteren Überzeugungszusammenhänge die Antworten eingebettet sind.

6.   Diskussion ausgewählter Aspekte

Der vorliegende Text bietet vertiefende Auswertungen, teils zu den bereits an anderer Stelle im vorliegenden Band berichteten Befunden und Interpretationen[117], teils zu dort noch nicht berücksichtigten Aspekten.

Soweit die vertiefenden Auswertungen lediglich eine weitere Bestätigung und Ausdifferenzierung dieser Befunde und Interpretationen bieten, sollen sie im Folgenden nicht mehr eigens diskutiert werden.

Im Übrigen orientiert sich der nachfolgende Diskussionsteil an der Abfolge der Beschreibung von Ergebnissen im vorangehenden Teilkapitel.

Religiöse, interreligiöse und interkulturelle Bildung
Auch die Auswertung der Befunde auf Skalenniveau bestätigt noch einmal das Gesamtbild, in dem ein wesentlicher Befund des Projekts gesehen werden kann: Demnach wird interkulturellen Themen deutlich mehr Aufmerksamkeit geschenkt und Bedeutung zugemessen, als dies bei interreligiösen Themen der Fall ist. Christliche Themen haben ebenfalls einen vergleichsweise großen Stellenwert, auch wenn die als „unspezifische Religiosität" gefassten, also eher religiös individualisierten und im Blick auf die verschiedenen Religionen, Religionsgemeinschaften und Traditionen nicht klar definierten Orientierungen eine fast ebenso große Zustimmung erfahren. Islamische und jüdische Themen werden demgegenüber kaum aufgenommen. Noch ganz unabhängig von denkbaren Erklärungen, etwa im Blick auf die Schwierigkeiten, einen kompetenten Umgang mit islamischen Themen zu realisieren, lässt sich sagen, dass eine solche Ausgestaltung der Bildungspraxis in den Einrichtungen der Pluralität in der Gesellschaft, aber auch in den Einrichtungen selbst keineswegs gerecht wird. Denn auch in dieser Hinsicht sind die Befunde ja unmissverständlich als Beleg dafür zu werten, dass die Kindergruppen in den Einrichtungen vielerorts selbst religiös heterogen zusammengesetzt sind. Darüber hinaus lässt sich schwerlich behaupten, dass das Leben mit religiöser und weltanschaulicher Pluralität eine Aufgabe wäre, auf die Kinder, die etwa in ländlichen Regionen aufwachsen, gar nicht vorbereitet werden müssten. Interreligiöse Bildung stellt je länger je mehr eine Aufgabe allgemeiner Bildung dar, deren Bedeutung nicht von zufälligen Voraussetzungen wie dem Ort des Aufwachsens

---

117 Vgl. oben, S. 29ff.

abhängig gemacht werden kann. Nicht gesagt ist damit allerdings, dass sich die Art und Weise, in der diese Aufgabe in einer Einrichtung wahrgenommen werden soll, nicht an den örtlichen Bedingungen sowie an den Voraussetzungen bei den beteiligten Kindern und Eltern orientieren sollte. Im Gegenteil: Die sich für alle stellende Aufgabe interreligiöser Bildung muss differenziert aufgenommen und ausgestaltet werden.

Eine weitere Frage betrifft das Verhältnis zwischen interkultureller und interreligiöser Bildung sowie nach dem Verhältnis zwischen christlicher Bildung und der Bildung im Sinne anderer Religionen. Bemerkenswert sind dazu die Korrelationsverhältnisse zwischen den verschiedenen Skalen. Sie zeigen an, dass es hier nicht um Alternativen geht – also nicht um eine Situation, in der *entweder* interkulturell *oder* interreligiös gearbeitet wird. Ebenfalls kann nicht davon ausgegangen werden, dass die Betonung christlicher Themen andere Themen ausschließen würde. Die Offenheit für interreligiöse Fragen korreliert signifikant auch mit der Offenheit sowohl für interkulturelle Themen als auch für Themen aus den verschiedenen Religionen jeweils für sich. Auch konfessionelle Trägerschaften schließen interreligiöse Offenheit nicht aus, sondern erweisen sich vielfach als eine auch in dieser Hinsicht günstige Voraussetzung, worauf im Folgenden noch genauer einzugehen ist.

Einstellungen der Erzieherinnen

In den Einstellungen der Erzieherinnen kann eine entscheidende Voraussetzung für die Möglichkeit religiöser und interreligiöser Bildung in Kindertagesstätten überhaupt gesehen werden. Ohne eine entsprechende Offenheit oder Bereitschaft der Erzieherinnen können religionspädagogische Aufgaben in den Einrichtungen auch in Zukunft nicht aufgenommen werden. Die Befunde, die mit Hilfe der darauf bezogenen Skalen gewonnen wurden, sind deshalb von grundlegender Bedeutung.

Die Einstellungen zu religiöser Erziehung (Skala 5) und zu interreligiöser Praxis (Skala 6) bewegen sich leicht im positiven Bereich. Insofern kann von günstigen Voraussetzungen für religiöse und interreligiöse Bildung zumindest bei einem Teil der Erzieherinnen sowie im Blick auf die Gesamtgruppe ausgegangen werden. Sich selber schätzen die Erzieherinnen allerdings in religiöser Hinsicht eher als neutral ein, bestenfalls als leicht positiv, wobei die große Streuungsbreite der Angaben zu beachten ist. Dies ist insofern bemerkenswert, als auch der eigenen Religiosität der Erzieherinnen eine Schlüsselbedeutung für ihre Einstellungen zu religiöser Erziehung und zu interreligiöser Praxis zuzukommen scheint. Denn auch in diesem Falle sind positive Korrelationen festzustellen. Ähnliches gilt im Blick auf die Wahrnehmung der religiösen Fragen und Interessen der Kinder (Skala 3), die wiederum positiv mit der Religiosität der Erzieherinnen (Skala 4) korreliert. Mit anderen Worten: Die Wahrnehmung der religiösen Fragen und Interessen der Kinder erweist sich als abhängig von entsprechenden persönlichen Einstellungen der Erzieherinnen.

An dieser Stelle stoßen wir auf ein Grundproblem: Insbesondere in nicht-kon-fessionellen Einrichtungen kann eine ausgeprägte Religiosität der Erzieherinnen nicht als Einstellungsvoraussetzung zur Geltung gebracht werden. Darüber hin-aus ist es natürlich auch – ganz unabhängig von der Trägerschaft – ausgeschlos-sen, jemanden zu einer bestimmten Einstellung im Blick auf Religion zwingen zu wollen. Gleichwohl bleibt festzuhalten, dass die eigene Religiosität offenbar weit-reichende Folgen hat auch für die religionspädagogische Praxis in den Einrich-tungen. Eine Konsequenz daraus könnte die Forderung sein, bei der Ausbildung und Fortbildung eine stärkere Berücksichtigung religionspädagogischer Fragen zu gewährleisten. Dabei sollte dann auch der personenbezogenen Auseinanderset-zung mit religiösen Fragen, beispielsweise im Blick auf die eigene Biographie und die selbsterfahrene oder eben nicht erfahrene religiöse Erziehung, verstärkt Raum gegeben werden.

Im Übrigen bieten sich hier Analogien zu anderen Bildungsbereichen an. Auch Erzieherinnen, die kein besonderes Faible für Musik oder für Kunst haben, müs-sen Kindern Zugänge zu diesen Bereichen erschließen können. Sollte ihnen dafür die authentische Begeisterung fehlen, können sie immer noch für entsprechende Begegnungen sorgen, bei denen sich den Kindern entsprechende Zugänge eröffnen, etwa bei einem Besuch von Konzerten oder Ausstellungen oder indem Spezialis-ten in die Einrichtung eingeladen werden, die dann mit den Kindern oder auch mit den Erzieherinnen arbeiten. Vielleicht finden sich in den Teams ja auch immer wie-der spezielle Begabungen oder Interessen, die dann zum Einsatz kommen können. Nicht jeder und jede muss alles können. Das gilt auch im Blick auf den Umgang mit Religion und Religionen. Pädagogische Verantwortung kann auch so realisiert werden, dass für den Einsatz des jeweils am besten geeigneten Personals gesorgt wird.

Bedeutung der Trägerschaft von Einrichtungen
Dass unterschiedliche Trägerschaften auch für die pädagogische und religionspäd-agogische Praxis in den Einrichtungen eine Rolle spielen, versteht sich nicht von selbst. Manchmal werden Trägerverhältnisse als eine eher formale Voraussetzung angesehen, die von der alltäglichen Praxis in den Einrichtungen selbst weit entfernt ist. Wie ist vor diesem Hintergrund das Bild, das sich aus den Befunden ergibt, zu beurteilen? Und welche Implikationen ergeben sich hinsichtlich interreligiöser Bil-dung?

Im Blick auf die hier bedeutsamen Fragen trifft es offenbar nicht zu, dass sich mit den Trägerschaften keine Unterschiede hinsichtlich der pädagogischen und reli-gionspädagogischen Praxis ergeben. Schon bei den Einstellungen der Erzieherinnen (Skalen 4-6) zeigen sich signifikante Unterschiede, wobei die Werte bei den kon-fessionellen Einrichtungen jeweils höher liegen. Dies gilt auch für die Wahrneh-mung der religiösen Fragen und Interessen der Kinder (Skala 3).

Auch bei den Fragen bzw. Skalen, die sich direkt auf die religionspädagogische Praxis in den Einrichtungen beziehen, werden die Unterschiede im Blick auf die

Trägerverhältnisse deutlich sichtbar. Erwartungsgemäß gilt dies an erster Stelle für die Relevanz und Praxis christlicher Themen (Skala 7). Auch die allgemeine Offenheit für religiöse Themen (Skala 10: „unspezifische Religiosität") ist in den konfessionellen Einrichtungen höher. Die ebenfalls feststellbaren Unterschiede im Blick auf islamische oder jüdische Themen (Skalen 8 und 9) bewegen sich allerdings auf einem so niedrigen Niveau, dass sie kaum zu einem wahrnehmbaren Unterschied beispielsweise im Profil oder in der Praxis von Einrichtungen führen dürften.

Ebenfalls als Hinweis auf die Bedeutung von Trägerschaften können die Antworten auf die beiden Fragen „Ich darf christliche Inhalte vermitteln" und „Ich darf islamische Inhalte vermitteln" gelesen werden. Während sich alle Befragten unsicher sind, ob sie dies im Falle des Islam tun dürfen, besteht die Unsicherheit im Blick auf christliche Inhalte vor allem in den nicht-konfessionellen Einrichtungen. Dies verweist zugleich noch einmal darauf, dass auch eine religiöse Begleitung christlicher Kinder in nicht-konfessionellen Einrichtungen nicht gewährleistet ist.

Diese Beobachtungen entsprechen einerseits den Erwartungen an unterschiedliche Profile konfessioneller und nicht-konfessioneller Einrichtungen. Solche Unterschiede sind zu begrüßen, da nur dann für Eltern und Kinder tatsächlich Wahlmöglichkeiten entstehen, die sich auch auf die in verschiedenen Einrichtungen realisierte Praxis beziehen. Problematisch sind die Unterschiede jedoch insofern, als sie die Tendenz erwarten lassen, dass religiöse, aber auch interreligiöse Bildung als Aufgabe nur von Einrichtungen in konfessioneller Trägerschaft angesehen werden. Dies muss in zwei Hinsichten problematisiert werden: Zum einen brechen religiöse Fragen nicht nur für einen Teil der Kinder auf, und gewiss nicht gerade nur für den Teil, der sich – eben vielerorts doch immer auch zufälliger Weise, etwa aufgrund der Verfügbarkeit oder örtlichen Nähe – in konfessionellen Einrichtungen befindet. Alle Kinder haben ein Recht auf Religion und religiöse Begleitung! Zum anderen lassen sich die gesellschaftlichen Erfordernisse eines Aufwachsens in der Pluralität, zu dem die Ausbildung kultureller, religiöser und weltanschaulicher Pluralitätsfähigkeit zählt, ebenfalls nicht nur auf einen Teil der Kinder beziehen. Hier gilt vielmehr, dass alle Kinder auf ein Leben in der Pluralität vorbereitet werden müssen.

Eine Folgerung könnte hier darin bestehen, dass die Unterschiede in der Trägerschaft nicht zu einer Begrenzung religionspädagogischer Aufgaben auf konfessionelle Einrichtungen führen dürfen. Diese Aufgaben lassen sich nicht einfach auf unterschiedliche Einrichtungen verteilen, eben weil sie von den Kindern sowie von allgemeinen Bildungsaufgaben her begründet sind. Vielmehr müssen die Einrichtungen verschiedene Wege finden, die – in Berücksichtigung der jeweiligen Trägerverhältnisse – unterschiedliche Möglichkeiten der religiösen Begleitung eröffnen. Wie diese Wege im Einzelnen aussehen können, wird von den Untersuchungsergebnissen noch nicht beantwortet. Hier sind weitere Erfahrungen etwa aus gezielten Versuchen in der Praxis erforderlich. Immerhin zeigen aber die im Gesamtprojekt identifizierten und ein Stück weit begleiteten Best-Practice-Beispiele einen Weg, der als Anregung auch für andere Einrichtungen dienen kann.[118]

Einschätzung des Trägerengagements

Die Unterschiede im Blick auf die Trägerschaften zeigen sich auch in der von den Erzieherinnen wahrgenommenen Unterstützung religiöser und interreligiöser Bildung durch die Träger. Bemerkenswert ist hier vor allem, dass – der Wahrnehmung der Erzieherinnen zufolge – auch die Träger die Bedeutung einer islamischen Bildung noch kaum realisieren. Wie die Beiträge aus der Perspektive der konfessionellen Träger in diesem Band zeigen, muss dies nicht unbedingt der Realität entsprechen. Das sich seit Jahren fortsetzende Engagement und die Bemühungen der kirchlichen Träger um interreligiöse Fragen finden in der Sicht der Erzieherinnen keine Entsprechung. Dies muss gewiss Anlass zu neuen Überlegungen und Situationsanalysen auch für die Träger sein. Offenbar sind beispielsweise die von Trägerseite angebotenen Materialien oder Formen der Fortbildung noch nicht genügend wirksam. Die Praxis wird durch sie noch nicht in ausreichendem Maße erreicht.

Überraschend ist vor diesem Hintergrund allerdings, dass sich die Erzieherinnen, besonders in nicht-konfessionellen Einrichtungen, auch keine entsprechende Trägerunterstützung wünschen. Auch dieses Antwortverhalten muss allerdings im Gesamthorizont der Befunde interpretiert werden. Angesichts der bei anderen Fragen vielfach von den Erzieherinnen geäußerten Offenheit auch für interreligiöse Fragen ist nicht davon auszugehen, dass hier ein umfassendes Desinteresse zum Ausdruck kommt. Stattdessen ist eher an zwei Erklärungsmöglichkeiten zu denken: Zum einen könnte es sein, dass die Erzieherinnen die eigene Professionalität gefordert sehen und weniger an die Träger denken: Sie wollen die Aufgaben in den Einrichtungen selbst in die Hand nehmen und sich nicht in eine inhaltliche Abhängigkeit von den Trägern begeben, die ihre eigene Professionalität in Frage stellt. Zum anderen lässt die in den Befunden immer wieder angesprochene fehlende Praxis im interreligiösen Bereich wohl auch entsprechende Bedürfnisse für die Fortbildung kaum aufbrechen. Insofern ist zu erwarten, dass der Wunsch nach mehr Trägerengagement in dem Maße steigen wird, in dem sich die Praxis in den Einrichtungen verändert. Beides geht so gesehen Hand in Hand.

Schließlich muss bei alledem aber auch an die Belastungen und Engpässe in den Einrichtungen gedacht werden. Wachsende Aufgaben bei gleichzeitigen Sparmaßnahmen lassen wohl auch die Fortbildungsbereitschaft generell sinken.

(Mehr) Muslimische Erzieherinnen?

In ihrer Zusammensetzung erweisen sich die Teams der Erzieherinnen zunächst als multinational. Türkische, serbische, kroatische, italienische, polnische oder andere

---

118 Vgl. dazu *A. Edelbrock/A. Biesinger/F. Schweitzer* (Hg.), Religiöse Vielfalt in der Kita. Empfehlungen und Best-Practice-Beispiele zur interreligiösen und interkulturellen Bildung, Berlin 2011.

Nationalitätszugehörigkeiten sind inzwischen offenbar eine Normalität, zumindest an vielen Orten.

Bei der Religionszugehörigkeit ist die Homogenität hingegen größer. Die Mehrheit der Erzieherinnen ist entweder evangelisch oder katholisch. Daneben gibt es aber auch viele konfessionslose Erzieherinnen. Immerhin 11% der Erzieherinnen geben an, dass es im Team auch eine Muslimin gebe. Dies ist insofern bemerkenswert, als konfessionelle Träger im Allgemeinen, d.h. mit begrenzten und genau definierten Ausnahmen, die Anstellung muslimischer Erzieherinnen ausschließen. Auch die Erzieherinnen selbst setzen sich mehrheitlich nicht für mehr muslimische Erzieherinnen ein. 69% lehnen es direkt ab und weitere 22% zeigen sich in dieser Hinsicht unsicher.

Die Frage, die sich an dieser Stelle stellt, betrifft die kompetente Begleitung muslimischer Kinder in den Einrichtungen. Unter diesem Aspekt kann es als durchaus wünschenswert angesehen werden, mehr muslimische Erzieherinnen in den Einrichtungen zu haben. Die Befunde machen aber auch deutlich, dass eine solche Maßnahme für sich allein noch wenig bewegen kann. Denn in den nicht-konfessionellen Einrichtungen sind sich die Erzieherinnen, ihrer eigenen Auskunft zufolge, unsicher, ob – über die eigene Religionszugehörigkeit im Sinne der Mitgliedschaft dann etwa zum Islam hinaus – auch entsprechende Inhalte im Alltag der Einrichtungen überhaupt eine Rolle spielen dürfen. Hier besteht offenbar ein erheblicher Klärungsbedarf. Bei den konfessionellen Einrichtungen stellt sich die Frage, wie sich das christliche Profil mit muslimischen Erzieherinnen verbinden lässt. In beiden Fällen wäre deshalb ggf. zuerst eine Konzeption erforderlich, die sich auf die durch die Mitarbeit muslimischer Erzieherinnen eröffneten pädagogischen und religionspädagogischen Möglichkeiten bezieht. Auch eine eigene wissenschaftliche Begleitung bei der Entwicklung und Praxis solcher Konzeptionen wäre wünschenswert.

Kinder ohne religiöse Fragen?
Zu den – zumindest religionspädagogisch gesehen – ausgesprochen überraschenden Befunden gehören die Antworten auf die Frage, ob Kinder nach Gott bzw. nach einer höheren Macht fragen, ob sie sich überhaupt dafür interessieren, ob sie nach den unterschiedlichen Religionen fragen oder danach, was nach dem Tod geschieht. Zu allen diesen Fragen liegen in der wissenschaftlichen Literatur zahlreiche Befunde vor, welche die Bedeutung dieser Fragen belegen und unterstreichen. Und auch dort, wo die Religion von Kindern nicht im Blick ist, wird heute davon ausgegangen, dass sich Kinder schon früh mit Sterben und Tod auseinandersetzen. Vor einer Tabuisierung solcher Fragen wird beispielsweise auch aus kinderpsychologischer Sicht gewarnt. Wie aber ist dann das entsprechende, sich im Widerspruch dazu bewegende Antwortverhalten der Erzieherinnen zu erklären?

Eine erste Erklärung wurde oben bereits dargestellt. Wo bei Erzieherinnen keine entsprechende eigene Sensibilität vor allem für religiöse Fragen vorhanden ist, nehmen sie in erwartbarer Weise auch keine solchen Fragen bei den Kindern wahr.

Insofern sagen die entsprechenden Angaben der Erzieherinnen weniger über die Kinder aus als über sie selbst und über ihr eigenes Verhältnis zu Religion und Glaube. Wo es an Sensibilität für religiöse Fragen der Kinder fehlt, bleibt die entsprechende Wahrnehmung unentwickelt.

Eine zweite Erklärungsmöglichkeit, die die erste komplementär ergänzt, bezieht sich auf die Kinder selbst. Wenn Kinder merken, dass für entsprechende Fragen in der Einrichtung kein Platz ist, werden sie diese Fragen hier tunlichst auch nicht mehr stellen. Wie auch in anderen Bereichen des Aufwachsens reagieren Kinder ja sehr sensibel schon auf eine bestimmte Atmosphäre oder auch auf non-verbale Signale von Erwachsenen, die den Kindern damit – gewollt oder ungewollt – zu verstehen geben, dass sie sich bei bestimmten Themen „unwohl" fühlen. So gesehen beschreiben die Angaben der Erzieherinnen zum Frageverhalten der Kinder keine Voraussetzung, sondern eine *Folge* der religionspädagogischen Praxis in den Einrichtungen bzw. machen deutlich, wozu das Fehlen einer solchen Praxis führt. Wo Kinder nicht gehört werden, da werden sie stumm.

Ebenfalls problematisch wäre es, wenn eine dritte Erklärungsmöglichkeit zuträfe: In diesem Fall könnte angenommen werden, dass die Arbeit mit relativ großen Kindergruppen weder Zeit noch Raum für persönliche oder gar intime Fragen der Kinder lässt. Ihre Fragen nach Tod und Sterben beispielsweise oder nach Gott stellen Kinder häufig eher leise und nebenbei, und nur wenn jemand da ist, der zu aktivem Zuhören bereit ist, entwickelt sich aus solchen Fragen auch ein Gespräch. Dass es mehr als wünschenswert wäre, dass Einrichtungen gerade auch für leise gestellte, persönliche oder intime Fragen offen sind, liegt auf der Hand. Daran entscheidet sich mit, ob es nur um eine Betreuung von Kindern geht oder auch um eine weiterreichende Bildung des kindlichen Selbst.

Widersprüchliche Elternerwartungen

Die Angaben zu den Elternerwartungen in der Wahrnehmung der Erzieherinnen fallen sehr divergent aus. Offenbar stellt sich die Situation den Erzieherinnen in polarisierender Gestalt dar: Während ein Teil der Eltern sich für religiöse und interreligiöse Bildung ausspricht, ist dies bei einem anderen Teil ausdrücklich nicht der Fall. Insgesamt ist der Anteil der Eltern, die gegen jede Form der religiösen Erziehung sind, aber sehr gering.

Diese Befunde machen zunächst deutlich, dass religiöse und interreligiöse Bildung einer besonders sorgfältigen Begleitung auch im Blick auf die Eltern bedürfen. Da die damit verbundenen Fragen immer auch die existenzielle Dimension betreffen, ist hier eine begleitende Elternarbeit besonders sinnvoll und angebracht.

Darüber hinaus sind hier offenbar die Erzieherinnen vor Ort stark gefordert, weil sie sich mit divergierenden Elternerwartungen auseinandersetzen müssen. Eine einfache Lösungsstrategie ist dabei ausgeschlossen: Weder der Verzicht auf religiöse und interreligiöse Bildung noch eine intensive entsprechende Praxis würden *alle* Eltern zufrieden stellen. Die Divergenzen in den Erwartungen müssen also kommunikativ bearbeitet und, soweit möglich, auch kommunikativ aufgelöst werden. Auch dies schließt hohe Anforderungen an die Erzieherinnen ein, auf die sie durch ihre Ausbildung nicht ohne weiteres vorbereitet sind.

Auch in diesem Falle gilt im Übrigen, dass die entsprechenden Elternerwartungen sich nicht einfach nach Trägerschaften der Einrichtungen sortieren lassen. Auch in nicht-konfessionellen Einrichtungen gibt es Eltern, die religiöse und interreligiöse Bildung begrüßen, und auch in konfessionellen Einrichtungen sprechen sich manche Eltern gegen religiöse und interreligiöse Bildung aus. Hier müssen Wege gefunden werden, wie das Profil der Einrichtungen auch den Eltern plausibel gemacht werden kann.

Insgesamt ist festzuhalten, dass die Aufgaben religiöser und interreligiöser Bildung nicht einfach von entsprechenden Elternerwartungen abhängig gemacht werden können. Bildungsaufgaben lassen sich nicht einfach an den Erwartungen einer bestimmten Klientel bemessen. Auch im Blick auf die von den Kindern geäußerten Erwartungen und Interessen wird heute in der Elementarpädagogik deshalb ein entsprechender Vorbehalt geltend gemacht: Anders als in früherer Zeit, als sich die Elementarpädagogik noch ganz von einem einfachen Situationsansatz leiten ließ, wird heute – auch in Weiterentwicklung des Situationsansatzes sowie mit der Forderung nach dynamischen Rahmenkonzepten[119] – darauf verwiesen, dass bestimmte Themen für das Aufwachsen und Leben in unserer Gesellschaft so wichtig sind, dass sie Kindern auch dann erschlossen werden müssen, wenn diese selbst nicht danach fragen oder Eltern keine entsprechenden Erwartungen äußern. Dabei ist auch zu bedenken, dass bereits die Ausbildung einer Interessenvielfalt vielfach von entsprechend günstigen, nämlich anregungsreichen Bedingungen in den Elternhäusern abhängig ist. Es ist pädagogisch nicht legitim, bei Kindern nur das zu stärken, was sie – so gesehen: als Privilegien – aus dem Elternhaus schon mitbringen.

Aus- und Fortbildung

Den Angaben der Erzieherinnen ist deutlich zu entnehmen, dass sie sich durch ihre Ausbildung insbesondere auf die Situation der Gegenwart, auf die Herausforderungen durch Multikulturalität und Multireligiosität, nicht ausreichend vorbereitet fühlen. Überhaupt spielten, den Angaben der Erzieherinnen zufolge, religionspädagogische Aufgaben bei dieser Ausbildung nur zum Teil eine Rolle – selbst im Blick auf die christliche Erziehung fallen die Antworten nur leicht positiv aus: Lediglich 53% der Befragten geben an, dass sie sich hier durch die Ausbildung ausreichend vorbereitet fühlen.

Vor diesem Hintergrund müssen die Angaben der Erzieherinnen zu den Wünschen an die Fortbildung überraschen. Denn in den meisten Fällen geben die Erzieherinnen keine entsprechenden Wünsche im Blick auf religiöse oder interreligiöse Bildungsaufgaben an. Lediglich mehr Fortbildung im Bereich interkultureller

---

119 Vgl. *J. Zimmer*, Das kleine Handbuch zum Situationsansatz, Ravensburg 1998, *L. Fried*, Pädagogisches Programm und subjektive Orientierung. In: *dies./B. Dippelhofer-Stiem/M.-S. Honig/L. Liegle*, Einführung in die Pädagogik der frühen Kindheit, Weinheim/Basel/Berlin 2003, 54–85.

Erziehung erfährt eine gewisse, aber ebenfalls eingeschränkte Bejahung. Wie lassen sich diese Befunde erklären? Auch in diesem Falle kommen mehrere Erklärungsmöglichkeiten in Frage: Zunächst gilt erneut, dass einzelne Elemente der pädagogischen Praxis in den Einrichtungen nicht isoliert betrachtet werden dürfen. Wo es keine entsprechende Praxis gibt, da werden auch entsprechende Bedürfnisse nicht sichtbar und kann auch kein solcher Wunsch für die Fortbildung entstehen. Insofern erweisen sich die Angaben der Erzieherinnen bzw. das Fehlen entsprechender Fortbildungswünsche als übereinstimmend mit der Gesamtsituation. Sie sind also *gerade nicht* überraschend! Nicht übergangen werden darf aber auch – so eine zweite Erklärungsmöglichkeit – die Konkurrenz im Blick auf verschiedene Fortbildungsangebote: Noch immer spielen die aus den PISA-Untersuchungen resultierenden Anforderungen an die Einrichtungen eine große Rolle, d.h. Anforderungen, die sich auf sprachliche oder mathematisch-naturwissenschaftliche Fähigkeiten der Kinder sowie auf eine entsprechende Förderung durch die Erzieherinnen beziehen. Es könnte durchaus sein, dass der öffentliche und politische Druck in dieser Richtung inzwischen so stark ist, dass Wünsche im Blick auf andere Fortbildungsangebote wie Religion, aber auch weitere Bereiche oder Dimensionen von Bildung gleichsam auf der Strecke bleiben. Einzelne Hinweise finden sich aber auch im Blick auf eine dritte Erklärungsmöglichkeit, der zur Folge der Hunger mit dem Essen kommt. Diese Erklärungsmöglichkeit überschneidet sich zum Teil mit der ersten Erklärung. Denn entsprechende Fortbildungswünsche werden gerade von Erzieherinnen in solchen Einrichtungen formuliert, in denen religiöse und interreligiöse Bildung bereits eine Rolle spielen. Wünsche an die Fortbildung sind kein Beleg für fehlende Fähigkeiten, sondern beweisen die Kompetenz eigener Weiterentwicklung in Korrespondenz zu einer sich ebenfalls weiter entwickelnden Praxis.

Zusammenfassend ist auch im Blick auf die Aus- und Fortbildung festzuhalten, dass sich ihre Aufgaben nicht allein nach dem Modell eines „freien Marktes" bemessen lassen. Anders ausgedrückt, können die von den Erzieherinnen geäußerten Wünsche allein noch nicht über das Fortbildungsangebot entscheiden, so wichtig solche Wünsche für eine sinnvolle Fortbildungsarbeit auch bleiben. In einer gesellschaftlichen Situation, in der die religiöse und weltanschauliche Pluralität immer mehr an Gewicht gewinnt, müssen auch die Aus- und Fortbildung für die Erzieherinnen mit den damit verbundenen Erfordernissen Schritt halten.

7. Rückblick und Ausblick: Sind interreligiöse Bildung und eine kompetente Begleitung muslimischer Kinder überhaupt möglich?

Es liegt am Ende unserer Darstellung nahe zu fragen, ob die in diesem Band immer wieder aufgeworfenen Forderungen nach interreligiöser Bildung und nach einer kompetenten Begleitung muslimischer Kinder in Kindertagesstätten nicht von vornherein zum Scheitern verurteilt sind. Denn offenbar fehlt es in den Einrichtungen nicht einfach am guten Willen, sondern es fehlt in den allermeisten

Hinsichten bereits an den Voraussetzungen dafür, diese Forderungen einzulösen. Insofern leuchten die im Anschluss an die erste Präsentation von Befunden aus dem Projekt aufgeworfenen Rückfragen durchaus ein.[120] Mit abstrakten Forderungen allein wäre hier niemandem weitergeholfen.

In der Tat kann von christlichen Erzieherinnen kaum erwartet werden, dass sie für muslimische Kinder zu authentischen Vertreterinnen des Islam werden. Auch kenntnisreiche und verlässliche Informationen über den Koran und seine Inhalte können hier nicht erwartet werden. Dafür sind die Erzieherinnen bislang nicht ausgebildet. Solche Überlegungen führen allerdings erneut vor die Notwendigkeit, über die Anstellung muslimischer Erzieherinnen in den Einrichtungen nachzudenken. Auch wenn darin, wie ebenfalls deutlich wurde, keineswegs ein Allheilmittel gesehen werden kann, könnten sich im Rahmen konsequenter Versuche, wie sie mancherorts bereits angestellt werden, doch Möglichkeiten herauskristallisieren, wie Kinder mit unterschiedlichem religiösen Hintergrund kompetent und authentisch begleitet werden können. Diese Aufgabe sollte entschlossen, in konsequenter Zusammenarbeit zwischen Praxis und Theorie, zwischen den Einrichtungen, den Trägern und der Wissenschaft, angegangen werden.

Ähnliches gilt im Blick auf interreligiöse Bildung, zu der es, was den Elementarbereich betrifft, bislang noch kaum wissenschaftlich-empirische Erkenntnisse gibt. Auch an dieser Stelle ist noch einmal daran zu erinnern, dass die in unserer Untersuchung erhobenen Befunde als die ersten ihrer Art zu bezeichnen sind. Diese Befunde unterstreichen die Notwendigkeit interreligiöser Bildung, geben aber nicht gleichermaßen Auskunft über die pädagogischen und religionspädagogischen Möglichkeiten, dieser Notwendigkeit praktisch zu entsprechen. Hinzuweisen ist aber am Ende noch einmal auf positive Erfahrungen – als „Best-Practice-Beispiele" – in einzelnen Einrichtungen, die sich schon seit längerer Zeit den Herausforderungen interreligiöser Bildung im Elementarbereich zugewandt haben.[121] Diese Beispiele lassen zumindest erkennen, dass es sich hier nicht um bloß theoretische oder rein abstrakte Forderung handelt, sondern dass sich in der Praxis selbst bereits Möglichkeiten identifizieren und entwickeln lassen, die dem Anspruch einer interreligiösen Bildung im Kindesalter gerecht werden.

In anderer Weise bieten auch die Befunde aus unserer Studie zur religiösen Differenzwahrnehmung im Kindesalter zahlreiche Anstöße und Anknüpfungspunkte für interreligiöse Bildung.[122] Wie bei dieser Befragung sichtbar wurde, haben auch schon Kinder viele Fragen im Blick auf verschiedene Religionen und verschiedene Religionszugehörigkeiten und vor allem im Blick auf die eigenen Überzeugungen, denen zumindest ein Teil der Kinder in der Herkunftsfamilie begegnet. Zum Aufwachsen in der Pluralität gehört auch die Auseinandersetzung mit einander widersprechenden Überzeugungen, über die durchaus auch bereits Kinder in Streit miteinander geraten. Im Vergleich zur Erzieherinnenbefragung werfen solche

---

120 Vgl. dazu besonders die Beiträge von G. Hohl und F. Jansen im vorliegenden Band.
121 Vgl. *Edelbrock/Biesinger/Schweitzer*, Religiöse Vielfalt in der Kita!
122 Vgl. *Edelbrock/Schweitzer/Biesinger*, Wie viele Götter.

Beobachtungen die Frage auf, ob in den Einrichtungen genügend Raum für solche Auseinandersetzungen gegeben und welche Begleitung für die Kinder gewährleistet wird.

Ein eigenes, in der vorliegenden Untersuchung nur angerissenes Problem betrifft Vorurteile und Befürchtungen im Blick auf die jeweils andere Religion. Insbesondere der Islam wird heute – weniger von den Kindern, wohl aber von den Erwachsenen – vielfach mit Islamismus assoziiert, mit Fundamentalismus und Terrorismus. Auch die Medien leisten einer solchen Wahrnehmung immer wieder Vorschub. Insofern ist zu fragen, ob es nicht Zeit für ein offensives Vorgehen wäre, also für eine gezielte Aufklärung bei Elternabenden und im Team der Erzieherinnen, für offene und wechselseitig kritische Auseinandersetzung zwischen Angehörigen verschiedener Religionen, bei denen auch die Thematisierung von Vorurteilen nicht einfach ausgespart bleibt. Informationsmaterialien nicht nur für Erzieherinnen, sondern auch für Eltern könnten dabei eine wichtige Hilfe sein.

Ziel aller solcher Bemühungen kann am Ende nur sein, *allen* Kindern eine umfassende Begleitung im Prozess des Aufwachsens in der Pluralität zu geben. Dabei kann kein Bereich einfach ausgespart werden – etwa mit dem Hinweis, man sei schließlich keine konfessionelle Einrichtung. Die Rechte von Kindern gelten in allen Einrichtungen – auch ihr Recht auf Religion. Gerade weil die Religionen auf bleibende Unterschiede, Differenzen oder sogar Spannungen verweisen, ist es wichtig, dass auch die für interreligiöse Bildung konstitutive Bedeutung von Frieden und Toleranz durchweg im Blick bleibt. Zugespitzt: *Interreligiöse Bildung ist als Friedenserziehung zu begreifen und Friedenserziehung als interreligiöse Bildung. Beide zielen auf aktive und reflektierte Toleranz im Sinne wechselseitiger Anerkennung, von Respekt und Solidarität miteinander.*

Anhang

Fragebogen

Alltag in Kindergärten/Kindertagesstätten (Kita)

Wie wirkt sich der kulturelle und religiöse Hintergrund der Kinder in Ihrem Kita-Alltag aus?

		JA	NEIN	weiß nicht
1	Gibt es in Ihrer Gruppe Kinder mit Migrationshintergrund (d.h. mindestens ein Elternteil kommt aus dem Ausland)?	☐	☐	☐
2	Gibt es in Ihrer Gruppe Kinder mit verschiedenen Religionszugehörigkeiten?	☐	☐	☐

	In jede Zeile bitte nur ein Kreuz!	Trifft gar nicht zu	Trifft wenig zu	Trifft mittel zu	Trifft ziemlich zu	Trifft voll und ganz zu
3	Manche Kinder haben Schwierigkeiten mit der deutschen Sprache.	☐	☐	☐	☐	☐
4	Im Team sprechen wir über das Miteinander der verschiedenen Kulturen in der Kita.	☐	☐	☐	☐	☐
5	Im Team sprechen wir über das Miteinander der verschiedenen Religionen in der Kita.	☐	☐	☐	☐	☐
6	Manche Kinder grenzen andere Kinder wegen ihrer anderen kulturellen Herkunft aus.	☐	☐	☐	☐	☐
7	Manche Kinder grenzen andere Kinder wegen ihrer anderen Religionszugehörigkeit aus.	☐	☐	☐	☐	☐
8	Die Kinder erzählen, wie bei ihnen zu Hause ihre Kultur gelebt wird (z.B. bestimmte Feste, Bräuche, ...).	☐	☐	☐	☐	☐
9	Die Kinder erzählen, wie bei ihnen zu Hause ihre Religion gelebt wird (z.B. bestimmte religiöse Feste, Rituale, ...).	☐	☐	☐	☐	☐

Gemeinsames Essen

Spielt der kulturelle/religiöse Hintergrund der Kinder beim gemeinsamen Essen in Ihrer Kindertagesstätte eine Rolle?

	In jede Zeile bitte nur ein Kreuz!	Trifft gar nicht zu	Trifft wenig zu	Trifft mittel zu	Trifft ziemlich zu	Trifft voll und ganz zu
10	Manche der Kinder dürfen aus religiösen Gründen bestimmte Lebensmittel nicht essen (z.B. Schweinefleisch, Gelatine, ...).	☐	☐	☐	☐	☐
11	Wenn manche Kinder aus religiösen Gründen bestimmte Lebensmittel nicht essen dürfen, erklären wir das allen Kindern.	☐	☐	☐	☐	☐
12	Wir sprechen mit den Kindern vor dem Essen einen nicht-religiösen Tischspruch (z.B. "Piep, piep, piep, ...").	☐	☐	☐	☐	☐
13	Wir beten mit den Kindern vor dem Essen (z.B. "... Lieber Gott, wir danken dir").	☐	☐	☐	☐	☐

Wissen über Länder und Religionen

Erfahren die Kinder in Ihrer Einrichtung etwas über die verschiedenen Länder und Religionen der Welt?

	In jede Zeile bitte nur ein Kreuz!	Trifft gar nicht zu	Trifft wenig zu	Trifft mittel zu	Trifft ziemlich zu	Trifft voll und ganz zu
14	Wir benutzen in unserer Einrichtung Materialien über verschiedene Länder und Kulturen der Welt (z.B. Bücher, Bilder, ...).	☐	☐	☐	☐	☐

In jede Zeile bitte nur ein Kreuz!	Trifft gar nicht zu	Trifft wenig zu	Trifft mittel zu	Trifft ziemlich zu	Trifft voll und ganz zu
15 Wir benutzen in unserer Einrichtung Materialien zu religiösen Themen (z.B. Bücher, religiöse Gegenstände ...).	☐	☐	☐	☐	☐
16 In der Vorbereitung von kulturellen Themen werden Eltern und andere Personen eingebunden.	☐	☐	☐	☐	☐
17 In der Vorbereitung von religiösen Themen werden andere Personen (z.B. Pfarrer, Eltern ...) eingebunden.	☐	☐	☐	☐	☐
18 Wir sprechen mit den Kindern über verschiedene Länder und Kulturen auf der Welt.	☐	☐	☐	☐	☐
19 Wir sprechen mit den Kindern über die verschiedenen Religionen auf der Welt.	☐	☐	☐	☐	☐
20 Zur Zeit des Ramadan (Fastenmonat) wird den Kindern erklärt, was Muslime in dieser Zeit tun.	☐	☐	☐	☐	☐
21 Wir erklären den Kindern, was Juden am Sabbat machen.	☐	☐	☐	☐	☐
22 Wir erklären den Kindern den christlichen Hintergrund des Osterfestes.	☐	☐	☐	☐	☐

Was können die Kinder in Ihrer Kita an kulturell/religiös Besonderem erleben?
(Mehrfachantworten möglich)

23	Lieder aus anderen Ländern	☐	30	Besuch einer christlichen Kirche	☐
24	Christliche Lieder	☐	31	Besuch einer Moschee	☐
25	Jüdische Lieder	☐	32	Besuch einer Synagoge	☐
26	Geschichten über andere Kulturen / Länder	☐	33	Christliches Gebet	☐
27	Biblische Geschichten	☐	34	Jüdisches Gebet	☐
28	Geschichten aus dem Koran	☐	35	Muslimisches Gebet	☐
29	Speisen/Getränke aus anderen Ländern oder Kulturen.	☐	36	Erzählungen von anderen Religionen	☐
37	Sonstiges	☐		nämlich:	

Feste in Kindertagesstätten

Welche der folgenden Feste haben Sie im letzten Jahr mit den Kindern gefeiert?
Bitte kreuzen Sie an, welches Fest und ob es mit religiösem Bezug gefeiert wurde!

	Gefeierte Feste:		... mit religiösem Bezug?	
38	Weihnachten	☐	z.B. von Jesu Geburt erzählt	☐
39	Sankt Martin	☐	z.B. St. Martinsgeschichte vorgelesen	☐
40	Ostern	☐	z.B. von der Auferstehung Jesu berichtet	☐
41	Islamisches Opferfest	☐	z.B. von Abraham erzählt	☐
42	Ramadan-Fest (Ende des Ramadan)	☐	z.B. vom Fasten berichtet	☐

43. Wer übernimmt hauptsächlich die Vorbereitung der Feste: Ostern, Weihnachten, St. Martin?
Mehrfachantworten möglich!
(Falls keines dieser Feste in Ihrer Kita gefeiert wird, brauchen Sie diese Frage nicht zu beantworten!)

Eltern ☐   Erzieher/innen ☐   Träger ☐   andere: ☐ _____

44. Wer übernimmt hauptsächlich die Vorbereitung der Feste: Islamisches Opferfest, Ramadan?
Mehrfachantworten möglich!
(Falls keines dieser Feste in Ihrer Kita gefeiert wird, brauchen Sie diese Frage nicht zu beantworten!)

Eltern ☐   Erzieher/innen ☐   Träger ☐   andere: ☐ _____

Träger

45. Der Träger Ihrer Einrichtung ist...

nicht-konfessionell ☐   evangelisch ☐   katholisch ☐   weiß nicht ☐

anderes ☐ , nämlich: _____

Der Träger gibt uns konkrete Hilfe bei ...

In jede Zeile bitte nur ein Kreuz!	Trifft gar nicht zu	Trifft wenig zu	Trifft mittel zu	Trifft ziemlich zu	Trifft voll und ganz zu
46 ... der interkulturellen Erziehung.	☐	☐	☐	☐	☐
47 ... der interreligiösen Erziehung.	☐	☐	☐	☐	☐
48 ... der christlichen Erziehung.	☐	☐	☐	☐	☐
49 ... der islamischen Erziehung.	☐	☐	☐	☐	☐

Ich wünsche mir mehr Unterstützung des Trägers bei ...

In jede Zeile bitte nur ein Kreuz!	Trifft gar nicht zu	Trifft wenig zu	Trifft mittel zu	Trifft ziemlich zu	Trifft voll und ganz zu
50 ... der interkulturellen Erziehung.	☐	☐	☐	☐	☐
51 ... der interreligiösen Erziehung.	☐	☐	☐	☐	☐
52 ... der christlichen Erziehung.	☐	☐	☐	☐	☐
53 ... der islamischen Erziehung.	☐	☐	☐	☐	☐

Kindertagesstätten und Konzeption

In jede Zeile bitte nur ein Kreuz!	Trifft gar nicht zu	Trifft wenig zu	Trifft mittel zu	Trifft ziemlich zu	Trifft voll und ganz zu
54 Ich darf christliche Inhalte vermitteln.	☐	☐	☐	☐	☐
55 Ich darf islamische Inhalte vermitteln.	☐	☐	☐	☐	☐
56 Unsere Konzeption enthält das Kennenlernen anderer Kulturen.	☐	☐	☐	☐	☐
57 In unseren Teamsitzungen sprechen wir über die religiöse Erziehung der Kinder.	☐	☐	☐	☐	☐
58 Unsere Konzeption enthält das Kennenlernen anderer Religionen.	☐	☐	☐	☐	☐

In jede Zeile bitte nur ein Kreuz!	Trifft gar nicht zu	Trifft wenig zu	Trifft mittel zu	Trifft ziemlich zu	Trifft voll und ganz zu
59 In unserer Einrichtung werden christliche Inhalte vermittelt.	☐	☐	☐	☐	☐

60 Christliche Inhalte werden nicht vermittelt, wegen: (Mehrfachantworten möglich)
☐ des Trägers ☐ der Eltern ☐ unserer Konzeption ☐ weiß nicht
☐ anderer Grund: _____

In jede Zeile bitte nur ein Kreuz!	Trifft gar nicht zu	Trifft wenig zu	Trifft mittel zu	Trifft ziemlich zu	Trifft voll und ganz zu
61 In unserer Einrichtung werden islamische Inhalte vermittelt.	☐	☐	☐	☐	☐

62 Islamische Inhalte werden nicht vermittelt, wegen: (Mehrfachantworten möglich)
☐ des Trägers ☐ der Eltern ☐ unsere Konzeption ☐ weiß nicht
☐ anderer Grund: _____

Eltern

Bei dem ersten Gespräch mit den Eltern sind je nach Kita verschiedene Themen besonders wichtig.
Interkulturelle und (inter-)religiöse Erziehung können auch eine Rolle spielen.
Wie ist das in Ihrer Kita?

Über welche Inhalte sprechen Sie in der Regel beim Erstgespräch mit den Eltern?

	In jede Zeile bitte nur ein Kreuz!	selten	mittel	häufig
63	... pädagogische Prinzipien der Kita.	☐	☐	☐
64	... Sprachförderung.	☐	☐	☐
65	... interkulturelle Erziehung.	☐	☐	☐
66	... religiöse Fragen der Kinder.	☐	☐	☐
67	... christliche Erziehung.	☐	☐	☐
68	... islamische Erziehung.	☐	☐	☐

Die Eltern haben bestimmte Wünsche und Vorstellungen für die Erziehung ihrer Kinder. Wie
schätzen Sie das für Ihre Einrichtung ein?

Die Eltern möchten, dass...

	In jede Zeile bitte nur ein Kreuz!	Trifft gar nicht zu	Trifft wenig zu	Trifft mittel zu	Trifft ziemlich zu	Trifft voll und ganz zu
69	... die Kinder Werte, aber keine Religion vermittelt bekommen.	☐	☐	☐	☐	☐
70	... die Kinder etwas über die verschiedenen Kulturen erfahren.	☐	☐	☐	☐	☐
71	... die Kinder etwas über die verschiedenen Religionen erfahren.	☐	☐	☐	☐	☐
72	... die Kinder den christlichen Glauben kennen lernen.	☐	☐	☐	☐	☐
73	... die Kinder den islamischen Glauben kennen lernen.	☐	☐	☐	☐	☐

Orientierungs- und Bildungsplan

In einigen der neuen Orientierungs- und Bildungsplänen werden unter anderem auch (inter-)religiöse
Bildungsaufgaben für den Elementarbereich benannt. Dazu ein paar Fragen:

		JA	NEIN	weiß nicht
74	Werden in dem bei Ihnen geltenden Orientierungsplan religiöse Bildungsaufgaben benannt?	☐	☐	☐
75	Werden in dem bei Ihnen geltenden Orientierungsplan interreligiöse Bildungsaufgaben benannt?	☐	☐	☐

	In jede Zeile bitte nur ein Kreuz!	Trifft gar nicht zu	Trifft wenig zu	Trifft mittel zu	Trifft ziemlich zu	Trifft voll und ganz zu
76	Die Anregungen zu religiösen Bildungsaufgaben lassen sich gut in die Praxis umsetzen.	☐	☐	☐	☐	☐
77	Die Anregungen zu interreligiösen Bildungsaufgaben lassen sich gut in die Praxis umsetzen.	☐	☐	☐	☐	☐

Persönliche Einschätzung

Wie sind Ihre persönlichen Erfahrungen?
Was ist Ihre persönliche Meinung zum Thema interkulturelle und interreligiöse Erziehung?

Interessieren sich die Kinder in Ihrer Einrichtung für diese (inter-)religiösen Fragen?

	In jede Zeile bitte nur ein Kreuz!	Trifft gar nicht zu	Trifft wenig zu	Trifft mittel zu	Trifft ziemlich zu	Trifft voll und ganz zu
78	Die Kinder fragen mich, ob ich an Gott/eine höhere Macht glaube.	☐	☐	☐	☐	☐
79	Die Kinder fragen, was nach dem Tod geschieht.	☐	☐	☐	☐	☐
80	Die Kinder interessieren sich dafür, ob es Gott/eine höhere Macht gibt.	☐	☐	☐	☐	☐
81	Mir ist es wichtig über solche Fragen (Tod/Gott) mit den Kindern zu sprechen.	☐	☐	☐	☐	☐
82	Es fällt mir leicht solche Fragen (Tod/Gott) zu beantworten.	☐	☐	☐	☐	☐
83	Die Kinder stellen Fragen zu den unterschiedlichen Religionen.	☐	☐	☐	☐	☐
84	Mir ist es wichtig über die verschiedenen Religionen mit den Kindern zu sprechen.	☐	☐	☐	☐	☐
85	Es fällt mir leicht solche Fragen nach den unterschiedlichen Religionen zu beantworten.	☐	☐	☐	☐	☐

Wie wichtig sind Ihnen persönlich bei Ihrer Arbeit folgende Erziehungsziele?

	In jede Zeile bitte nur ein Kreuz!	Trifft gar nicht zu	Trifft wenig zu	Trifft mittel zu	Trifft ziemlich zu	Trifft voll und ganz zu
86	Kinder sollen Offenheit gegenüber anderen Kulturen entwickeln.	☐	☐	☐	☐	☐
87	Kinder sollen Werte, aber keine Religion vermittelt bekommen.	☐	☐	☐	☐	☐
88	Kinder sollen ohne Religion aufwachsen.	☐	☐	☐	☐	☐
89	Kinder sollen den christlichen Glauben kennen lernen.	☐	☐	☐	☐	☐
90	Kinder sollen den islamischen Glauben kennen lernen.	☐	☐	☐	☐	☐
91	Kinder sollen Unterschiede und Gemeinsamkeiten der Weltreligionen kennen lernen.	☐	☐	☐	☐	☐

Was halten Sie persönlich von folgenden Meinungen?

	In jede Zeile bitte nur ein Kreuz!	Trifft gar nicht zu	Trifft wenig zu	Trifft mittel zu	Trifft ziemlich zu	Trifft voll und ganz zu
92	Es ist wichtig, dass sich Deutsche, Türken und andere Nationen begegnen und miteinander reden.	☐	☐	☐	☐	☐
93	Es ist wichtig, dass sich Christen, Muslime und Juden begegnen und miteinander reden.	☐	☐	☐	☐	☐
94	Menschen, die nach Deutschland kommen, sollten ihr Verhalten der deutschen Kultur anpassen.	☐	☐	☐	☐	☐
95	Ich bin der Meinung, dass es zu viele Ausländer in Deutschland gibt.	☐	☐	☐	☐	☐
96	Das Wissen über andere Kulturen trägt zum Abbau von Vorurteilen bei.	☐	☐	☐	☐	☐
97	Das Wissen über andere Religionen trägt zum Abbau von Vorurteilen bei.	☐	☐	☐	☐	☐

In jede Zeile bitte nur ein Kreuz!	Trifft gar nicht zu	Trifft wenig zu	Trifft mittel zu	Trifft ziemlich zu	Trifft voll und ganz zu
98 Es verwirrt Kinder, wenn sie viele Informationen zu verschiedenen Religionen bekommen.	☐	☐	☐	☐	☐
99 Ein/e Erzieher/in sollte einen eigenen Standpunkt zum Thema Religion haben.	☐	☐	☐	☐	☐
100 Kinder brauchen religiöse Erziehung, um sich in ihrer Welt orientieren zu können.	☐	☐	☐	☐	☐
101 Erzieher/innen sind heutzutage zu überlastet, um sich selbstständig um interreligiöse/interkulturelle Erziehungskonzepte zu kümmern.	☐	☐	☐	☐	☐
102 Religiöse Erziehung gehört nach Hause und nicht in die Kita.	☐	☐	☐	☐	☐

Ausbildung und Fortbildung

Hat Ihre Ausbildung Sie für interkulturelle und (inter-)religiöse Erziehung gut vorbereitet? Wünschen Sie sich mehr Fortbildungen in diesem Bereich?

Ich fühle mich ausreichend ausgebildet im Bereich: …

In jede Zeile bitte nur ein Kreuz!	Trifft gar nicht zu	Trifft wenig zu	Trifft mittel zu	Trifft ziemlich zu	Trifft voll und ganz zu
103 … interkulturelle Erziehung.	☐	☐	☐	☐	☐
104 … interreligiöse Erziehung.	☐	☐	☐	☐	☐
105 … christliche Erziehung.	☐	☐	☐	☐	☐
106 … islamische Erziehung.	☐	☐	☐	☐	☐

Ich wünsche mir Fortbildungen im Bereich: …

In jede Zeile bitte nur ein Kreuz!	Trifft gar nicht zu	Trifft wenig zu	Trifft mittel zu	Trifft ziemlich zu	Trifft voll und ganz zu
107 … interkulturelle Erziehung.	☐	☐	☐	☐	☐
108 … christlich-jüdischer Dialog.	☐	☐	☐	☐	☐
109 … christlich-muslimischer Dialog.	☐	☐	☐	☐	☐
110 … christliche Erziehung.	☐	☐	☐	☐	☐
111 … islamische Erziehung.	☐	☐	☐	☐	☐

Eigene Religiosität

Wie ist Ihr persönliches Verhältnis zu Religion?

112. Meine Glaubensrichtung ist:

evangelisch ☐   katholisch ☐   Islam ☐   Judentum ☐   ohne religiöses Bekenntnis ☐

andere: ☐ _____

In jede Zeile bitte nur ein Kreuz!	Trifft gar nicht zu	Trifft wenig zu	Trifft mittel zu	Trifft ziemlich zu	Trifft voll und ganz zu
113 Ich denke häufig über religiöse Fragen nach.	☐	☐	☐	☐	☐
114 Das persönliche Gebet ist mir wichtig.	☐	☐	☐	☐	☐
115 Ich glaube, dass es eine höhere/göttliche Macht gibt.	☐	☐	☐	☐	☐
116 Ich möchte gern mehr Informationen zu religiösen Fragen haben.	☐	☐	☐	☐	☐
117 Ich interessiere mich für andere Religionen und möchte gern mehr darüber erfahren.	☐	☐	☐	☐	☐

Team

Wie fühlen Sie sich mit Ihrer (nicht-)religiösen Einstellung an Ihrem Arbeitsplatz und im Team?

118. In unserem Team sind folgende Nationalitäten vertreten:

deutsch ☐   türkisch ☐   serbisch/kroatisch ☐   italienisch ☐   polnisch ☐

andere: ☐ _____   weiß ich nicht ☐

119. In unserem Team sind folgende Religionszugehörigkeiten vertreten:

evangelisch ☐   katholisch ☐   Islam ☐   Judentum ☐   ohne religiöses Bekenntnis ☐

andere: ☐ _____   weiß ich nicht ☐

	In jede Zeile bitte nur ein Kreuz!	Trifft gar nicht zu	Trifft wenig zu	Trifft mittel zu	Trifft ziemlich zu	Trifft voll und ganz zu
120	Ich fühle mich mit meiner (nicht-)religiösen Einstellung im Team akzeptiert.	☐	☐	☐	☐	☐
121	Das Arbeitsklima in unserem Kita-Team ist insgesamt gut.	☐	☐	☐	☐	☐
122	Ich wünsche mir, dass mehr muslimische Erzieherinnen eingestellt würden.	☐	☐	☐	☐	☐

Persönliche Angaben

Wir bitten Sie, nun noch einige persönliche Fragen zu beantworten:

123. Wann sind Sie geboren?   19 ☐☐

124. Sie sind ...   weiblich ☐   männlich ☐

125. Haben Sie selbst Migrationshintergrund (d.h. mindestens ein Elternteil stammt aus einem anderen Land)?

Ja ☐   Nein ☐

126. Wie lange arbeiten Sie bereits in dieser Kita?

weniger als ein Jahr ☐   zwischen ein und fünf Jahren ☐   über fünf Jahre ☐

127. Was für einen Arbeitsumfang hat Ihre Stelle (in Prozent)? ☐☐☐ %

128. Welche Funktion haben Sie in der Kita?
(Mehrfachantworten möglich)

Leiter/in (von Gruppenarbeit freigestellt) ☐   Kinderpfleger/in ☐

Leiter/in (mit Gruppenarbeit) ☐   Sozialpädagoge/Sozialpädagogin ☐

Erzieher/in (ausgebildet) ☐

Erzieher/in in Ausbildung ☐   Sonstiges: _____

129. In was für einer Einrichtung sind Sie ausgebildet worden?
(kann beides angekreuzt werden)

in einer konfessionellen Ausbildungsstätte ☐   in einer nicht-konfessionellen Ausbildungsstätte ☐

weiß nicht ☐

Angaben zur Kindertagesstätte

Abschließend bitten wir Sie noch folgende Angaben zu Ihrer Kita zu machen:

130. Wie viele Erzieher/innen arbeiten zurzeit insgesamt in Ihrer Einrichtung?

Erzieher/innen

131. Wie viele Kitaplätze sind zurzeit in Ihrer Einrichtung belegt?

Kinder

132. Bitte schätzen Sie, wie viele Kinder aus Ihrer Kita den folgenden Religionen angehören:
(nur ungefähre Angabe!!!)

Christentum: Islam: Judentum:

ohne religiöses Bekenntnis: andere:

weiß ich nicht/kann ich nicht einschätzen ☐

133. Wie viele Einwohner hat der Ort, an dem sich die Kita befindet?

weniger als 1000 Einwohner (Dorf) ☐   50.000 bis unter 100.000 Einwohner (Stadt) ☐

1.000 bis unter 20.000 Einwohner (Ortschaft) ☐   100.000 Einwohner und mehr (Großstadt) ☐

20.000 bis unter 50.000 Einwohner (Kleinstadt) ☐

134. Wie lange arbeiten Sie in Ihrem Beruf?

weniger als ein Jahr ☐   zwischen ein und fünf Jahren ☐   über fünf Jahre ☐

Nochmals herzlichen Dank für Ihre Teilnahme!

Gibt es noch etwas, das Sie uns zum Thema interkulturelle oder (inter-)religiöse Erziehung mitteilen möchten?

Weitere Angaben und Berechnungen

Tabelle A1: Anzahl der ermittelten Einrichtungen pro Bundesland

Bundesland:	Anzahl Einr.:	Anzahl konf. Einr.:	Prozent konf. Einr.:
Baden-Württemberg	7295	3310	45,4 %
Bayern	7897	3721	47,1 %
Berlin	1961	280	14,3 %
Brandenburg	1764	121	6,9 %
Bremen	399	83	20,8 %
Hamburg	1017	191	19,0 %
Hessen	3791	1110	29,3 %
Niedersachsen	3218	1082	33,6 %
Nordrhein-Westfalen	6087	2772	45,5 %
Mecklenburg-Vorpommern	896	113	12,6 %
Rheinland-Pfalz	2490	1167	46,9 %
Saarland	474	279	58,9 %
Sachsen	2085	154	7,4 %
Sachsen-Anhalt	1717	169	9,8 %
Schleswig-Holstein	1694	481	28,4 %
Thüringen	1328	221	16,6 %
Insgesamt:	**44113**	**15254**	**34,6 %**

Dargestellt ist die Anzahl der Einrichtungen, die mit Hilfe der Statistischen Landesämter für jedes Bundesland erhoben werden könnten. Daraus ergab sich die Gesamtliste mit insgesamt 44113 Kitas, aus der die Stichprobe für die Untersuchung gezogen wurde. Einrichtungen mit konfessionellem Träger (in der Tabelle mit „konf. Einr." abgekürzt) und Einrichtungen mit nicht-konfessionellem Träger wurden in dieser Liste eigens kodiert, damit dies bei der Ziehung berücksichtigt werden konnte.

Tabelle A2: Anzahl der telefonischen Zusagen zur Teilnahme der Kitas pro Bundesland.

Bundesland	Teilnahme Kitas
Schleswig-Holstein (150)	74
Berlin (150)	74
Niedersachsen (200)	130
Saarland (100)	71
NRW (200)	109
Thüringen (100)	51
Bayern (200)	88
Hamburg (100)	45
Brandenburg (150)	62
Sachsen (150)	78
Baden-Württemberg (200)	94
Bremen (100)	29
Rheinlandpfalz (150)	92
Hessen (200)	92
Mecklenburg-Vorp. (100)	56
Sachsen-Anhalt (150)	46
TOTAL (2400):	1191

In Klammern hinter dem Bundesland steht die Stichprobengröße, die jeweils in diesem Bundesland abtelefoniert wurde.

Signifikanzberechnungen zu den Skalen

Tabelle A3: Globaler Signifikanztest zur Prüfung auf Unterschiede zwischen den Skalen

Übersicht über Hypothesentest

Nullhypothese	Test	Sig.	Entscheidung
Die Verteilungen von Skala1: Relevanz und Praxis interkultureller Themen Skala 2: Relevanz und Praxis interreligiöser Themen, Skala 7: Relevanz und Praxis christlicher Themen, Skala 8: Relevanz und Praxis islamischer Themen, Skala 9: Relevanz und Praxis jüdischer Themen, und Skala 10: Unspezifische Religiosität sind gleich.	Friedmans Zweifach-Rangvarianzanalyse verbundener Stichproben	,000	Nullhypothese ablehnen

Asymptotische Signifikanzen werden angezeigt. Das Signifikanzniveau ist .05.

Tabelle A4: Spezifische Signifikanztests zur Prüfung der Mittelwertsdifferenzen im Einzelvergleich der Skalen 1,2 und 7-10

Statistik für Test

	Skala 2: Relevanz und Praxis interreligiöser Themen – Skala 1: Relevanz und Praxis interkultureller Themen	Skala 7: Relevanz und Praxis christlicher Themen – Skala 1: Relevanz und Praxis interkultureller Themen	Skala 8: Relevanz und Praxis islamischer Themen – Skala 1: Relevanz und Praxis interkultureller Themen	Skala 9: Relevanz und Praxis jüdischer Themen – Skala 1: Relevanz und Praxis interkultureller Themen
Z	-35,484	-2,504	-42,031	-46,303
Asymptotische Signifikanz (2-seitig)	,000	,012	,000	,000

Statistik für Test

	Skala 10: Unspezifische Religiosität – Skala 1: Relevanz und Praxis interkultureller Themen	Skala 7: Relevanz und Praxis christlicher Themen – Skala 2: Relevanz und Praxis interreligiöser Themen	Skala 8: Relevanz und Praxis islamischer Themen – Skala 2: Relevanz und Praxis interreligiöser Themen	Skala 9: Relevanz und Praxis jüdischer Themen – Skala 2: Relevanz und Praxis interreligiöser Themen
Z	-5,100	-23,839	-40,372	-44,635
Asymptotische Signifikanz (2-seitig)	,000	,000	,000	,000

Statistik für Test

	Skala 10: Unspezifische Religiosität – Skala 2: Relevanz und Praxis interreligiöser Themen	Skala 5: Einstellung zu religiöser Erziehung – Skala 4: Religiosität der Erzieherin	Skala 6: Einstellung zu interreligiöser Praxis – Skala 4: Religiosität der Erzieherin	Skala 7: Relevanz und Praxis christlicher Themen – Skala 4: Religiosität der Erzieherin
Z	-21,666	-20,926	-16,828	-6,247
Asymptotische Signifikanz (2-seitig)	,000	,000	,000	,000

Statistik für Test

	Skala 8: Relevanz und Praxis islamischer Themen – Skala 4: Religiosität der Erzieherin	Skala 8: Relevanz und Praxis islamischer Themen – Skala 7: Relevanz und Praxis christlicher Themen	Skala 9: Relevanz und Praxis jüdischer Themen – Skala 7: Relevanz und Praxis christlicher Themen	Skala 10: Unspezifische Religiosität – Skala 7: Relevanz und Praxis christlicher Themen
Z	-39,247	-39,855	-43,743	-10,096
Asymptotische Signifikanz (2-seitig)	,000	,000	,000	,000

Statistik für Test

	Skala 9: Relevanz und Praxis jüdischer Themen – Skala 8: Relevanz und Praxis islamischer Themen	Skala 10: Unspezifische Religiosität – Skala 8: Relevanz und Praxis islamischer Themen	Skala 10: Unspezifische Religiosität – Skala 9: Relevanz und Praxis jüdischer Themen
Z	-35,458	-39,923	-43,447
Asymptotische Signifikanz (2-seitig)	,000	,000	,000

Korrelations- und Signifikanzberechnungen zu den Skalen

Tabelle A5: Korrelationen zwischen den Skalen

Korrelationen

			Skala 1: Relevanz und Praxis interkultureller Themen	Skala 2: Relevanz und Praxis interreligiöser Themen
Kendall-Tau-b	Skala 1: Relevanz und Praxis interkultureller Themen	Korrelations-koeffizient	1,000	,508**
		Sig. (2-seitig)		,000
		N	2942	2842
	Skala 2: Relevanz und Praxis interreligiöser Themen	Korrelations-koeffizient	,508**	1,000
		Sig. (2-seitig)	,000	
		N	2842	2901
	Skala 7: Relevanz und Praxis christlicher Themen	Korrelations-koeffizient	,085**	,197**
		Sig. (2-seitig)	,000	,000
		N	2597	2570
	Skala 8: Relevanz und Praxis islamischer Themen	Korrelations-koeffizient	,346**	,438**
		Sig. (2-seitig)	,000	,000
		N	2363	2334
	Skala 9: Relevanz und Praxis jüdischer Themen	Korrelations-koeffizient	,237**	,338**
		Sig. (2-seitig)	,000	,000
		N	2892	2862
	Skala 10: Unspezifische Religiosität	Korrelations-koeffizient	,138**	,224**
		Sig. (2-seitig)	,000	,000
		N	2555	2534

Korrelationen

			Skala 7: Relevanz und Praxis christlicher Themen	Skala 8: Relevanz und Praxis islamischer Themen
Kendall-Tau-b	Skala 1: Relevanz und Praxis interkultureller Themen	Korrelations-koeffizient	,085**	,346**
		Sig. (2-seitig)	,000	,000
		N	2597	2363
	Skala 2: Relevanz und Praxis interreligiöser Themen	Korrelations-koeffizient	,197**	,438**
		Sig. (2-seitig)	,000	,000
		N	2570	2334
	Skala 7: Relevanz und Praxis christlicher Themen	Korrelations-koeffizient	1,000	,108**
		Sig. (2-seitig)		,000
		N	2668	2397
	Skala 8: Relevanz und Praxis islamischer Themen	Korrelations-koeffizient	,108**	1,000
		Sig. (2-seitig)	,000	
		N	2397	2413
	Skala 9: Relevanz und Praxis jüdischer Themen	Korrelations-koeffizient	,184**	,395**
		Sig. (2-seitig)	,000	,000
		N	2632	2401
	Skala 10: Unspezifische Religiosität	Korrelations-koeffizient	,520**	,148**
		Sig. (2-seitig)	,000	,000
		N	2419	2221

Korrelationen

			Skala 9: Relevanz und Praxis jüdischer Themen	Skala 10: Unspezifische Religiosität
Kendall-Tau-b	Skala 1: Relevanz und Praxis interkultureller Themen	Korrelations- koeffizient	,237**	,138**
		Sig. (2-seitig)	,000	,000
		N	2892	2555
	Skala 2: Relevanz und Praxis interreligiöser Themen	Korrelations- koeffizient	,338**	,224**
		Sig. (2-seitig)	,000	,000
		N	2862	2534
	Skala 7: Relevanz und Praxis christlicher Themen	Korrelations- koeffizient	,184**	,520**
		Sig. (2-seitig)	,000	,000
		N	2632	2419
	Skala 8: Relevanz und Praxis islamischer Themen	Korrelations- koeffizient	,395**	,148**
		Sig. (2-seitig)	,000	,000
		N	2401	2221
	Skala 9: Relevanz und Praxis jüdischer Themen	Korrelations- koeffizient	1,000	,219**
		Sig. (2-seitig)		,000
		N	2991	2588
	Skala 10: Unspezifische Religiosität	Korrelations- koeffizient	,219**	1,000
		Sig. (2-seitig)	,000	
		N	2588	2620

**. Die Korrelation ist auf dem 0,01 Niveau signifikant (zweiseitig).

Signifikanztests zur Prüfung der Mittelwertsdifferenzen der Skalen 1-10

Tabelle A6: Globaler Signifikanztest zur Prüfung auf Unterschiede zwischen den Skalen 1-10

Übersicht über Hypothesentest

Nullhypothese	Test	Sig.	Entscheidung
Die Verteilungen von Skala 1: Relevanz und Praxis interkultureller Themen Skala 2: Relevanz und Praxis interreligiöser Themen, Skala 3: Wahrnehmung der religiösen Fragen und Interessen der Kinder, Skala 4: Religiosität der Erzieherin, Skala 5: Einstellung zu religiöser Erziehung, Skala 6: Einstellung zu interreligiöser Praxis, Skala 7: Relevanz und Praxis christlicher Themen, Skala 8: Relevanz und Praxis islamischer Themen, Skala 9: Relevanz und Praxis jüdischer Themen, und Skala 10: Unspezifische Religiosität sind gleich.	Friedmans Zweifach-Rangvarianzanalyse verbundener Stichproben	,000	Nullhypothese ablehnen

Asymptotische Signifikanzen werden angezeigt. Das Signifikanzniveau ist .05.

Tabelle A7: Spezifische Signifikanztests zur Prüfung der Mittelwertsdifferenzen im Einzelvergleich der Skalen 1-10

Statistik für Test

	Skala 2: Relevanz und Praxis interreligiöser Themen – Skala 1: Relevanz und Praxis interkultureller Themen	Skala 3: Wahrnehmung der religiösen Fragen und Interessen der Kinder – Skala 1: Relevanz und Praxis interkultureller Themen	Skala 4: Religiosität der Erzieherin – Skala 1: Relevanz und Praxis interkultureller Themen	Skala 5: Einstellung zu religiöser Erziehung – Skala 1: Relevanz und Praxis interkultureller Themen
Z	-35,484	-37,713	-3,241	-13,243
Asymptotische Signifikanz (2-seitig)	,000	,000	,001	,000

Statistik für Test

	Skala 6: Einstellung zu interreligiöser Praxis – Skala 1: Relevanz und Praxis interkultureller Themen	Skala 7: Relevanz und Praxis christlicher Themen – Skala 1: Relevanz und Praxis interkultureller Themen	Skala 8: Relevanz und Praxis islamischer Themen – Skala 1: Relevanz und Praxis interkultureller Themen	Skala 9: Relevanz und Praxis jüdischer Themen – Skala 1: Relevanz und Praxis interkultureller Themen
Z	-17,551	-2,504	-42,031	-46,303
Asymptotische Signifikanz (2-seitig)	,000	,012	,000	,000

Statistik für Test

	Skala 10: Unspezifische Religiosität – Skala 1: Relevanz und Praxis interkultureller Themen	Skala 3: Wahrnehmung der religiösen Fragen und Interessen der Kinder – Skala 2: Relevanz und Praxis interreligiöser Themen	Skala 4: Religiosität der Erzieherin – Skala 2: Relevanz und Praxis interreligiöser Themen	Skala 5: Einstellung zu religiöser Erziehung – Skala 2: Relevanz und Praxis interreligiöser Themen
Z	-5,100	-11,421	-19,536	-34,122
Asymptotische Signifikanz (2-seitig)	,000	,000	,000	,000

Statistik für Test

	Skala 6: Einstellung zu interreligiöser Praxis – Skala 2: Relevanz und Praxis interreligiöser Themen	Skala 7: Relevanz und Praxis christlicher Themen – Skala 2: Relevanz und Praxis interreligiöser Themen	Skala 8: Relevanz und Praxis islamischer Themen – Skala 2: Relevanz und Praxis interreligiöser Themen	Skala 9: Relevanz und Praxis jüdischer Themen – Skala 2: Relevanz und Praxis interreligiöser Themen
Z	-38,750	-23,839	-40,372	-44,635
Asymptotische Signifikanz (2-seitig)	,000	,000	,000	,000

Statistik für Test

	Skala 10: Unspezifische Religiosität – Skala 2: Relevanz und Praxis interreligiöser Themen	Skala 4: Religiosität der Erzieherin – Skala 3: Wahrnehmung der religiösen Fragen und Interessen der Kinder	Skala 5: Einstellung zu religiöser Erziehung – Skala 3: Wahrnehmung der religiösen Fragen und Interessen der Kinder	Skala 6: Einstellung zu interreligiöser Praxis – Skala 3: Wahrnehmung der religiösen Fragen und Interessen der Kinder
Z	-21,666	-29,831	-41,750	-43,260
Asymptotische Signifikanz (2-seitig)	,000	,000	,000	,000

Statistik für Test

	Skala 7: Relevanz und Praxis christlicher Themen – Skala 3: Wahrnehmung der religiösen Fragen und Interessen der Kinder	Skala 8: Relevanz und Praxis islamischer Themen – Skala 3: Wahrnehmung der religiösen Fragen und Interessen der Kinder	Skala 9: Relevanz und Praxis jüdischer Themen – Skala 3: Wahrnehmung der religiösen Fragen und Interessen der Kinder	Skala 10: Unspezifische Religiosität – Skala 3: Wahrnehmung der religiösen Fragen und Interessen der Kinder
Z	-31,471	-37,977	-44,270	-34,164
Asymptotische Signifikanz (2-seitig)	,000	,000	,000	,000

Statistik für Test

	Skala 5: Einstellung zu religiöser Erziehung – Skala 4: Religiosität der Erzieherin	Skala 6: Einstellung zu interreligiöser Praxis – Skala 4: Religiosität der Erzieherin	Skala 7: Relevanz und Praxis christlicher Themen – Skala 4: Religiosität der Erzieherin	Skala 8: Relevanz und Praxis islamischer Themen – Skala 4: Religiosität der Erzieherin
Z	-20,926	-16,828	-6,247	-39,247
Asymptotische Signifikanz (2-seitig)	,000	,000	,000	,000

Statistik für Test

	Skala 9: Relevanz und Praxis jüdischer Themen – Skala 4: Religiosität der Erzieherin	Skala 10: Unspezifische Religiosität – Skala 4: Religiosität der Erzieherin	Skala 6: Einstellung zu interreligiöser Praxis – Skala 5: Einstellung zu religiöser Erziehung	Skala 7: Relevanz und Praxis christlicher Themen – Skala 5: Einstellung zu religiöser Erziehung
Z	-43,710	-2,685	-1,110	-14,390
Asymptotische Signifikanz (2-seitig)	,000	,007	,267	,000

Statistik für Test

	Skala 8: Relevanz und Praxis islamischer Themen – Skala 5: Einstellung zu religiöser Erziehung	Skala 9: Relevanz und Praxis jüdischer Themen – Skala 5: Einstellung zu religiöser Erziehung	Skala 10: Unspezifische Religiosität – Skala 5: Einstellung zu religiöser Erziehung	Skala 7: Relevanz und Praxis christlicher Themen – Skala 6: Einstellung zu interreligiöser Praxis
Z	-40,977	-44,582	-32,585	-9,804
Asymptotische Signifikanz (2-seitig)	,000	,000	,000	,000

Statistik für Test

	Skala 8: Relevanz und Praxis islamischer Themen – Skala 6: Einstellung zu interreligiöser Praxis	Skala 9: Relevanz und Praxis jüdischer Themen – Skala 6: Einstellung zu interreligiöser Praxis	Skala 10: Unspezifische Religiosität – Skala 6: Einstellung zu interreligiöser Praxis	Skala 8: Relevanz und Praxis islamischer Themen – Skala 7: Relevanz und Praxis christlicher Themen
Z	-41,806	-45,612	-22,585	-39,855
Asymptotische Signifikanz (2-seitig)	,000	,000	,000	,000

Statistik für Test

	Skala 9: Relevanz und Praxis jüdischer Themen – Skala 7: Relevanz und Praxis christlicher Themen	Skala 10: Unspezifische Religiosität – Skala 7: Relevanz und Praxis christlicher Themen	Skala 9: Relevanz und Praxis jüdischer Themen – Skala 8: Relevanz und Praxis islamischer Themen
Z	-43,743	-10,096	-35,458
Asymptotische Signifikanz (2-seitig)	,000	,000	,000

Statistik für Test

	Skala 10: Unspezifische Religiosität – Skala 8: Relevanz und Praxis islamischer Themen	Skala 10: Unspezifische Religiosität – Skala 9: Relevanz und Praxis jüdischer Themen
Z	-39,923	-43,447
Asymptotische Signifikanz (2-seitig)	,000	,000

Tabelle A8: Korrelationen zwischen den Skalen 3-6

			Skala 3: Wahrnehmung der religiösen Fragen und Interessen der Kinder	Skala 4: Religiosität der Erzieherin	Skala 5: Einstellung zu religiöser Erziehung	Skala 6: Einstellung zu interreligiöser Praxis
Kendall-Tau-b	Skala 3: Wahrnehmung der religiösen Fragen und Interessen der Kinder	Korrelations-koeffizient	1,000	,300**	,348**	,337**
		Sig. (2-seitig)	.	,000	,000	,000
		N	2914	2791	2649	2780
	Skala 4: Religiosität der Erzieherin	Korrelations-koeffizient	,300**	1,000	,482**	,203**
		Sig. (2-seitig)	,000	.	,000	,000
		N	2791	2879	2634	2748
	Skala 5: Einstellung zu religiöser Erziehung	Korrelations-koeffizient	,348**	,482**	1,000	,251**
		Sig. (2-seitig)	,000	,000	.	,000
		N	2649	2634	2699	2635
	Skala 6: Einstellung zu interreligiöser Praxis	Korrelations-koeffizient	,337**	,203**	,251**	1,000
		Sig. (2-seitig)	,000	,000	,000	.
		N	2780	2748	2635	2840

**. Die Korrelation ist auf dem 0,01 Niveau signifikant (zweiseitig).

Tabelle A9: Korrelationen zwischen den Skalen 1-6 und der Anzahl an Kindern einer Religion bzw. ohne religiöses Bekenntnis

Korrelationen

			Skala 1: Relevanz und Praxis interkultureller Themen	Skala 2: Relevanz und Praxis interreligiöser Themen
Kendall-Tau-b	e132a: Schätzen Sie, wie viele Kinder den folgenden Religionen angehören: Christentum	Korrelationskoeffizient	-,025	-,009
		Sig. (2-seitig)	,129	,574
		N	1783	1771
	e132b: Schätzen Sie, wie viele Kinder den folgenden Religionen angehören: Islam	Korrelationskoeffizient	,204**	,216**
		Sig. (2-seitig)	,000	,000
		N	1696	1684
	e132c: Schätzen Sie, wie viele Kinder den folgenden Religionen angehören: Judentum	Korrelationskoeffizient	,043*	,055*
		Sig. (2-seitig)	,047	,010
		N	1542	1535
	e132d: Schätzen Sie, wie viele Kinder den folgenden Religionen angehören: Ohne religiöses Bekenntnis	Korrelationskoeffizient	,013	-,031
		Sig. (2-seitig)	,467	,081
		N	1653	1642
	e132e: Schätzen Sie, wie viele Kinder den folgenden Religionen angehören: Andere	Korrelationskoeffizient	,100**	,127**
		Sig. (2-seitig)	,000	,000
		N	1579	1574

Korrelationen

			Skala 3: Wahrnehmung der religiösen Fragen und Interessen der Kinder	Skala 4: Religiosität der Erzieherin
Kendall-Tau-b	e132a: Schätzen Sie, wie viele Kinder den folgenden Religionen angehören: Christentum	Korrelationskoeffizient	,012	,010
		Sig. (2-seitig)	,479	,546
		N	1798	1787
	e132b: Schätzen Sie, wie viele Kinder den folgenden Religionen angehören: Islam	Korrelationskoeffizient	,047**	,000
		Sig. (2-seitig)	,008	,987
		N	1709	1701
	e132c: Schätzen Sie, wie viele Kinder den folgenden Religionen angehören: Judentum	Korrelationskoeffizient	,041	-,017
		Sig. (2-seitig)	,053	,430
		N	1553	1551
	e132d: Schätzen Sie, wie viele Kinder den folgenden Religionen angehören: Ohne religiöses Bekenntnis	Korrelationskoeffizient	,022	,042*
		Sig. (2-seitig)	,209	,018
		N	1664	1657
	e132e: Schätzen Sie, wie viele Kinder den folgenden Religionen angehören: Andere	Korrelationskoeffizient	,003	-,039*
		Sig. (2-seitig)	,893	,046
		N	1590	1587

Korrelationen

			Skala 5: Einstellung zu religiöser Erziehung	Skala 6: Einstellung zu interreligiöser Praxis
Kendall-Tau-b	e132a: Schätzen Sie, wie viele Kinder den folgenden Religionen angehören: Christentum	Korrelationskoeffizient	,065**	-,015
		Sig. (2-seitig)	,000	,380
		N	1693	1775
	e132b: Schätzen Sie, wie viele Kinder den folgenden Religionen angehören: Islam	Korrelationskoeffizient	-,029	,125**
		Sig. (2-seitig)	,106	,000
		N	1614	1693
	e132c: Schätzen Sie, wie viele Kinder den folgenden Religionen angehören: Judentum	Korrelationskoeffizient	-,042	,030
		Sig. (2-seitig)	,054	,164
		N	1474	1541
	e132d: Schätzen Sie, wie viele Kinder den folgenden Religionen angehören: Ohne religiöses Bekenntnis	Korrelationskoeffizient	-,025	-,012
		Sig. (2-seitig)	,169	,501
		N	1575	1649
	e132e: Schätzen Sie, wie viele Kinder den folgenden Religionen angehören: Andere	Korrelationskoeffizient	-,037	,026
		Sig. (2-seitig)	,059	,192
		N	1509	1579

Signifikanzberechnung zu den Unterschieden zwischen Fragebogenergebnissen von Mitarbeitern konfessioneller und Fragebogenergebnissen von Mitarbeitern nicht-konfessioneller Träger

Tabelle A 10: Signifikanzberechnung zu den Unterschieden in den Skalen 1, 2 und 7-10 zwischen Mitarbeitern konfessioneller und Mitarbeitern nicht-konfessioneller Träger

Übersicht über Hypothesentest

	Nullhypothese	Test	Sig.	Entscheidung
1	Die Verteilungen von Skala 1: Relevanz und Praxis interkultureller Themen ist über Kategorien von Träger: Konfessionell / nicht-konfessionell gleich.	Mann-Whitney-U-Test unabhängiger Stichproben	,123	Nullhypothese behalten
2	Die Verteilungen von Skala 2: Relevanz und Praxis interreligiöser Themen ist über Kategorien von Träger: Konfessionell / nicht-konfessionell gleich.	Mann-Whitney-U-Test unabhängiger Stichproben	,000	Nullhypothese ablehnen
3	Die Verteilungen von Skala 7: Relevanz und Praxis christlicher Themen ist über Kategorien von Träger: Konfessionell / nicht-konfessionell gleich.	Mann-Whitney-U-Test unabhängiger Stichproben	,000	Nullhypothese ablehnen
4	Die Verteilungen von Skala 8: Relevanz und Praxis islamischer Themen ist über Kategorien von Träger: Konfessionell / nicht-konfessionell gleich.	Mann-Whitney-U-Test unabhängiger Stichproben	,000	Nullhypothese ablehnen
5	Die Verteilungen von Skala 9: Relevanz und Praxis jüdischer Themen ist über Kategorien von Träger: Konfessionell / nicht-konfessionell gleich.	Mann-Whitney-U-Test unabhängiger Stichproben	,000	Nullhypothese ablehnen
6	Die Verteilungen von Skala 10: Unspezifische Religiosität ist über Kategorien von Träger: Konfessionell / nicht-konfessionell gleich.	Mann-Whitney-U-Test unabhängiger Stichproben	,000	Nullhypothese ablehnen

Asymptotische Signifikanzen werden angezeigt. Das Signifikanzniveau ist .05.

Tabelle A 11: Signifikanzberechnung zu den Unterschieden in den Skalen 3-6 zwischen Mitarbeitern konfessioneller und Mitarbeitern nicht-konfessioneller Träger

Übersicht über Hypothesentest

	Nullhypothese	Test	Sig.	Entscheidung
1	Die Verteilung von Skala 3: Wahrnehmung der religiösen Fragen und Interessen der Kinder ist über Kategorien von Träger: Konfessionell / nicht-konfessionell gleich.	Mann-Whitney-U-Test unabhängiger Stichproben	,000	Nullhypothese ablehnen
2	Die Verteilung von Skala 4: Religiösität der Erzieherin ist über Kategorien von Träger: Konfessionell / nicht-konfessionell gleich.	Mann-Whitney-U-Test unabhängiger Stichproben	,000	Nullhypothese ablehnen
3	Die Verteilung von Skala 5: Einstellung zu religiöser Erziehung ist über Kategorien von Träger: Konfessionell / nicht-konfessionell gleich.	Mann-Whitney-U-Test unabhängiger Stichproben	,000	Nullhypothese ablehnen
4	Die Verteilung von Skala 6: Einstellung zu religiöser Erziehung ist über Kategorien von Träger: Konfessionell / nicht-konfessionell gleich.	Mann-Whitney-U-Test unabhängiger Stichproben	,000	Nullhypothese ablehnen

Asymptotische Signifikanzen werden angezeigt. Das Signifikanzniveau ist .05.

Autorinnen und Autoren

Albert Biesinger, Dr., Professor für Religionspädagogik, Kerygmatik und Kirchliche Erwachsenenbildung, Katholisch-Theologische Fakultät, Universität Tübingen.

Hans-Peter Blaicher, Psychologe und Theologe; Wiss. Ang. im Projekt „Interkulturelle und interreligiöse Bildung in Kindertagesstätten", Universität Tübingen.

Alfred Bodenheimer, Dr., Professor für Religionsgeschichte und Literatur des Judentums, Universität Basel.

Rauf Ceylan, Dr., Professor für Religionswissenschaft mit dem Schwerpunkt Islamische Religionspädagogik, Universität Osnabrück.

Anke Edelbrock, Dr., Akademische Rätin für Ev. Theologie/Religionspädagogik, Pädagogische Hochschule Schwäbisch-Gmünd und Wiss. Ang. im Projekt „Interkulturelle und interreligiöse Bildung in Kindertagesstätten", Universität Tübingen.

Bernd Engler, Dr., Professor für Amerikanistik und seit 2006 Rektor der Universität Tübingen.

Annette Haußmann, Theologin und Psychologin, Wiss. Angestellte im Projekt „Interkulturelle und interreligiöse Bildung in Kindertagesstätten", Universität Tübingen.

Georg Hohl, Pfarrer, Vorsitzender der Bundesvereinigung Evangelischer Tageseinrichtungen für Kinder.

Wolfgang Ilg, Dr., Psychologe und Theologe, Landesschülerpfarrer im Evang. Jugendwerk in Württemberg und Wiss. Ang. im Projekt „Interkulturelle und interreligiöse Bildung in Kindertagesstätten", Universität Tübingen.

Julia Ipgrave, Dr., Senior Research Fellow, Institute of Education, University of Warwick, Coventry, England.

Frank Jansen, Geschäftsführer, Verband Katholischer Tageseinrichtungen für Kinder (KTK) – Bundesverband e.V.

Murat Kaplan, Diplomand (Erziehungswissenschaft), Koranlehrer und muslimischer Referent, stud. Mitarbeiter im Projekt „Interkulturelle und interreligiöse Bildung in Kindertagesstätten", Universität Tübingen.

Arniika Kuusisto, Dr., Department of Teacher Education, University of Helsinki, Finnland.

Hans Rudolf Leu, Dr., bis 2011 Leiter der Abteilung „Kinder und Kinderbetreuung", Deutsches Jugendinstitut (DJI), München.

Boris Palmer, Oberbürgermeister der Stadt Tübingen.

Friedrich Schweitzer, Dr., Professor für Praktische Theologie/Religionspädagogik, Evangelisch-Theologische Fakultät, Universität Tübingen.

Caroline Teschmer, M.Ed., Wiss. Mitarbeiterin, Institut für Evangelische Theologie, Universität Osnabrück.

Golde Wissner, Theologin und Psychologin, Wiss. Angestellte im Projekt „Interkulturelle und interreligiöse Bildung in Kindertagesstätten", Universität Tübingen.